JENS DOBLER

Polizei und Homosexuelle in der Weimarer Republik

Reihe Zeitgeschichte*N*

Herausgegeben von
Sonja Häder und Ulrich Wiegmann

Band 22

JENS DOBLER

Polizei und Homosexuelle in der Weimarer Republik

Zur Konstruktion des Sündenbabels

M | METROPOL

Gefördert mit einer Zuwendung aus dem
Karl-Heinrich-Ulrichs-Fonds der Hannchen-Mehrzweck-Stiftung

Umschlagabbildung: Parkszene, 1930. *Sammlung Dobler*

ISBN: 978-3-86331-519-1
ISBN: 978-3-86331-968-7 (E-Book)

Ansbacher Str. 70
D–10777 Berlin
www.metropol-verlag.de

Druck: Arta Druck, Berlin

Inhalt

1
Einleitung: Homosexuellenpolitik der Polizei

In den Neunzigerjahren des 19. Jahrhunderts erhielten Berlins Homosexuelle einen Bundesgenossen an die Seite, mit dem sie wohl am wenigsten gerechnet hatten: die Polizei. Zu dieser Zeit hatte sich in der Hauptstadt des Deutschen Reichs eine Politik der Duldung durchgesetzt, nachdem klargeworden war, dass mit aktiver Verfolgung und andauernder Repression nichts zu erreichen war.[1] Man lehnte sich dabei an die Politik gegenüber der viel umfangreicheren heterosexuellen Prostitution an, bei der die Abstimmung mit den Füßen längst gezeigt hatte, dass es nicht um Bekämpfung, sondern nur um Duldung gehen konnte. Die Polizei konnte in dieser Frage keinen Blumentopf gewinnen und beschränkte sich auf das Lenken in geordneten Bahnen, der allumfassenden Registrierung und schritt nur ein, wenn Grenzen des Strafrechts übertreten wurden oder Beschwerden über allgemeinen „Sittenverfall" von Zeit zu Zeit wieder Oberhand gewannen.

Eine seltene Darstellung der Homosexuellenpolitik des Berliner Polizeipräsidiums jener Zeit veröffentlichten im Jahr 1908 zwei französische Autoren in Paris. Für ihre Recherchen über „Die Homosexualität in Deutschland" waren sie zuvor in Berlin gewesen und hier mit dem damals amtierenden Leiter des Homosexuellendezernates Hans von Tresckow zusammengekommen. Ohne sich auf konkrete Jahreszahlen

1 Vgl. zu dieser Entwicklung ausführlich meine Dissertation: Jens Dobler, Zwischen Duldungspolitik und Verbrechensbekämpfung – Homosexuellenverfolgung durch die Berliner Polizei von 1848 bis 1933 (Schriftenreihe der Deutschen Gesellschaft für Polizeigeschichte e. V., Bd. 6), Frankfurt a. M. 2008.

festzulegen, beschrieben sie drei Phasen der Homosexuellenverfolgung über einen Zeitraum von rund dreißig Jahren. Demnach habe es ein „Homosexuellendezernat" bereits Ende der Siebzigerjahre des 19. Jahrhunderts gegeben. Davor sei Homosexualität kein Problem gewesen, ein bis zwei Fälle pro Jahr hätten sich in der Rubrik „Vermischtes" verloren. Als jedoch die Homosexuellen sich zu organisieren begannen und die Erpressungen sprunghaft anstiegen, sei diese besondere polizeiliche Einheit gegründet worden, wobei Erpressungen noch getrennt in anderen Dezernaten wie dem Spielerdezernat oder bei der Politischen Polizei bearbeitet wurden. Zunächst habe man vor allem Fakten gesammelt und Listen angelegt. Um das Dezernat aber zu legitimieren, hätten die Verhaftungen zugenommen, und die „Denunzianten der Päderastenabteilung, ob Freiwillige oder Angestellte, wüteten mit dem krankhaften Eifer von Tugendwächtern".

Die zweite Phase sei noch wesentlich repressiver gewesen: Erfolgreichen Spitzeln wurden „Gebühren" bezahlt, und Polizeibeamte taten sich als Agents Provocateurs hervor und nahmen zusammen mit Erpressern Homosexuelle aus. Dieses Vorgehen sei zunehmend auf Kritik gestoßen, woraufhin es eine Umorganisation gab, die dritte Phase. „Die Polizei sah sich also bald gezwungen, ohne zu wollen, die Taktik zu ändern und nunmehr gegen die Erpresser vorzugehen, in deren Gewerbe sie mit gutem Beispiel vorangegangen war, und weniger gegen die Homosexuellen und die Unschuldigen, die genauso bedroht waren wie die Schuldigen. Der Paragraf 175 aber machte den Vorgesetzten der speziellen Brigade dennoch außerordentlich zu schaffen. Während z. B. die französische Polizei gegen Erpressungstaten vorgehen kann, ohne nach der womöglich homosexuellen Ursache zu fragen, ist die deutsche Polizei hingegen verpflichtet, der Beziehung zwischen Erpresser und Opfer nachzugehen. Wenn die Untersuchung ergibt, dass intime Beziehungen zwischen dem Erpresser und seinem Opfer stattgefunden haben, so ist es mitunter das Opfer, das die schwerste Bestrafung zu erwarten hat."

Erst jetzt sei dem Kriminalbeamten Leopold von Meerscheidt-Hüllessem die Leitung übertragen und die Bearbeitung der Erpressungs-

Polizeidirektor Leopold von Meerscheidt-Hüllessem (1849–1900)
Sammlung Dobler

fälle seinem Dezernat zugeordnet worden. Er habe sich zu einem offenen Gegner des Paragrafen 175 entwickelt mit dem Ergebnis, dass Homosexuelle kaum noch, aber Erpresser aber umso häufiger verfolgt wurden. Diese konsequente Haltung habe vor allem zu Konflikten mit seinen unmittelbaren Vorgesetzten geführt.[2]

Auch wenn die zeitlichen und organisatorischen Angaben so nicht exakt stimmen, können die drei Phasen doch zugeordnet werden. Die erste Phase wird das Jahrzehnt um 1870 gewesen sein. Ein Mord an einem Jugendlichen und ein Mordversuch an einem Kind werden einem der ersten bekennenden Homosexuellen, Carl von Zastrow, zugeschrieben, obwohl die Umstände eigentlich gegen seine Täterschaft sprachen. Der frühe Schwulenaktivist und Vordenker Karl Heinrich Ulrichs (1825–1895) schilderte ähnliche Zustände von Spitzel- und Denunziantentum in Berlin. Die zweite verschärfte Phase dürfte die Amtszeit von Polizeipräsident Guido Madai gewesen sein, in der die Sittlichkeits-

2 Henri de Weindel/F.-P. Fischer, L'Homosexualité en Allemagne. Étude documentaire et anecdotique, Paris 1908, S. 83–94.

bewegung einen Auftrieb erhielt und der heterosexuellen Prostitution der Kampf angesagt wurde. In der dritten Phase, unter Polizeipräsident Bernhard von Richthofen (ab 1885), ging, nach einer Umorganisation der Kripo, die Polizei zu einer moderateren Linie in der Homosexuellenpolitik über. In dieser Zeit wird als eines unter verschiedenen Dezernaten in der Kriminalpolizei das Homosexuellendezernat geschaffen.

In Berlin existiert in dieser Zeit bereits eine große schwule Community mit Cafés, Nachtbars, Tanzveranstaltungen, öffentlichen Treffpunkten und insgesamt einem relativ offenen Auftreten (freilich nicht an heutigen Maßstäben zu messen). Im wissenschaftlichen Bereich sind zunächst die Werke von Richard von Krafft-Ebing und Albert Moll ausschlaggebend. Insbesondere Molls Buch „Die conträre Sexualempfindung“ (1891) beeinflusste nicht nur die Wissenschaft, sondern viele Betroffene fanden in ihm eine Identifikationsmöglichkeit.[3] Diese Werke bildeten die Basis für eine Fülle von neuen Publikationen in den Neunzigerjahren des 19. Jahrhunderts. Insbesondere der Leipziger Max Spohr Verlag tat sich hier hervor und bot immer neue Titel an.[4] Schließlich veröffentlichte Magnus Hirschfeld 1896 unter dem Pseudonym „Dr. med. Th. Ramien“ die Broschüre: „Sappho und Sokrates oder Wie erklärt sich die Liebe der Männer und Frauen zu Personen des eigenen Geschlechts?“. Aus dieser Zusammenarbeit zwischen Hirschfeld und Spohr entstand eine kleine Gruppe, die 1897 das „Wissenschaftlich-humanitäre Komitee“ (WhK) als vermutlich erste Schwulenorganisation der Welt gründete.

Parallel dazu rüsteten aber auch die Sittlichkeitsvereine auf. Die Ermordung des Nachtwächters Friedrich Braun im Herbst 1887 löste eine Debatte über die angeblich unsittlichen Zustände in der

3 Das Buch, das 1893 ins Französische übersetzt wurde, hatte auch André Gide stark beeinflusst. Er lobt es und sagt, es habe geholfen, seine Ansichten zu verändern: André Gide, Die Ringeltaube. Erzählung, München 2006, S. 58–62.

4 Marc Lehmstedt, Bücher für das „dritte Geschlecht“. Der Max Spohr Verlag in Leipzig. Verlagsgeschichte und Bibliographie (1881–1941), Wiesbaden 2002.

Stadt aus und die Unfähigkeit der Polizei, ihnen adäquat zu begegnen. 1887 wurde der „Deutsche Sittlichkeitsverein“ gegründet. Neben ihm bestanden aber noch eine Reihe anderer Vereine, so der „Männerbund zur Bekämpfung der Unsittlichkeit“. Der „Centralausschuss der evangelischen Kirche“ fungierte als Vernetzungsstelle dieser Vereine.[5] Während lange Zeit die Bekämpfung der Prostitution und der „Schundliteratur“ den Arbeitsschwerpunkt bildete, kam infolge des Falles Braun/Heinze auch die Bekämpfung der „unsittlichen Literatur“ hinzu, was schließlich erfolgreich in die Verschärfung des § 184 (Verbot „unzüchtiger Schriften“) mündete. Der Centralausschuss veröffentlichte 1885 die Broschüre: „Der Kampf wider die Prostitution“. Darin wurde darauf hingewiesen, dass sich auch Männer prostituieren, und gefordert, die ortspolizeilichen Bestimmungen auf Männer auszudehnen beziehungsweise geschlechtsneutral zu verfassen.[6] Die rhetorischen Verknüpfungen von Prostitution und Homosexualität brachte im Zusammenhang mit der Berichterstattung zum Heinze-Prozess die *Kreuzzeitung* auf den Punkt: „Ein jedes Uebel soll man an der Wurzel fassen. Die Wurzel des Verbrecherthums ist das Louisthum. Können wir dem Louisthum, das übrigens auch die gewerbsmäßigen Verbrecher aus § 175 meist in sich schließt, als solchem beikommen, so unterbinden wir dem Verbrecherthum die Lebensadern [...].“[7]

Auf diesem Niveau waren auch die Broschüren und internen Papiere der Sittlichkeitsvereine gehalten. Die männliche Prostitution bot immer wieder Diskussionsstoff. Da ohnehin ein Totalverbot der Prostitution und die Beibehaltung des § 175 gefordert wurden, erübrigte sich eine gesonderte Forderung nach einem Verbot homosexueller Prostitution, es entstand sogar eine gewisse Unlogik.[8] Die Sittlichkeitsvereine setzten

5 Isabell Lisberg-Haag, „Die Unzucht – das Grab der Völker“. Die Evangelische Sittlichkeitsbewegung und die sexuelle Moderne 1870–1918, Münster 2002, S. 76.

6 Archiv des Diakonischen Werkes, Berlin (ADW), CAZ 262 (P18 MF).

7 Kreuzzeitung, 3. 10. 1891, GStA, I. HA, Rep. 84a, Nr. 57917.

8 Vgl. Lisberg-Haag, „Die Unzucht – das Grab der Völker“, S. 106.

auf eine ähnliche Strategie wie später die Homosexellenbewegung: Sie arbeiteten eng mit der Polizei zusammen, es gab regelmäßige Treffen, ihre Broschüren wurden überreicht. Insofern versuchten die Sittlichkeitsvereine, ihre Interessen nicht nur in der Öffentlichkeit und Politik durchzusetzen, sondern auch direkt bei den Polizeibehörden.

Weindel und Fischer hatten angegeben, dass Erpressung und Homosexualität zunächst in unterschiedlichen Dezernaten bearbeitet wurden. Vermutlich wurde die Zusammenlegung 1885 vollzogen. Magnus Hirschfeld schrieb 1922, dass noch vor einem „Menschenalter" (ca. 30 Jahre) nahezu jeder Homosexuelle „seinen" Erpresser hatte. „Er gehörte zu ihm wie der Parasit zu dem Lebewesen, in dem und von dem er lebt." Und fuhr fort: Das Erpresserdezernat sei dann mit dem Homosexuellendezernat „zu einer Einheit verschmolzen" worden. Dies sei eine Verbindung gewesen, „die bis zum heutigen Tage fortdauert und sich als höchst praktisch bewährt hat. Besonders hat sich diese gemeinsame Bearbeitung beider Kategorien für die kriminalistische Beurteilung der Homosexualität als äußerst segensreich erwiesen. Indem nämlich die Leiter der Abteilungen und ihre Unterbeamten berufsmäßig die Erpresser und ihre homosexuellen Opfer kennenlernten und mit ihnen zugleich auch das Milieu und die Kreise, aus denen sie stammten, mußte sich unwillkürlich allmählich auch dem voreingenommensten Mitglied der ‚Päderastenpatrouille' der Unterschied zwischen wahrem und eingebildetem Verbrechertum aufdrängen."[9]

Für die Notwendigkeit der Einrichtung eines Homosexuellendezernates dürften jedoch auch politische Forderungen ausschlaggebend gewesen sein. Von den Erpressungen waren auch höchste Politiker und der Adel betroffen, und zwar in einem Ausmaß, das erst richtig in den 1910er-Jahren öffentlich wurde, aber bereits zu dieser Zeit offenkundig war. Viele Fälle wurden von der Polizei diskret behandelt, am

9 Magnus Hirschfeld, Von einst bis jetzt. Geschichte einer homosexuellen Bewegung 1897–1922, herausgegeben von Manfred Herzer und James Steakley, Berlin 1986, S. 23 f.

Strafgesetzbuch vorbei. Freilich galt hier zweierlei Maß. Die Einrichtung des Homosexuellendezernates bedeutete aber auch eine wesentliche Verschärfung der polizeilichen Verfolgung. 1884 wurde ein eigener Band im Verbrecheralbum für „Päderasten" angelegt, die dort gesammelten Fotografien sowie die Anzeigen stiegen seit 1885 langsam, aber kontinuierlich an. Dies war der Beginn der systematischen Sammlung in Karteien und Listen. Erst mit der Schaffung einer entsprechenden polizeilichen Organisationseinheit entstanden die technisch-organisatorischen Voraussetzungen und gleichzeitig die Notwendigkeit, sich selbst zu legitimieren. Das geschieht der polizeilichen Logik entsprechend über Zunahmestatistiken.

Leopold von Meerscheidt-Hüllessem würde man heute als vorurteilsfrei und weltoffen bezeichnen. Er setzte sich mit Richard von Krafft-Ebing und Albert Moll auseinander und lieferte diesem Material für sein Buch. Mit dem Schriftsteller und Herausgeber von *Westermanns Monatsheften* Adolf Glaser verband ihn eine enge Freundschaft, obwohl Glaser selbst Opfer eines Homosexuellenskandals geworden war. Über Adolf Glaser lernte er dann den noch jungen Magnus Hirschfeld kennen und gehörte indirekt sogar zum Gründungskreis des Wissenschaftlich-humanitären Komitees.

Glaser schrieb, dass Meerscheidt-Hüllessem versucht haben soll, eine offizielle Genehmigung zu erhalten, seine Erfahrungen im Zusammenhang mit der Homosexualität zu veröffentlichen, was ihm jedoch von der Behörde verwehrt worden sei. Dieser Zwist zwischen dem Leiter des Homosexuellendezernates und seinen Vorgesetzten soll sich in der Folge noch verschärft haben.[10] Hirschfeld nannte die Zusammenarbeit jedoch einen Meilenstein im Umgang mit der Polizei: „Auf das dauernd gute Einvernehmen zwischen unserem Wissenschaftlich-humanitären Komitee und dem Berliner Polizeipräsidium, das in fünfundzwanzig Jahren, trotz siebenmaligen Wechsels seiner Oberhäupter

10 G. [d. i. Adolf Glaser]: In memoriam, in: Jahrbuch für sexuelle Zwischenstufen (JfsZ) 4 (1902), S. 951.

von der äußersten Rechten bis zur äußersten Linken, niemals auch nur die geringste Trübung erfuhr, hat die Personalunion zwischen Homosexuellen- und Erpresserdezernat jedenfalls den denkbar besten Einfluß gehabt. Der Kampf, den wir für die Homosexuellen und die Polizei gegen das Erpressertum führten, wurde für beide Teile dadurch in ersprießlicher Weise gefördert.“[11]

Was Hirschfeld hier benennt, kann als grundsätzliche Linie der Polizei für rund vierzig Jahre festgehalten werden. Den Wandel gegenüber früheren Zeiten zeigt ein Bericht des Polizeivizepräsidenten Friedheim an das Innenministerium vom Mai 1909, in dem es um Verbrecherlokale in Berlin geht. Darin erwähnt Friedheim das Homosexuellenlokal „Mikado“, das seit 1908 eine Konzession zum Ausschank von Wein, Bier, Kaffee und Tee besaß: „[Es] wird begreiflicherweise ebenfalls scharf observiert. Doch lassen sich die dort verkehrenden Homosexuellen nichts zu Schulden kommen. Dagegen, daß sie das Lokal besuchen, läßt sich nichts machen.“[12] Das Mikado in der Puttkamerstraße in Kreuzberg war bis 1933 kontinuierlich geöffnet. Es war eines der populärsten Homosexuellenlokale und bekannt als spezieller Treffpunkt für Männer in Frauenkleidern und Travestieaufführungen. Die Politik gegenüber dem Mikado – und damit als Beispiel auch für die anderen Lokale – wird durch ein weiteres Schreiben vom Januar 1911, diesmal von Polizeipräsident Jagow, an das Innenministerium bestätigt: „Das von Homosexuellen besuchte Lokal von Gebhardt (Teehaus zum Mikado) [...] ist ebenfalls noch nicht ausgehoben worden, weil eine Notwendigkeit hierfür bis jetzt nicht vorlag. Indessen wird das Lokal von der Päderastenpatrouille der Kriminalpolizei stets im Auge behalten und kontrolliert.“[13]

Dass diese Duldungspolitik nach außen verteidigt wurde, belegt ein Brief des Polizeipräsidenten Grzesinski vom 29. April 1932. Im März 1932 besuchte ein Mann aus Bautzen Berlin und nahm am nächtlichen

11 Hirschfeld, Von einst bis jetzt, S. 26.

12 GStA, I. HA, Rep. 77, Tit. 235, Nr. 1, Bd. 13.

13 Ebenda.

Großstadtleben teil, wobei er auch in ein Homosexuellenlokal geriet. Er richtete deswegen eine Beschwerde an das Reichsjustizministerium: „Anläßlich einer Sitzung in Berlin überzeugte sich der Unterzeichnete [...] davon, daß es den Tatsachen entspricht, daß in gewissen Lokalen junge Männer in Damenbekleidung und Aufmachung auftreten. [...] Es widerspricht der deutschen und der anständigen Zucht, wenn seitens der Behörden derartige Dinge geduldet werden."

Das Justizministerium schickte das Schreiben zuständigkeitshalber an das Innenministerium, und dieses leitete es an den Berliner Polizeipräsidenten weiter, der darauf antwortete:

> „Es entspricht einer alten, schon im vorigen Jahrhundert geübten Praxis der Berliner Polizei, Lokale mit homosexuellem Verkehr im allgemeinen zu dulden und nur einzuschreiten, wenn die Allgemeinheit berührende Mißstände – etwa der Verkehr von Jugendlichen – zutage treten. Das Bestehen dieser Lokale hat zwei großpraktische Vorteile: sie erleichtern der Kriminalpolizei die obliegende Beobachtung der in Betracht kommenden Kreise und haben eine entsprechende Verminderung des Anstoß erregenden Umhertreibens der Homosexuellen auf den Straßen zur Folge.
> Was der Beschwerdeführer über das Treiben in den Schankstätten, die er selbst besucht hat, schildert, ist zutreffend. Ein Teil der durchweg männlichen Gäste trägt Frauenkleidung, und es wird in einigen Lokalen getanzt. Es kann auch zugegeben werden, daß dieser Anblick für den Normalen nicht gerade erfreulich ist. Indessen ist zu bemerken, daß die Besucher auch diejenigen, die ‚der Wissenschaft halber' dort sind, derartiges sehen wollen und ihnen die ‚Widerwärtigkeit', sehr im Gegensatz zu dem Straßentreiben, nicht wider ihren Willen aufgedrängt wird. Es kommt hinzu, daß die in Rede stehenden Lokale ausnahmslos versteckt liegen und nur von den Eingeweihten gefunden werden."[14]

14 GStA, I. HA, Rep. 77, Tit. 423, Nr. 102, Bd. 1.

In diesem Schreiben wird nicht nur deutlich gemacht, dass die Polizei die Lokale duldete. Auch wurden etwaige Argumentationen, dass hier ein öffentliches Ärgernis vorliege, damit zurückgewiesen, dass man das Lokal ja hätte verlassen können. Bemerkenswert aber ist vor allem, dass sich der Polizeipräsident hinter die Homosexuellen stellte und sie nach außen verteidigte.

Vierzig Jahre Duldungspolitik bedeuteten für das Polizeipräsidium auch, permanent in der öffentlichen Kritik zu stehen, vor allem der der konfessionellen Sittlichkeitsverbände und in der Weimarer Zeit auch der rechtsgerichteten Presse und der nationalsozialistischen Organisationen. Hofprediger Stoecker kritisierte diese Duldungspolitik gegenüber den Lokalen während einer Sitzung des Preußischen Abgeordnetenhauses bereits 1890 scharf: „Auch die nächtlichen Cafés, die man ja in Berlin in ihrem Treiben ganz gut kennt, die gleichsam Börsen der Unzucht sind, sollte man schließen. Die Kriminalpolizei hat ja ein gewisses Interesse daran, sich die Schlupfwinkel der Prostitution, weil dieselbe so vielfach mit dem Verbrechertum verbunden ist, offen zu halten, damit sie in jedem Moment ihre Hand darauf legen kann; aber dieser Nutzen, den die kriminalistische Polizei gewinnt, ist doch zu theuer erkauft."[15] Dieser Ton und diese Argumentation durchziehen die gesamte Kritik der Sittlichkeitsverbände. Schwerpunkt der Missbilligung der Homosexuellenlokale war weniger deren bloße Existenz, sondern der Umstand, dass dort „Normale", „Unschuldige" und „Verführbare" zur Homosexualität „verführt" werden könnten. Im Mittelpunkt solcher Angstneurosen der Kaiserzeit stand der Soldat, der als am stärksten gefährdet galt.

In den Zwanzigerjahren wurde neben dem generellen Unzüchtigkeitsvorwurf von bestimmten Seiten auch der Vorwurf von Rauschgiftvergehen erhoben. Hier ist insbesondere der rechts-konservative

15 Stenographische Verhandlungen des Hauses der Abgeordneten vom 17. 4. 1890, 42. Sitzung, Betr. Die Prostitution, S. 1125, GStA, I. HA, Rep. 76, VIII A, Nr. 389.

Kriminalkommissar Ernst Engelbrecht zu nennen. Er behauptete: „Man kann sagen, dass dreißig Prozent aller Dirnen, Spieler und Päderasten Kokainisten sind, und auch in anderen Berufen, vor allem in Künstlerkreisen, hat das Kokain seine getreuen Vasallen gefunden.“[16] An anderer Stelle schreibt er: „Man kann annehmen, dass wohl in allen Lokalen, in denen vorzugsweise Päderasten verkehren, auch Kokain gehandelt und geschnupft wird.“[17] Seine Behauptung ist jedoch keinesfalls haltbar. Angesichts von gut hundert Lokalen, die es in der Weimarer Zeit gab, sind Berichte über Drogen so selten, dass eine Verallgemeinerung unzulässig ist. Zudem widerspricht sich das Autorenteam Engelbrecht/Heller selbst. In dem Kapitel „Das Café der Jünglinge“ schildert Heller, dass er sich von Karl Giese, dem Leiter der Bibliothek des Institutes für Sexualwissenschaft und Lebenspartner Magnus Hirschfelds, durch die Szene führen ließ. Zunächst in die „Karls-Diele“ oder auch in den „Zementkeller“ beim Lessing-Theater und dann in die „Flotte“. Von dort berichtet er, dass nicht geraucht und nur wenig getrunken werde, denn „das alles ist männlich: das Rauchen wie das Trinken“, und „alles Kernige, Massive, Brutale, Männliche ist hier verpönt.“ Ansonsten gehe es still und gediegen, fast schon bedrückt zu, ab und an tanzt ein Paar: „Hingebung und Verzückung in den Mienen, mit bewusster und unbewusster Grazie.“[18] Das scheint wenig mit dem von Engelbrecht vermuteten Kokskeller zu tun zu haben.

Engelbrecht steigt aber auch selbst hinab in die homosexuelle Halbwelt: Zusammen mit Kriminalassistent Otto Krähe besucht er das „Marienkasino“ in der Marienstraße. „Der weißhaarige Boost [Wirt] empfängt uns mit einem weinenden und mit einem lachenden Auge, gibt aber sofort die Tür zum hinteren Raume frei.“ Dort tanzten 30 Männerpaare, viele davon in Frauenkleidern. Sie unterhielten sich

16 Ernst Engelbrecht/Leo Heller, Kinder der Nacht. Bilder aus dem Verbrecherleben, Berlin 1925, S. 24.

17 Ernst Engelbrecht/Leo Heller, Berliner Razzien, 2. Aufl., Berlin 1924, S. 14.

18 Engelbrecht/Heller, Kinder der Nacht, S. 119–122.

lange mit „Trudchen“ und ließen sich seine Lebensgeschichte erzählen. Es gehe friedlich und anständig zu, von Kokain keine Spur.[19]

Betrachtet man die Zusammenarbeit zwischen der Homosexuellenbewegung und der Berliner Polizei einmal als ein außergewöhnliches und weniger selbstverständliches Phänomen, so fällt auf, dass zeitgenössische Autoren sie fast nie als besonders bemerkens-, berichtens- oder untersuchenswert herausstellten. Ausnahmen bilden eigentlich nur ausländische Autoren, so die Franzosen Weindel und Fischer oder Oscar Méténier in der Kaiserzeit oder die Debatte um Heinrich Kopps Ausführungen in einer niederländischen Polizeifachzeitschrift zu Beginn der Zwanzigerjahre (siehe Kapitel 2). Offenbar wurde diese Zusammenarbeit gar nicht wahrgenommen oder als so selbstverständlich angesehen, dass sie keiner Betrachtung wert war.

Aus den Dreißigerjahren gibt es wenigstens ein paar Einlassungen, die auf diesen Umstand eingehen. Der junge englische Schriftsteller Christopher Isherwood, der mit seinem Roman „Goodbye to Berlin“ (verfilmt als „Cabaret“) berühmt wurde, kam Ende der Zwanzigerjahre nach Berlin und wohnte zeitweise im Institut für Sexualwissenschaft. In einem späteren Interview berichtete er unter anderem über Magnus Hirschfeld: „Es war ihm gelungen, Einfluß auf die Berliner Polizei zu gewinnen und ihre Einstellung gegenüber sexuellen Problemen zu verändern. Er und seine Mitarbeiter nahmen ihre Arbeit in einer typisch deutschen Weise tödlich ernst, die einem Ausländer oft lustig vorkam. Ich habe oft über die gelacht. Jetzt sehe ich sie als heroisch und edel an.“[20] Rudolf Diels, der erste Leiter der Gestapo, betonte mit Blick auf die Ermittlungen gegen SA-Chef Ernst Röhm in den Zwanzigerjahren: „Die Fairneß der Severingpolizei war auch in diesen Fällen von der alten Linie der Straftaktik nicht abgegangen, weniger die Päderastie,

19 Engelbrecht/Heller, Berliner Razzien, S. 22–24.

20 Berlin befreite mich: Interview mit Christopher Isherwood von Winston Leyland, in: Berlin von hinten, Berlin 1986, S. 16 f.

als die in ihrem Gefolge auftauchenden Erpressungen zu verfolgen."[21] Beide Aussagen, die Außensicht des jungen Ausländers und die Innensicht des Polizeibeamten, bestätigen die Besonderheit und die Selbstverständlichkeit der ausgehandelten Linie gleichermaßen. Der Psychoanalytiker Alfred Adler konstatierte in Bezug auf die anhaltende Erfolglosigkeit der akademischen Homosexualitätsbefürworter: „Es läßt sich nämlich mit Sicherheit behaupten, daß keine Theorie je imstande sein wird, die Gesellschaft oder die gesellschaftliche Moral zugunsten der Homosexualität zu beeinflussen. Das größte Zugeständnis, das zu erreichen wäre, bliebe das eine: Verschleierung und Nichtintervention. Soweit ist auch gelegentlich der Hüter des Gesetzes gegangen, und die vielen niedergeschlagenen Prozesse, die bei der Polizei hinterlegten, niemals verfolgten Listen der Homosexuellen zeugen von der milden Praxis".[22]

Verschleierung und Nichtintervention sind eng mit dem polizeilichen Duldungsprinzip verknüpft. Solange keine Seite Aufsehen macht, kann es so bleiben, wie es ist. Besser, sich nicht allzu viel damit zu beschäftigen, empfahl schon ein Polizeipraktiker im frühen 19. Jahrhundert. Doch gab es in Deutschland im Gegensatz etwa zu den romanischen Ländern keine tief (auch religiös) verwurzelte Tradition und keine kulturelle Übereinkunft des „Nicht-daran-Rührens" oder „Stillen-Duldens". Da es ein Strafgesetzbuch und ein Strafverfolgungsprinzip gab, war die Frage, was in welchem Maße geduldet wurde, stets Ergebnis eines zähen und mühevollen Aushandlungsprozesses, das, weil nicht fixiert, jederzeit veränderbar war.

21 Rudolf Diels, Lucifer ante portas … es spricht der erste Chef der Gestapo …, Stuttgart 1950, S. 384.

22 Alfred Adler, Das Problem der Homosexualität und sexueller Perversionen [1930], 2. Aufl., Frankfurt a. M. 1981, S. 24 f.

2
Das Homosexuellendezernat in Berlin unter Heinrich Kopp 1911 bis 1922

Zwar übernahm Heinrich Kopp die Leitung des Homosexuellendezernates bereits am 1. Januar 1911, weswegen die längste Zeit seiner Leitung noch in die Kaiserzeit fällt. Trotzdem ist es begründet, ihn als Beamten der Weimarer Zeit vorzustellen. Er leitete das Dezernat durch den Ersten Weltkrieg übergangslos bis 1922. Obwohl viele Kripobeamte im Krieg an der Front eingesetzt waren, blieb die Arbeit des Homosexuellendezernates bis 1917 völlig intakt. 1917 wurden beispielsweise noch 210 Anzeigen bearbeitet, was etwa dem Stand der Vorkriegsjahre entsprach. Erst 1918 brach dieser Arbeitsbereich zusammen. Kopp war vermutlich aus gesundheitlichen Gründen nicht zum Kriegsdienst eingezogen worden.

Das Berliner Polizeipräsidium wurde am 9. November 1918 im Zuge der Revolution von Aufständischen übernommen und die Leitung an den ehemaligen SPD-, mittlerweile USDP-Abgeordneten Emil Eichhorn übergeben. Da Eichhorn als Sympathisant des Spartakusbundes und damit des radikalsten Flügels der Revolution galt, verfügte die SPD-Regierung am 4. Januar 1919 seine Absetzung. Das war der Auslöser für die Januarkämpfe („Januarputsch"), die schließlich blutig niedergeschlagen wurden. Am 12. Januar wurde das Polizeipräsidium gestürmt und Eugen Ernst (SPD) als neuer Polizeipräsident bestimmt. Auf Ernst folgte 1920 Wilhelm Richter im Amt, auch er SPD-Mitglied. Bis Mitte 1932 kamen alle Polizeipräsidenten aus der Sozialdemokratie, was jedoch nur bedingt Einfluss auf die Homosexuellenverfolgung hatte.

Kopps Name taucht in Bezug auf die Revolutionsereignisse nur einmal am Rande auf: Der Vorsitzende der zentralen Betriebsräte der

Elektrizitätsarbeiter Wilhelm Sylt (auch „Sült" geschrieben) hatte wegen der mitteldeutschen Aufstände eine Solidaritätsversammlung organisiert und war verhaftet worden. Angeblich wollte er bei der Vorführung im Polizeipräsidium flüchten und wurde von einem Kriminalassistenten am 30. März 1920 „auf der Flucht erschossen".[1] Im anschließenden Prozess hat Kopp offensichtlich gegen das Polizeipräsidium als Sachverständiger ausgesagt, was von seinem Vorgesetzten Hans Hoppe negativ vermerkt und weshalb eine anstehende Beförderung nicht empfohlen wurde.[2] Kopp hatte sich, wie zu zeigen sein wird, mehrmals gegen das Polizeipräsidium gestellt, sich dabei aber nicht von weltanschaulichen Motiven leiten lassen, weshalb er oft „zwischen allen Stühlen" saß.

Die Homosexellenbewegung erfuhr in der Nachkriegszeit einen noch nie dagewesenen Aufwind. In kürzester Zeit eröffneten etwa hundert neue Lokale in Berlin. Zeitschriften und Gruppen wurden neu gegründet, und Magnus Hirschfeld weihte am 26. Juli 1919 im Tiergarten das Institut für Sexualwissenschaft ein, eine einzigartige Einrichtung für Sexualforschung, -aufklärung und -emanzipation. Neben Hirschfelds Wissenschaftlich-humanitärem Komitee (WhK), das im neuen Institut seinen Sitz hatte, existiere die gesamten Zwanzigerjahre über auch noch Adolf Brands Gemeinschaft der Eigenen (GdE) als eine Art Opposition zum WhK. Hinzu kam der Bund für Menschenrecht (BfM) unter dem Vorsitz von Friedrich Radszuweit,[3] der aus lockeren Gruppen, Freundschaftsverbände genannt, entstand. Radszuweit betätigte sich auch als Verleger diverser Schwulen-, Lesben- und Transvestitenzeitschriften. Man ging in diesen ersten Jahren noch fast selbstverständlich davon aus, dass mithilfe der SPD der § 175 endlich

1 Joseph Roth, Berliner Saisonbericht. Unbekannte Reportagen und journalistische Arbeiten 1920–39, herausgegeben von Klaus Westermann, Köln 1984, S. 140–142; Annemarie Lange, Berlin in der Weimarer Republik, Berlin 1987, S. 387.

2 GStA, I. HA. Rep. 77, Nr. 1507.

3 Zur Biografie und zum Bund für Menschenrecht vgl. Jens Dobler, Nachwort, in: Friedrich Radszuweit, Männer zu verkaufen, Hamburg 2012, S. 159–178.

abgeschafft werden würde, und tatsächlich arbeitete Reichsjustizminister Gustav Radbruch an entsprechenden Entwürfen („E 1922").[4] Noch 1922 warb Kopp anlässlich einer Rede im Institut für Sexualwissenschaft um Geduld mit der Reform; gegenwärtig seien die Reichstagsabgeordneten mit technischen und wirtschaftlichen Fragen zu sehr in Anspruch genommen. Erst wenn mehr Ruhe eingekehrt sei, könnten sie sich dieser Frage widmen. Kopp zeigte sich aber zuversichtlich, dass der „unselige § 175 fallen" werde.[5] Jedoch sollte es dazu nicht kommen.

Heinrich Kopp

Am 22. April 1919 richtete Magnus Hirschfeld ein Empfehlungsschreiben an den amtierenden preußischen Innenminister Paul Hirsch:

> „Sehr verehrter Herr Minister und Genosse! Hinsichtlich der so notwendigen Reform des Polizeiwesens im sozialistischen Sinne rate ich dringend, den jetzigen Kriminalkommissar Dr. Heinrich Kopp ins Ministerium zu berufen. Er ist seit langem ein überzeugter Mehrheitssozialist und die geeignetste Persönlichkeit, dem alten Schlendrian in wahrhaft demokratischem und sozialistischem Geiste ein Ende zu bereiten. Die Saumseligkeit in der Reformierung des Beamtenkörpers trägt viel dazu bei, dass die Unabhängigen in rapidem Zunehmen begriffen sind. Ich kenne die finanziellen (Pensionen) und technischen Schwierigkeiten beim Ersatz der Geheimräte sehr wohl, aber es wäre jammerschade, wenn die Hoffnungen des 9. November dadurch Schiffbruch erleiden würden, dass die Entwicklung entweder zu weit nach rechts oder links

4 Kai Sommer, Die Strafbarkeit der Homosexualität von der Kaiserzeit bis zum Nationalsozialismus. Eine Analyse der Straftatbestände im Strafgesetzbuch und in den Reformentwürfen (1871–1945), Frankfurt a. M. 1998, S. 163–308; JfsZ 22 (1922), S. 60; Die Freundschaft 3 (1921), Nr. 52, S. 3.

5 JfsZ 23 (1923), S. 205.

Kriminalkommissar
Dr. Heinrich Kopp (1871–1941)
Sammlung Dobler

ausschlägt, anstatt im Sinne unseres Erfurter Programms die alten Ideale unserer Partei zu verwirklichen.
Ich schreibe dies ohne Wissen des mir befreundeten Dr. Kopp, rate aber nochmals dringend, diesen Mann, der als Beamter und Sozialist in gleicher Weise erprobt ist, nicht in den Schatten zu stellen.
Mit Parteigruss Ihr M. Hirschfeld."[6]

Kaum eine andere Einlassung dürfte das Verhältnis zwischen Homosexuellenbewegung (auch Adolf Brand hielt Kopp für einen „Ehrenmann") und Homosexuellendezernat besser dokumentieren als dieses Schreiben. Tatsächlich handelt es sich bei Heinrich Kopp um den ungewöhnlichsten Beamten, den das Dezernat je hatte. Nachdem er 1933 von den Nazis aus seiner Stellung im Polizeipräsidium gedrängt worden war, ist auch das Wissen über ihn weitgehend verloren gegangen.

6 GStA, I. HA. Rep. 77, Nr. 1507.

Kindheit, Ausbildung, Promotion

Heinrich Kopp wurde am 17. Juli 1871 in Düren als Sohn des Amtsgerichtsrats Heinrich und Wilhelmine Kopp geboren. Vermutlich waren auch schon die Vorfahren im Richteramte tätig, denn Kopp äußert später, dass er einer alten rheinländischen Richterfamilie entstamme. Kopp hatte einen zwei Jahre jüngeren Bruder, Karl, der im März 1873 geboren wurde. Der Vater war zunächst Friedensrichter, dann Amtsrichter in Stromberg (Hunsrück), Kreis Bad Kreuznach, das zur preußischen Rheinprovinz gehörte. Von 1881 bis 1889 besuchte Kopp das Gymnasium in Koblenz und absolvierte anschließend bis 1892 in Bonn in der W. Groos'schen Hofbuchhandlung eine Ausbildung zum Buchhändler. Es handelte sich hierbei um eine renommierte Buchhandlung, die auch selbst Bücher verlegte.

Danach war Kopp zwei Jahre als Bühnenschauspieler am Stadttheater in Elberfeld-Barmen und in der dortigen Verwaltung tätig. Von April 1894 an leistete er seinen einjährigen Militärdienst ab. Danach studierte er zunächst in Bonn, später in Straßburg und Heidelberg, Theatergeschichte. 1900 legte er seine Dissertation über „Die Bühnenleitung Aug. Lingemanns in Braunschweig“[7] vor. Sein Doktorvater war Professor Max von Waldberg in Heidelberg, bei dem später auch Joseph Goebbels promovierte und dem wegen seines jüdischen Glaubens 1933 die Lehrbefugnis entzogen wurde.

Das Thema seiner Doktorarbeit ist deswegen interessant, da auch Adolf Glaser, der Vertraute von Meerscheidt-Hüllessem, über das Braunschweiger Theater geforscht hatte. Kopp zitiert ihn mehrmals. Nicht unwahrscheinlich ist, dass sich Kopp und Glaser später in Berlin auch persönlich begegnet sind.

7 Heinrich Kopp, Die Bühnenleitung Aug. Klingmanns in Braunschweig. Mit einem Anhang: Die Repertoire des Braunschweiger Nationaltheaters. Ein Beitrag zur deutschen Theatergeschichte des 19. Jahrhunderts. Inaugural-Dissertation zur Erlangung der Doktorwürde der hohen philosophischen Fakultät der Ruprecht-Carls-Universität zu Heidelberg, Hamburg/Leipzig 1901.

Der bis hierher dargestellte Lebensweg Kopps hat mit seinerzeit typischen Polizeibiografien wenig gemein, doch gleicht er überraschend dem von Erich Wulffen (siehe Kapitel 7), der ebenfalls als Bühnendarsteller begann. Und vermutlich wird man auch das, was Wulffen über sich angibt, auf Kopp anwenden können: Wulffens Vater verlangte vom Sohn, etwas „Richtiges" zu machen, und drängte ihn zum Jurastudium.

Kopp ging nach Berlin und wurde zum 17. Juni 1901 als Kriminalpolizeianwärter angestellt, bestand seine Prüfung am 29. Oktober 1902 und war dann zunächst interimistisch in der Kriminalpolizei tätig, bis er im Januar 1905 endgültig zum Kriminalkommissar ernannt wurde.[8]

Auch Heinrich Kopps Bruder Karl kam nach Berlin. Er hatte 1900 das zweite juristische Staatsexamen bestanden und war ab 1907 als Amtsgerichtsrat in Zossen südlich von Berlin tätig. Ab September 1911 kam er als Landgerichtsrat zum Landgericht I nach Berlin. Heinrich und Karl bezogen in Berlin eine gemeinsame Wohnung, zunächst in Charlottenburg, dann ab 1917 die gesamten Zwanzigerjahre über in der Brückenallee 5 im Berliner Hansaviertel, nördlich des Tiergartens. Sehr viele Wissenschaftler, Politiker, aber auch Bohemiens wie Else Lasker-Schüler wohnten dort. Die Brückenallee war eine Art Prominentenstraße. Bis 1917 lebte in dem Haus Brückenallee Nr. 5 die Familie Bonhoeffer. Karl Bonhoeffer war einer der bekanntesten Gegner der Homosexuellenbewegung in den Zwanzigerjahren, dessen Sohn Dietrich, von den Nazis als Widerstandskämpfer hingerichtet, berichtet von dem intellektuellen Umfeld seiner Kindheit in der Brückenallee.[9] Ferner wohnte Wilhelm Liebknecht, ein Bruder des ermordeten KPD-Führers Karl, in dem Haus.[10] Die Brüder Kopp trugen zu dieser Atmosphäre mit bei. Die Chanson-Sängerin Claire Waldoff berichtet

8 Amtliche Nachrichten des Königlichen Polizei-Präsidiums zu Berlin Nr. 17, 20. 1. 1905, S. 1; Die Polizei 1 (1905), Nr. 22, S. 520; GStA, I. HA., Rep. 77, Nr. 1507.

9 Eberhard Bethge, Dietrich Bonhoeffer. Theologe – Christ – Zeitgenosse. Eine Biographie, 7. Aufl., Gütersloh 2001, S. 46 f.

10 Bertram Janiszenski, Das alte Hansa-Viertel in Berlin, Berlin 2000.

in ihren Erinnerungen, dass samstags bei Kopps regelmäßig „engagementslose“ Schauspielerinnen einkehrten und die Wohnung zu einem Treffpunkt wurde. Auch Abendbrot gab es: „Wir deckten den Tisch und wuschen ab und manches kluge, witzige und ernste Wort wurde gesprochen. Und da lernten wir die Großstadt Berlin von den verschiedensten Seiten kennen. Dr. Kopp verstand es vorzüglich, uns jungen Künstlerinnen das Leben der Großstadt Berlin so zu zeigen, wie es wirklich ist: Scherz und Ernst, Humor und Tragik der Großstadt, damit wir stets im Leben das richtige Verständnis für die Menschen in jeder Situation hätten.“ Sie berichtet ferner, dass sie an Verhandlungen, bei denen Karl Kopp den Vorsitz führte, teilnahm und dass sie von Kopps auf einen „kriminellen Kreis“, angeführt von einer Ines S., aufmerksam gemacht wurde, wo Waldoff gleich hinging. „Wie interessant für mich!“[11] Zwischen den Zeilen gelesen, dürfte es sich um einen lesbischen Club gehandelt haben, denn in jener Zeit lernte sie die lesbische Szene Berlins kennen und dort auch ihre spätere Lebensgefährtin Olga von Roeder. Da Waldoff zu Beginn der Zwanzigerjahre mit der damals noch unbekannten Marlene Dietrich befreundet war und auch mit ihr zusammenarbeitete, ist es gut möglich, dass auch diese samstags bei Kopps ihr Abendbrot einnahm.

Heinrich Kopp heiratete am 23. November 1923 die geschiedene Lina Barz, geborene Kretschmer (1882–?), aus Vielau in Sachsen. Die Ehe blieb kinderlos.

Homosexuellendezernat

Als Heinrich Kopp zur Jahreswende 1910/11 die Leitung des Homosexuellendezernats übernahm, hatte er sich schon längst inhaltlich in die Materie eingearbeitet. Als zweite Hand Hans von Tresckows war er

11 Claire Waldoff, Weeste noch ...! Aus meinen Erinnerungen, Düsseldorf/München 1953, S. 35–37, 43.

in die verschiedensten Fälle involviert gewesen und hatte an der Aufklärung diverser Erpressungen mitgearbeitet. Innerhalb der Polizei hatte er in Fortbildungskursen bereits zu diesem Thema referiert. Anders als sein Vorgänger machte Kopp während seiner Amtszeit auch in öffentlichen Stellungnahmen keinen Hehl daraus, dass er die Abschaffung des § 175 befürwortete. Anlässlich eines Prozesses gegen zwei Homosexuelle äußerte er sich in einem Gutachten vor der Berliner Strafkammer: „Der § 175 muss schon deshalb fallen, weil er nur ein Schild für die männliche Prostitution ist."[12] Mit solcherlei Äußerungen hielt er sich auch in seinen Vorträgen nicht zurück. Dies wurde dann häufig von der Presse aufgegriffen, so zum Beispiel von der Zeitschrift *Die Tribüne* am 19. November 1913 oder in Broschüren des Wissenschaftlich-humanitären Komitees (WhK).[13] Die *Frankfurter Volksstimme* bemerkte zu solchen Ausführungen Kopps: „Wenn selbst ein königlich preußischer Kriminalkommissar so spricht, dann muß es schlimm mit dem Leid der Homosexuellen bestimmt sein."[14]

Das Verhältnis zwischen WhK und Homosexuellendezernat unter Kopp intensivierte sich erheblich. Als sich Kopp im Mai 1911 zu einer Kur in Marienbad aufhielt, schickte er dem WhK ein Telegramm mit den besten Wünschen zur Jahresversammlung und erhielt sofort ein Dankestelegramm zurück.[15] Es gibt kaum eine Schrift Hirschfelds, in der er nicht voller Dankbarkeit auf Kopp verweist. Das WhK schlug vor, Kopp als Sachverständigen in der Strafrechtskommission zur Reform des Strafrechts zu hören.[16]

Im Rahmen dieser Dankbarkeitsgestik gab es seitens des WhKs nie eine kritische Äußerung gegen die Polizei, obwohl auch unter Kopp

12 JfsZ 11 (1910/11), S. 133 f.

13 Vgl. Die Freundschaft 4 (1922), Nr. 50, S. 6; Gewichtige Stimmen über das Unrecht des § 175 unseres Reichsstrafgesetzbuchs (§ 250 des Entwurfs zu einem neuen Deutschen Reichsstrafgesetzbuch), 2. Aufl., Leipzig 1914, S. 26 f.

14 Vgl. JfsZ 12 (1911/12), S. 3 f.

15 JfsZ 11 (1910/11), S. 444.

16 JfsZ 13 (1912/13), S. 374 f.

Homosexuelle verfolgt wurden und gerade in seiner Amtszeit die Zahl der Anzeigen und der Fotos im Verbrecheralbum kontinuierlich stieg. Vor allem in der Kaiserzeit setzte Kopp männliche Prostituierte mit Erpressern gleich und sah in ihnen das Grundübel der Menschheit. Im Verwaltungsbericht der Kriminalabteilung für die Jahre 1908 bis 1912, der bereits deutlich Kopps Handschrift trägt, wird denn auch die andere Seite offenbar: Die Kripo widme der Homosexualität ein besonderes Interesse. Die Lokale, in denen vorwiegend oder ausschließlich Homosexuelle verkehrten, würden dauernd durch Beamte der Päderastenpatrouille kontrolliert, und wenn Klagen über das Treiben in diesen Lokalen laut würden, würden diese „ausgehoben". Ebenso werde festlichen Veranstaltungen der Homosexuellen „die grösste Aufmerksamkeit" gewidmet. Eine Zunahme der Homosexualität sei jedoch nicht zu konstatieren. Wenn „in den letzten Jahren" wesentlich mehr Anzeigen auf diesem Gebiet erstattet worden seien, so habe dies seinen Grund darin, dass durch die bekannten Sensationsprozesse die Kenntnis der Homosexualität in die weitesten Kreise getragen worden sei. Die Anzeigen wegen Erpressung seien von Jahr zu Jahr gestiegen, was in der Hauptsache wohl daran liege, dass die Opfer der Erpresser sich mehr und mehr sogleich an die Polizei wendeten und sich nicht mehr wie früher aus Scheu vor der Gerichtsverhandlung jahrelang „aussaugen" ließen.[17]

Die unkritische Haltung des WhKs ist als eine Form der Schadensbegrenzung anzusehen, wobei der „Schaden" der § 175 war. Zweifellos konnte das Komitee von der Polizei und den Dezernatsleitern nicht fordern, die Ermittlungstätigkeit einzustellen. Insofern war es nur möglich, durch ständige Tuchfühlung und positive Gewinnung der Beamten deren grundsätzliche Einstellung zu beeinflussen sowie in Einzelfällen Milderungen herbeizuführen oder bei der Aufklärung von Erpressungsfällen konkret mitzuwirken.

17 GStA, I. HA, Rep. 77, Tit. 235, Nr. 1, Bd. 14.

Deutlich kann man dies an dem polizeilichen Umgang mit Personen festmachen, die damals als „Transvestiten" bezeichnet wurden: Personen, die die Kleidung des anderen Geschlechts nicht zum Spaß oder im Sinne eines homosexuellen Codes trugen, sondern sich tatsächlich im falschen Körper fühlten, was sie durch die Kleidung zum Ausdruck bringen wollten. Hirschfeld sagte 1922 anlässlich einer Ansprache, dass Kopp wesentlich dazu beigetragen habe, dass die Kriminalpolizei zu einem moderaten Umgang mit diesem Phänomen gekommen sei. Obwohl das Tragen der Kleidung des anderen Geschlechts per Gesetz nicht verboten war, wurden solche Personen doch recht willkürlich festgenommen und oft wegen Erregung öffentlichen Ärgernisses angezeigt. Das Homosexuellendezernat war auch mit diesen Fällen befasst. Im Juni 1912 kam es zu einem Prozess gegen den Artisten Ernst Mittenstedt. Er erschien selbst vor Gericht in „Damengarderobe" und gab zu seiner Verteidigung an, dass die Kriminalpolizei davon wisse, was Kopp im Prozess bestätigte.[18]

In dieser Zeit ging die Kriminalpolizei dazu über, diesen Personen einen sogenannten Transen-Schein auszuhändigen, wenn ihnen gutachterlich (in der Regel von Hirschfeld und seinen Kollegen) bestätigt wurde, dass sie „so" veranlagt seien. Dieser Schein war keine Erlaubnis, denn dieser bedurfte es nicht, sondern eine Bestätigung, dass hier alles im seriösen Bereich lag. Im Juni 1922 veröffentlichte die Kriminalpolizei eine Art Erlass über die „Behandlung der sogenannten ‚Transvestiten'", der wesentlich auf Kopp zurückgegangen sein dürfte. Darin wurde festgehalten, dass solche Personen nicht grundlos verhaftet werden dürften. Das alleinige Tragen der Kleidung des anderen Geschlechts an sich stelle noch keinen triftigen Grund dar. Als Erklärung wurde angeführt: „Sieht man von der männlichen Prostitution ab, so hat der Transvestizismus [so im Original, richtig: Transvestitismus] im Allgemeinen keine kriminelle Bedeutung. Die im Publikum

18 JfsZ 12 (1911/12), S. 253; JfsZ 13 (1912/13), S. 55.

noch verbreitete Meinung, dass es sich bei den verkleideten Personen um verkappte Verbrecher (Taschendiebe, Spione, Mädchenhändler usw.) handele, ist hinfällig. Hinsichtlich der männlichen Transvestiten ist nach den neueren Erfahrungen nicht einmal mehr die früher als eine Selbstverständlichkeit vertretene Ansicht haltbar, dass die Frauenkleidung tragenden Männer durchweg als Homosexuelle anzusprechen seien." Trotzdem registrierte das Homosexuellendezernat jeden Transvestiten: „Es ist aber in allen Fällen, in denen ein Transvestit bei irgendeiner Gelegenheit zur Festnahme gelangt, der Kriminalpolizei Mitteilung zu machen, vorausgesetzt, dass der Betreffende nicht im Besitz einer Bescheinigung des Inhalts ist, dass er der zuständigen Dienststelle bereits bekannt ist."[19]

Nach dem Ersten Weltkrieg verstärkte Kopp sein Engagement. Den Auftakt bildete 1920 ein umfangreicher Artikel über Homosexualität in der Zeitschrift *Die Kriminalpolizei*, der wenig später in der Homosexuellenzeitschrift *Die Freundschaft* übernommen wurde. Dieser Artikel und die Zusammenarbeit zwischen Polizei und Homosexuellenbewegung machten in den Niederlanden besonders Furore und führten zu einer mehrteiligen Artikelserie in der polizeilichen Fachzeitschrift *De Politiebode*. Auch in der dortigen Homosexuellenbewegung wurde eine solche Zusammenarbeit diskutiert.[20] Ferner hielt Kopp in diesen ersten Jahren der Weimarer Republik mehrere öffentliche Vorträge[21] und wurde auch als Sachverständiger herangezogen, etwa im Prozess um die Zeitschrift *Die Freundschaft* oder als der erste Aufklärungsfilm

19 Tagesbericht, 6. 6. 1922, Nr. 45, S. 347.

20 O. V., Homosexualiteit, in: De Politiebode 22 (1923), Nr. 11–23, 35; eine ähnliche Diskussion entstand in den Niederlanden noch einmal 1931 aufgrund eines Artikels von Tresckow über Erpressungen: J. A. Schorer, Hoe het Chantagegevaar te keeren, in: Weekblad von het Recht 93, Nr. 12344, 15. 10. 1931 und die anschließende Debatte: Nr. 12367, 8. 12. 1931.

21 Die Freundschaft 2 (1920), Nr. 6; Die Freundschaft 2 (1920), Nr. 10; Die Freundschaft 2 (1920), Nr. 11; Die Freundschaft 2 (1920), Nr. 44; Die Freundschaft 2 (1920), Nr. 46.

zur Homosexualität „Anders als die Anderen“ von Richard Oswald unter Mitwirkung von Hirschfeld verboten werden sollte und schließlich im August 1920 auch verboten wurde.[22]

Am 15. März 1922 sprachen Hirschfeld und Kopp im Reichstagsgebäude vor etwa 50 Abgeordneten aller Parteien, um für die Abschaffung des § 175 in der künftigen Strafrechtsreform zu werben. Kopp wählte in seiner Rede deutliche Worte: An keinem Paragrafen klebe so viel „zerschossene Gehirnmasse“ wie am § 175. Der Vortrag wurde als bedeutendes Ereignis in der Geschichte des WhKs eingestuft.[23]

In dieser Zeit unterschrieb Kopp auch die Petition zur Abschaffung des Paragrafen mit den Worten: „Den § 175 schätzen nur diejenigen, die ihn in seiner praktischen Wirkung nicht kennen. Ich kann aus einer beinahe zwanzigjährigen kriminal-spezialistischen Tätigkeit auf dem Sexualgebiet nur sagen, daß die Strafbestimmung an Unverstand nicht ihresgleichen hat. Selbst wenn es richtig wäre, daß die Homosexualität ein Laster sei, das mit Stumpf und Stiel ausgerottet werden müsse, so kann das nimmermehr mit dem § 175 geschehen. Wenn sich von ihm nur sagen ließe, daß er zu Erpressungen mißbraucht wird, so wäre das noch kein Grund zu seiner Aufhebung, denn das hat er mit anderen Strafbestimmungen gemein, die deshalb doch nicht aufgehoben werden können. Was den Paragraphen von allen anderen unterscheidet, ist vielmehr das, daß er nur für die Erpresser Wert hat.“[24]

Anfang der Zwanzigerjahre versuchte die Kriminalpolizei, auch das Problem der männlichen Prostitution in den Griff zu kriegen, indem sie auf interdisziplinäre Arbeitsansätze setzte. Im August 1921

22 JfsZ 19 (1919), S. 117; vgl. zum Film: James Steakley, Anders als die Anderen, Berlin 2007.

23 JfsZ 22 (1922), S. 63 f.; Die Freundschaft 4 (1922), Nr. 12; Die Freundschaft 4 (1922), Nr. 13; Uranos. Unabhängige uranische Monatsschrift für Wissenschaft, Polemik, Belletristik, Kunst 1 (1922), Nr. 10/11, S. 262 (Reprint: Hamburg 2002).

24 Zitiert nach: Hirschfeld, Von einst bis jetzt, S. 29.

schickte das Polizeipräsidium an das Innenministerium und das Ministerium für Volkswohlfahrt einen Bericht über „Männliche Prostitution von Jugendlichen“. Darin heißt es: „Seit geraumer Zeit macht sich auf homosexuellem Gebiete in außerordentlich erhöhtem Maße der Übelstand geltend, daß Jugendliche, oft noch nicht dem Knabenalter entwachsen [...] sich Invertierten, deren Zahl in Groß-Berlin auf etwa 50 000 geschätzt werden kann, zum Geschlechtsverkehr anbieten. Man würde fehl gehen, wenn man die zu bekämpfende Erscheinung allgemein auf eine Zunahme der Homosexualität als solche zurückführen würde. Für diese Annahme, wenn sie auch häufig von nicht hinreichend Unterrichteten ausgesprochen wird, fehlt es hier an Unterlagen.“ Um dem Problem begegnen zu können, wurden eine verstärkte Zusammenarbeit mit der Jugendfürsorge und eine verstärkte öffentliche Aufklärung vorgeschlagen.

Das Ministerium für Volkswohlfahrt beauftragte daraufhin die „Deutschen Zentrale für Jugendfürsorge“ mit einem Gutachten. Nach interner Erörterung teilte das Ministerium im Januar 1922 unter anderem mit:

> „[...] halte ich eine amtliche Aufklärung breiterer Volksschichten nicht für zweckmäßig, empfehle aber
> 1.) Hinweise auf die Gefahren gegenüber
> a) der Lehrerschaft an den höheren, mittleren und Volksschulen für Knaben
> b) den Eltern in den Elternbeiräten und -versammlungen
> c) den amtlichen Jugendfürsorgern und -fürsorgerinnen
> d) den amtlichen und nebenamtlichen Bezirks- und Kreisjugendpflegern und -pflegerinnen
> 2.) Schaffung einer ärztlichen Beratungsstelle, etwa bei der Berliner Charité wie seitens des Leiters der dortigen psychiatrischen Abteilung angeregt wurde,
> 3.) Berücksichtigung der Fragen bei der Berufsberatung bei dem städtischen Berufsamt.“

Am 28. Januar 1922 war eine „geschlossene Aufklärungsveranstaltung" für das städtische Jugendamt angesetzt. Das Polizeipräsidium war offenbar mit den Ergebnissen zufrieden und antwortete am 18. Februar 1922: „Die [...] Maßnahmen halte ich für geeignet dem in Rede stehenden Mißstand zu begegnen und habe andere Vorschläge zur Zeit nicht zu machen."[25] Nun fanden in den einzelnen Stadtbezirken regelmäßige Aufklärungsvorträge über das „homosexuelle Unwesen" oder die „Fürsorge für homosexuelle Jugendliche" statt, die teilweise von Kopp und Hirschfeld bestritten wurden.[26]

Zum 1. Oktober 1922 gab Kopp die Leitung des Homosexuellendezernats an Bernhard Strewe ab. Er selbst wurde zum Kriminaloberinspektor befördert und als Leiter der Kriminalpolizeiinspektion in Treptow und Köpenick beordert. Das WhK veranstaltete am 27. Oktober im Institut für Sexualwissenschaft einen Festabend für Kopp, wo ihm die Ehrenmitgliedschaft im WhK angetragen wurde. Mit dabei waren auch Kopps Nachfolger Strewe und der Homosexuellenaktivist Adolf Brand. Hirschfeld hob in seiner Laudatio besonders Kopps Mut hervor, da er sich während seiner Amtszeit so intensiv für die Homosexuellen eingesetzt habe. Kopp versprach wiederum, auch in Zukunft alles, was in seinen Kräften stehe, für die homosexuelle Bewegung zu tun.[27]

Sozialdemokratie und Gewerkschaftsarbeit

Das anfangs zitierten Empfehlungsschreiben von Hirschfeld an den damaligen Innenminister Hirsch hatte schon angedeutet, dass Kopp Sozialdemokrat war. Ein Brief von Kopps Ehefrau Lina vom August

25 GStA, I. HA, Rep. 77, Tit. 435, Nr. 6.

26 Bericht über die Organisation und aus der Tätigkeit des Jugendamts der Stadt Berlin in der Zeit von 1. Oktober 1920 bis zum 31. Dezember 1922, Berlin 1923, S. 71 (1. Bd.), S. 35 (2. Bd.); Geschlecht und Gesellschaft 11 (1922), Nr. 11, S. 169 f.

27 Die Freundschaft 4 (1922), Nr. 40, S. 7; JfsZ 23 (1923), S. 202–205.

1928 an den preußischen Innenminister Grzesinski gibt dazu mehr Auskünfte. Sie bezeichnet sich selbst wie ihren Mann als „Parteigenossen“. Sie seien keine „Novembersozialisten“, sondern auch schon vorher sozialdemokratisch gewesen.[28] Ob Kopp in der SPD auch aktiv mitwirkte, beispielsweise in Ortsgruppen oder Ausschüssen, ist heute nichts mehr bekannt. Allerdings deutet Lina Kopp an, dass ihr Mann in der Kaiserzeit anlässlich der „Moabiter Krawalle“ dem Rechtsanwalt und SPD-Abgeordneten Kurt Rosenfeld Material gegen die Polizei zugespielt habe.

Mit den Moabiter Krawallen endete das Streikjahr 1910, in dem es wiederholt zu blutigen Straßenschlachten zwischen Arbeitern und der Polizei gekommen war. Nach den Ausschreitungen, bei denen am Rande auch ein Arbeiter von Polizisten tödlich verletzt wurde, wurden Vorwürfe gegen die Polizei erhoben; sie habe bewusst „Spitzel“ in die Reihen der Demonstrierenden eingeschleust, die zu Gewalt und Krawallen angestiftet hätten. Im Nachgang kam es zu verschiedenen Prozessen. Als Polizeipräsident Jagow beispielsweise gegen das *Volksblatt* aus Harburg wegen Beleidigung klagen wollte, wurde ihm vom zuständigen Gericht in Celle vorab relativ deutlich gemacht, dass er die Vorwürfe der polizeilich eingesetzten Provokateure kaum entkräften könne, weil es zu viele Zeugenaussagen gebe, die dies bestätigten.[29] Inwieweit das Material von Kopp hier eine Rolle spielte, kann im Einzelnen heute nicht mehr verifiziert werden.

Kopp war außerdem Mitglied in der „Liga für Menschenrechte“. Diese als „Bund Neues Vaterland“ 1914 gegründete pazifistische Vereinigung benannte sich ab 1922 in „Liga für Menschenrechte“ um.

28 Internationales Institut für Sozialgeschichte (IISG), Amsterdam, NL Grzesinski, Nr. 91.

29 GStA, I. HA, Rep. 84a, Nr. 49729; vgl. auch: Volksentrechtung – Polizeiwillkür. Die Wahlparole des schwarzblauen Blocks. Reden der Abgeordneten David, Frank, Schiedemann und des Reichskanzlers bei den Etats-Beratungen am 9. bis 14. Dezember 1910. Nach stenographischen Berichten, Berlin 1910.

Berühmte Mitglieder waren Otto Lehmann-Russbüldt, Ernst Toller, Helene Stöcker, Magnus Hirschfeld, Albert Einstein und Ernst Reuter.[30] Kopp berief sich später auf Christoph Moritz von Egidy und Friedrich Naumann als Persönlichkeiten, deren Werke ihn politisch am meisten beeinflusst hätten. Beide traten für ein reformiertes Christentum und Pazifismus ein. Naumann setzte auf ein politisches Reformbündnis jenseits von Parteigrenzen.

Als mit der Revolution die „Koalitionsfreiheit" für alle Berufe errungen war, konnten auch die Polizeibeamten in Deutschland Verbände gründen, später legitimiert durch Artikel 130 der Weimarer Verfassung („Vereinigungsfreiheit der Beamten"). In den ersten Jahren entstand so eine kaum zu übersehende Anzahl von unterschiedlichsten Polizeibeamtenvereinigungen.[31] Am 1. Mai 1919 wurde in Kassel aus Ortsgruppen, Verbänden und bereits früher bestehenden losen Kriminalbeamtenstrukturen der „Verband der Kriminalbeamten Deutschlands e. V." mit Sitz in Berlin gegründet. Heinrich Kopp wurde Vorstand der Berliner Ortsgruppe und war als solcher Beisitzer des Bundesvorstandes. Gleichzeitig wurde als Verbandszeitung *Die Kriminalpolizei* ins Leben gerufen, deren Redaktion Kopp übernahm.[32] Da von dieser Zeitschrift nur einzelne Exemplare überliefert sind, kann wenig dazu gesagt werden, wie oft Kopp eigene Artikel beisteuerte. Sicher ist, dass er dort in den ersten Ausgaben 1919 seinen Beitrag „Über Homosexualität" veröffentlichte, der heute nur deswegen noch erhalten ist, weil die *Freundschaft* ihn im Januar 1920 nachdruckte. Kopp hat die Redaktion von *Die Kriminalpolizei* etwa Mitte 1921 aus unbekannten Gründen wieder abgegeben. In dieser Zeit hatte sich der Verband in „Reichsverband der Kriminalbeamten" umbenannt, zudem gab es Bestrebungen, einen Gesamtverband aller polizeilichen

30 Otto Lehmann-Russbüldt, Der Kampf der Deutschen Liga für Menschenrechte für den Weltfrieden, Berlin 1927.

31 Vgl. Johannes Buder, Die Reorganisation der preußischen Polizei 1918–1923, Frankfurt a. M./Bern/New York 1986, S. 180, 183–186, 554–558.

32 Deutsche Strafrechts-Zeitung 6 (1919), Nr. 9/10, S. 323 f.

Gewerkschaften zu gründen.[33] Ende Januar 1922 wurde denn auch die Auflösung des „Reichsverbandes der Kriminalbeamten" und das Aufgehen im „Reichsverband der Polizeibeamten" beschlossen.[34] Gleichzeitig gab es auch in Preußen Bemühungen, einheitliche Verbände zu schaffen, was im Februar 1923 mit der Gründung des „Verbandes preußischer Polizeibeamter" vollzogen wurde,[35] nach seinem Vorsitzenden Ernst Schrader meist einfach nur „Schrader-Verband" genannt.

Wie Kopp zu diesen einzelnen Strömungen stand, kann heute nicht mehr rekonstruiert werden. 1926 nahm er an einem Verbandstag der „Vereinigung der höheren Kriminalbeamten Preußens" teil. Ob er hier auch Mitglied war, entzieht sich der Kenntnis.[36]

Ministerialrat im Preußischen Innenministerium

Die Leitung der Kriminalpolizeiinspektion in Treptow und Köpenick ab Oktober 1922 war nur eine kurze Zwischenstation in Kopps Karriere. Bereits am 7. Mai 1923 wechselte er in die Polizeiabteilung des Preußischen Innenministeriums. Am 15. Januar 1925 wurde er rückwirkend vom November 1924 zum Regierungs- und Kriminalrat ernannt und ihm eine entsprechend besoldete Stellung übertragen. Das Beurteilungsschreiben der Polizei an das Ministerium ist einfach und neutral gehalten: „Kopp ist gut beanlagt, ein fleissiger tatkräftiger und sehr überlegter Beamter, ruhig, sachlich und wohlwollend in der

33 GStA, I. HA, Rep. 94, Nr. 1011/3, Nr. 3; GStA, I. HA, Rep. 94, Nr. 1011/3, Nr. 4; GStA, I. HA, Rep. 94, Nr. 1011/5, Nr. 9.

34 Die Kriminalpolizei 4 (1922), Nr. 2, S. 1 f.; Mitteilungen des Reichsverbandes der Polizeibeamten Deutschlands 1 (1922), Nr. 2, S. 8.

35 Emil Klingelhöller, Der Verband Preußischer Polizeibeamten in seinem Werden und Wirken. Aus Anlaß des 10jährigen Bestehens des Verbandes Preußischer Polizeibeamten und der Großen Polizeiausstellung 1926, Berlin 1926, S. 31.

36 Die Polizei 23 (1926), S. 594.

Behandlung der Untergebenen, gewandt im mündlichen Vortrag und in schriftlichen Arbeiten. Sein Lebenswandel ist tadellos, sein Auftreten in und ausser Dienst unter Beachtung guter gesellschaftlicher Formen korrekt." Allerdings wird auch angemerkt: „Seine Gesundheit ist keine sehr feste. Er war wiederholt an Herzneurose erkrankt." Tatsächlich sind in der Personalakte über die gesamten Zwanzigerjahre sehr viele Krankmeldungen, manchmal bis zu zwei Monate in Folge, erhalten.[37]

Die Polizeiabteilung im Innenministerium trug damals die Ordnungsnummer II. Kopp war dort von 1923 bis 1925 im 5. Referat tätig und mit den unterschiedlichsten Themen betraut: als ministerieller Sachverständiger in Gerichtsprozessen, in Organisationsfragen zu einer Umänderung der Polizeibezirke, mit Angelegenheiten des Erkennungsdienstes und Vorschlägen für eine freiwillige Bürgerwehr zur Unterstützung der Polizei, was Polizei und Ministerium aber ablehnten.[38] Einen Schwerpunkt in dieser Zeit bildeten polizeiliche Disziplinarangelegenheiten. Schon bei der Polizei hatte Kopp sich nicht gescheut, Fehlverhalten von Beamten anzuzeigen: Im Zuge der Ermittlungen in einem Mordfall hatte im April 1918 der am Tatort eintreffende Schutzmann den Tatort erheblich verändert, worüber Kopp seine Vorgesetzten informierte. Im Ministerium war er mit verschiedenen Fällen betraut. Im Mai 1923 hatte er einen Vorgang zu begutachten, bei dem ein chinesischer Staatsbürger fünf Tage lang in Polizeihaft festgehalten worden war. Vorausgegangen war die Einlieferung eines achtjährigen Mädchens mit Gonorrhöe in ein Krankenhaus. Der Vormund des Mädchens erfuhr, dass bei der Pflegemutter des Kindes ein Chinese wohnt. Über die Lehrerin des Kindes ließ der Vormund das Kind befragen, das nun Angaben machte, aus denen man schließen konnte, dass es missbraucht worden sei. Aufgrund der Aussagen der Lehrerin, nicht des Kindes, wurde der Beschuldigte verhaftet und zunächst in

37 GStA, I. HA., Rep. 77, Nr. 1507.

38 GStA, I. HA., Rep. 77, Tit. 235, Nr. 1, Bd. 14.

Charlottenburg, dann am Alexanderplatz festgehalten, jedoch ohne ihn zu vernehmen oder einem Untersuchungsrichter vorzuführen. Das Kind widerrief später die Anschuldigung beim Verhör in der Inspektion B.II der Kripo. Kopp untersuchte den Fall akribisch, verurteilte mit deutlichen Worten die „Saumseligkeit“ und „Bequemlichkeit“ der einzelnen Beamten, forderte die Bestrafung des zuständigen Revierkriminalbeamten und das Polizeipräsidium dazu auf, Vorschläge zur strukturellen Verbesserung zu machen.

In einem anderen Fall erstellte er ein Gutachten für das Polizeipräsidium: Im Herbst 1924 war ein Mann aufgrund einer öffentlichen Fahndung auf der Straße festgenommen und zur Identitätsfeststellung in das nächste Polizeirevier gebracht worden. Der Betroffene befand sich wohl mehrere Stunden dort, bis festgestellt wurde, dass er doch nicht der Gesuchte war. Er beschwerte sich über die Polizeibeamten. Kopp aber konnte kein Fehlverhalten erkennen. Identitätsfeststellungen könnten nun mal nicht auf der Straße vorgenommen werden, und im Übrigen würden die meisten anderen unschuldig Festgenommenen solch einen Vorfall „mit Humor“ nehmen.[39]

Ende 1926 sind Kopps Tätigkeiten gemäß des neuen Geschäftsverteilungsplans vom 15. Dezember 1926 genauer festgeschrieben. Die Polizeiabteilung unter der Leitung von Ministerialdirektor Erich Klausener bestand jetzt aus den Arbeitsgruppen A bis E. Kopp leitete das 8. Referat in der Gruppe B. Seine Aufgabenfelder waren: Mitwirkung bei allen Kriminal- und wirtschaftspolizeilichen Angelegenheiten und bei der Ausbildung der Kriminalpolizeibeamten, Kontrolle der Dienststellen der Kriminalpolizei, Organisation des Gefängnisdienstes, des Gefangenentransportwesens, des Zentralpolizeiblattes und des Deutschen Fahndungsblattes, Bekämpfung des „Zigeunerwesens“ und des Mädchenhandels.

Mitte 1927 wurde ein neuer Geschäftsverteilungsplan aufgestellt. Kopps Referat trug jetzt die Nummer 7. Die wirtschaftspolizeilichen

39 GStA, I. HA., Rep. 77, Tit. 352, Nr. 32, Bd. II.

Angelegenheiten fielen weg, stattdessen kamen die Organisation der Sittenpolizei und das Arbeitsgebiet „Belohnung für Ermittlung von Verbrechern“ neu dazu, im Dezember 1927 auch noch die „Organisation und Tätigkeit der Rheinpolizei“.[40]

Kopps Stellung im Ministerium scheint von Anfang an schwierig gewesen zu sein. Offensichtlich machte er sich große Hoffnung, entweder dort aufzusteigen oder aber die Nachfolge von Bernhard Weiß als Leiter der Kriminalpolizei antreten zu können. Beides geschah nicht. Am 26. August 1928 wandte sich daher Lina Kopp an Innenminister Grzesinski, um diesen über gewisse Vorgänge aufzuklären. Angeblich hätten „rechtsstehende Kreise“ im Ministerium von Anfang an versucht, Kopp wieder „herauszudrängeln“. Diese wollten das Ministerium von Sozialdemokraten säubern. Als Kopps Beförderung zum Oberregierungsrat angestanden habe, sei diese Stelle mit einem „K-W-Vermerk“ (künftig wegfallend) versehen worden. Seit zwei Jahren würde man Kopp bewusst übergehen. Diese Schikane habe ihn nervlich mürbe gemacht, und nun wolle er freiwillig das Ministerium verlassen. „Es liegt bei meinem Mann nicht an der Arbeitsleistung oder Tüchtigkeit; denn mein Mann gehört nicht zu den Beamten, die mit dem Verlassen des Amtes auch das Arbeitsfeld verlassen, sondern der in den Abendstunden an seinem Schreibtisch das Wertvollste schafft, der Sonn- und Feiertags gearbeitet hat. Die einzige Zeit die er mir widmet ist der Spaziergang von ½ 10 – ½ 11 Uhr abends und die gemeinsamen Mahlzeiten.“

Obwohl die Kripospitze mit Max Hagemann und Hans Scholtz besetzt worden sei, sei Kopp doch „der geistige Leiter der Kriminalpolizei“, weil er jeden einzelnen Beamten kenne, nach seinen Fähigkeiten beurteilen und die Kriminalfälle besser durchplanen könne. „Die einzige Schwäche meines Mannes ist die, gleich allen bedeutenden Menschen, dass er nicht für sich sprechen kann.“[41]

40 GStA, I. HA., Rep. 77, Nr. 58.

41 IISG, NL Grzesinski, Nr. 91.

Das Schreiben von Lina Kopp zeigte Wirkung. Am 17. Dezember 1928 verfügte Grzesinski: „[…] dagegen wird der bisherige Hilfsarbeiter Regierungs- und Kriminalrat Dr. Kopp eine anderweite Verwendung außerhalb des Ministeriums finden."[42]

Stellvertretender Leiter der Kriminalpolizei und Entlassung 1933

Ende Mai 1929 wurde Heinrich Kopp zum Oberregierungsrat befördert und zum 10. Juni 1929 zum stellvertretenden Leiter der Kriminalpolizei ernannt.[43] Max Hagemann, der vorherige Stellvertreter, wechselte zurück ins Innenministerium. Verantwortlich zeichnete hierfür noch Innenminister Grzesinski. Dieser stand nicht nur von rechtsgerichteten Kreisen unter ständigem Beschuss. Die Nazis stilisierten ihn zum Juden, obwohl er keiner war.[44] Auch in den bürgerlichen Medien und vonseiten der Sozialdemokratie wurde er wegen seines Privatlebens angegriffen. Er lebte von seiner Ehefrau getrennt, aber nicht in Scheidung und mit einer anderen Frau zusammen, sozusagen in „wilder Ehe". Er wurde aufgefordert, sich scheiden zu lassen und seine Freundin Daisy Torrens zu heiraten. Zwar versuchte er noch, sich dagegen zu wehren („Einer Prüderie gewisser Muckerkreise nachzugeben, sehe ich keine Veranlassung"),[45] aber am 28. Februar 1930 musste er dem Druck weichen und als Innenminister zurücktreten. Kopp schrieb ihm am 5. März 1930:

42 GStA, I. HA., Rep. 77, Tit. 1161, Nr. 1, Bd. 3.

43 GStA, Abt. I, Rep. 77, Tit. 1161, Nr. 1; Kriminalistische Monatshefte 3 (1929), S. 138; Die Freundschaft 11 (1929), Nr. 7.

44 Thomas Albrecht, Für eine wehrhafte Demokratie. Albert Grzesinski und die preußische Politik in der Weimarer Republik, Bonn 1999, S. 17 f.

45 Albert Grzesinski, Im Kampf um die deutsche Republik. Erinnerungen eines Sozialdemokraten, hrsg. von Eberhard Kolb, München 2001, S. 219.

„Hochverehrter Genosse Grzesinski! Erlauben Sie mir, meinem schmerzlichen Bedauern darüber Ausdruck zu geben, dass Sie nicht mehr mein oberster Chef sind. Aber über das persönliche Empfinden hinaus wirkt Ihr Rücktritt so deprimierend. Man sieht wieder einmal die ganze Kläglichkeit unseres politischen Lebens, in dem persönliche Bosheit, Kurzsichtigkeit und Beschränktheit die stärksten Faktoren sind. Es muss und wird aber der Tag kommen, an dem die Masse der Arbeiterschaft, die in ihrem gesunden Sinn viel einiger ist, als es nach aussen in die Erscheinung tritt, sich aufbäumen und dem ganzen Spuk ein Ende machen wird. Dazu bedarf es allerdings einer ganz kapitalen und aufrüttelnden Dummheit der Leute von Rechts, die aber in dieser Hinsicht auf sie gesetzte Hoffnungen ja noch nie enttäuscht haben.
Indem ich Ihnen von Herzen baldige Wiederherstellung Ihrer Gesundheit wünsche, und der Hoffnung Ausdruck gebe Sie demnächst wieder auf einem Posten zu sehen, auf dem Sie zum Wohle des Landes ebenso wirken können wie auf dem früheren, verbleibe ich Ihr sehr ergebener Kopp."[46]

Was Kopp hier als Szenario beschwört, sollte bald eintreten, jedoch nicht mit dem erhofften Gegenaufstand. Und auch der zweite Wunsch ging bald in Erfüllung. Grzesinski ließ sich scheiden, heiratete im Mai erneut und wurde zum 5. November 1930 wieder Polizeipräsident von Berlin, nachdem sich Zörgiebel beim Umgang mit den Straßenkämpfen zwischen Kommunisten und Nazis als unfähig erwiesen hatte.

Mit dieser Personalspitze – Grzesinski als Präsident, Bernhard Weiß als Vize, Magnus Heimannsberg als Leiter der Schutzpolizei, Scholtz als Leiter der Kripo und Kopp als dessen Stellvertreter – besaß das Berliner Polizeipräsidium sicher die liberalste Führung seiner Geschichte. Dennoch zählte Kopp nicht zum inneren Führungskreis. Offensichtlich gab es Dissonanzen zwischen ihm und der Führung

46 IISG, NL Grzesinski, Nr. 91.

von Grzesinski und Weiß. Deutlich wird das an den Ereignissen vom 20. Juli 1932, jenem Tag, der als „Papen-Putsch“ oder „Preußen-Schlag“ bezeichnet wurde.[47] Grzesinski, Weiß und Heimannsberg waren von ihren Posten enthoben und für mehrere Stunden inhaftiert worden. Am Abend wurde eine interne Runde einberufen, an der neben den dreien auch Kripochef Scholtz und der damalige Pressesprecher der Polizei Theodor Haubach teilnahmen, nicht aber Kopp.[48]

Als neuer Polizeipräsident wurde Kurt Melcher aus Essen ernannt und als dessen Vize Wilhelm Mosle, vormals Leiter der Berliner Verkehrspolizei. Oberst Georg Poten, zuvor Leiter der Polizeischule Eiche, wurde Leiter der Schutzpolizei. Die Leitung der Kriminalpolizei wurde hingegen noch nicht angetastet.

Kurz nach der Machtübergabe an die Nazis wurde Kopp am 18. Februar 1933 sofort vom neuen Polizeipräsidenten Magnus von Levetzow beurlaubt.[49] Sein Nachfolger wurde Kriminalkommissar Erich Liebermann von Sonnenberg, der vorher das Dezernat für Falschgeldsachen geleitet hatte.[50] Offensichtlich war geprüft worden, Kopp aufgrund des Gesetzes zur Wiederherstellung des Berufsbeamtentums zu entlassen. Deswegen wurde er aufgefordert, Stellung zu beziehen, die er am 24. Mai 1933 dann auch schriftlich einreichte.[51] In dieser Stellungnahme macht er deutlich, dass er sich in einer „Abwehrstellung“ befinde. Als solche ist das Schreiben auch zu lesen. Trotzdem beinhaltet es einige Punkte, die mehr Licht auf die Person Kopp werfen. Zunächst erklärt er seine Parteizugehörigkeit zur SPD. Er sei weniger Marxist, sondern im Sinne von Egidy und Naumann religiös-sozial

47 Vgl. die polizeilichen Ereignisse im Zusammenhang mit dem 20. 7. 1932: Hsi-Huey Liang, Die Berliner Polizei in der Weimarer Republik, aus dem Amerikan. von Brigitte und Wolfgang Behn, Berlin/New York 1977, S. 171–193; Grzesinski, Im Kampf um die deutsche Republik, S. 267–277.

48 IISG, NL Grzesinski, Nr. 2045.

49 Völkischer Beobachter, 19./20. 2. 1933.

50 Berliner Tageblatt, 1. 3. 1933.

51 GStA, I. HA, Rep. 77, Nr. 1507.

eingestellt. Er betont, dass er vor 32 Jahren seinen Eid auf den König von Preußen abgelegt habe, woran er sich auch immer gehalten habe. Im Rahmen der Eulenburg-Affäre (Prozess um den Fürsten Eulenburg wegen des Vorwurfes der Homosexualität durch den Journalisten Maximilian Harden) seien ihm beispielsweise politisch bedeutsamere Dinge bekannt geworden, als sie damals in den Gerichtsverhandlungen zutage getreten seien. Es wäre ihm damals ein Leichtes gewesen, diese Dinge an die Öffentlichkeit zu bringen. Er hebt hervor, dass er bei Disziplinarsachen niemals nach dem Parteibuch entschieden habe, und schildert einen Fall, bei dem ein nationalsozialistischer Polizeibeamter in ein Dienststrafverfahren verwickelt war, das Kopp leitete. Als sich herausstellte, dass Kopp den Beamten als nicht schuldig ansah, sei ihm das Verfahren entzogen worden. Weiß habe es übernommen, und der Beamte sei unter dessen Vorsitz entlassen worden. Kopp betont ferner, dass er sich im Haarmann-Fall (siehe den Abschnitt in Kapitel 4) hinter den hannoverschen Polizeipräsidenten, der Opfer der linksgerichteten Presse geworden sei, gestellt habe. Seine Aktivitäten für die Homosexuellenbewegung erwähnte er wohlweislich nicht, seine Statements zum Mädchenhandel waren sowieso von der rechtsradikalen Seite eher positiv aufgenommen worden.

In der Frage, wie Kopp zu entlassen sei – das Ob stand nicht zur Debatte –, war die NSDAP Berlin zu der Ansicht gelangt, dass Kopp eine „lautere Gesinnung“ habe, und man legte ihm den vorzeitigen Ruhestand nahe. Diesen beantragte Kopp am 16. August 1933, und zum Oktober oder Dezember 1933 wurde er schließlich pensioniert.[52]

Ein ähnliches Schicksal scheint auch seinem Bruder, dem Landgerichtsrat Karl Kopp, widerfahren zu sein. Dieser wurde am 28. September 1933 in den Ruhestand versetzt.[53]

52 Laut Personalakte zum 31. 12. 1933 (GStA, I. HA, Rep. 77, Nr. 1507), laut Ministerial-Blatt für die Preußische innere Verwaltung am 11. 10. 1933, 94. Jg., 11. 10. 1933, S. 1131.

53 Preußische Justiz (ehem. Justiz-Ministerial-Blatt – Amtliches Organ des Preußischen Justiz-Ministers) 95. Jg., 28. 9. 1933, Nr. 41, S. 441.

In seinen letzten Lebensjahren wohnte Heinrich Kopp mit seiner Frau in Berlin-Karlshorst. Irgendwelche dokumentierten Beziehungen zu Exilanten oder der illegalen SPD scheint es nicht gegeben zu haben. Sein Bruder muss in den Dreißigerjahren verstorben sein. Kopp selbst starb am 20. März 1941 im Auguste-Viktoria-Krankenhaus in Berlin.

3
Hans von Tresckow in der Weimarer Republik

Heinrich Kopps Vorgänger Hans von Tresckow leitete das Homosexuellendezernat von 1900 bis 1911 und setzte die generelle Duldungspolitik des Polizeipräsidiums fort. In seine Zeit fielen die großen Homosexuellen-Skandale wie die Eulenburg-Affäre, der Selbstmord Krupps oder das Outing des Reichskanzlers Bülow durch den Homosexuellenaktivisten Adolf Brand, die zu deutlichen Verschärfungen führten. Zwar war von Tresckows Haltung gegenüber den Homosexuellen während seiner Amtszeit distanziert, doch die Zusammenarbeit mit dem Wissenschaftlich-humanitären Komitee wurde trotzdem konsequent fortgesetzt. Erst nach seiner Dienstzeit, in den Zwanzigerjahren, änderte er seine Haltung und wurde ein prominenter Unterstützer der Homosexuellenbewegung.

Als ältester Sohn war Hans von Tresckow am 3. Mai 1863 in Neisse in Schlesien geboren worden. Er wuchs in der Garnisonsstadt auf, in der sein Vater Hauptmann eines Infanterieregiments war. Kurzfristig ging die Familie 1870 nach Berlin, wo Tresckow auch eingeschult wurde, nach Ausbruch des Krieges gegen Frankreich zogen sie zurück nach Neisse. Am 1. Oktober 1883 leistete er als Einjährig-Freiwilliger seinen Militärdienst ab. Nach einem Jahr folgte er dem Vater, der mittlerweile nach Königsberg versetzt worden war, und schrieb sich an der dortigen Universität für Jura und Nationalökonomie ein, gab aber zu, die ersten Semester mehr auf den Fechtböden und in den Kneipen als in den Hörsälen verbracht zu haben. Aufgrund eines Familienstipendiums konnte er ab dem dritten Semester in Berlin studieren, ging dann aber nach Straßburg. Dann verstarb der Vater im März 1889 plötzlich.

Nun reichte das Geld nicht mehr aus, Tresckow musste das Studium aufgeben und meldete sich als Anwärter beim Polizeipräsidium in Berlin.[1]

Tresckow hatte mit seiner Frau drei Kinder. Sohn Hans Joachim besuchte die Kadettenschule, wurde noch im letzten Kriegsjahr eingezogen und blieb danach als Offizier in der Reichswehr. Am 1. Oktober 1927 nahm er sich in Paderborn, wo er einem Reiterregiment angehörte, das Leben. Laut Familienchronik hatte er „etwas über seine Verhältnisse gelebt".[2] Interessant ist, dass die Homosexuellenzeitschrift *Das Freundschaftsblatt* den Vorfall meldete: „Was den jungen und hoffnungsvollen Offizier zum Selbstmord getrieben hat, ist noch nicht ermittelt. Die Selbstmorde bei der Reichswehr mehren sich erschreckend. Nur zu oft haben diese Taten leider einen sexuellen Hintergrund."[3] Ob dies eine versteckte Botschaft, war muss offenbleiben.

Im Dezember 1910 wurde Tresckow zum Kriminalinspektor befördert und zum Leiter der Kriminalinspektion AI (Revierkriminalpolizei) ernannt.[4] Damit gab er die Leitung des Homosexuellendezernates an seinen jüngeren Kollegen Kopp ab. Magnus Hirschfeld sprach ihm öffentlich Dank und Anerkennung aus: Tresckow sei „in so vielen Fällen bemüht gewesen [...], Homosexuelle aus Erpresserhänden zu befreien und so manche vor Verzweiflung und dem äußersten Schritte, dem Selbstmord, zu bewahren, und ferner auch, dass er der wissen-

1 Hans von Tresckow, Von Fürsten und anderen Sterblichen – Erinnerungen eines Kriminalkommissars, Berlin 1922, S. 25–44.

2 Hans Heinrich von Tresckow, Fortsetzung der Familiengeschichte (Teil II) der Familie von Tresckow, Misburg 1953, S. 29 (Unveröffentlichtes Manuskript), GStA, PK VI. HA Familienarchive und Nachlässe, Nl Levin Friedrich von Tresckow (Dept.), Nr. 3.

3 Das Freundschaftsblatt 5 (1927), Nr. 4, S. 5.

4 Amtliche Nachrichten des königlichen Polizei-Präsidiums zu Berlin, Nr. 306, 31. 12. 1910; vgl. auch Landesarchiv Berlin (LAB), A Pr. Br. Rep. 030, Tit. 94, Nr. 11636.

Kriminalkommissar
Hans von Tresckow (1863–1934)
Sammlung Dobler

schaftlichen Auffassung und Erforschung der Homosexualität stets Interesse und Verständnis entgegengebracht“ habe.[5]

Als der Erste Weltkrieg ausbrach, meldete Tresckow sich freiwillig zum Kriegsdienst und nahm mit einem Jägerbataillon an der Schlacht gegen Frankreich teil. Hier wurde er schon im ersten Kriegsjahr am Bein verletzt, erhielt das Eiserne Kreuz II. Klasse und war fortan als Kommandant von Ersatzbataillonen in Rinteln an der Weser eingesetzt.[6]

Im August 1918 kehrte Tresckow ins Polizeipräsidium zurück, war aber durch seine gesundheitliche Beeinträchtigung gezwungen, um seine Pensionierung nachzusuchen, die ihm zum 31. Dezember 1919 auch gewährt wurde. Er war sowohl von der kurzen Regierungszeit Max von Badens enttäuscht, den er als „Totengräber des deutschen

5 JfsZ 11 (1910/11), S. 226 f.; Magnus Hirschfeld, Die Homosexualität des Mannes und des Weibes, Berlin 1914, 2. Aufl., Berlin 1920, S. 1002.

6 GStA, I. HA, Rep. 77, Tit. 345, Nr. 40, Bd. 2; Amtliche Nachrichten des königlichen Polizei-Präsidiums zu Berlin, Nr. 110, 11. 8. 1915; Recherchen im Stadtarchiv Rinteln.

Kaiserreichs“ bezeichnete, als auch von der Revolution und sah sich als Zuschauer des „heutigen“ Lebens und Treibens, „das ich nicht mehr recht verstehe“.[7] Er kaufte sich in Rinteln ein Haus, wo er fortan mit seiner Frau lebte.

Von Fürsten und anderen Sterblichen

Offenbar wurde ihm dort schnell langweilig, denn im Herbst 1922 erschienen im Verlag von Friedrich Fontane & Co. in Berlin Tresckows Memoiren „Von Fürsten und anderen Sterblichen – Erinnerungen eines Kriminalkommissars“, das in mehreren Auflagen mindestens 30 000 mal verkauft wurde. Nur ein Jahr später erschien sogar eine dänische Ausgabe.[8]

Etwa die Hälfte des 240 Seiten umfassenden Werkes beschäftigt sich mit der Arbeit im Homosexuellendezernat; der Eulenburg-Affäre und dem Fall Krupp widmete Tresckow eigene Kapitel. Das Buch bietet gute Einblicke in die alltägliche Arbeit des Polizeipräsidiums, insbesondere der Sonderaufträge und der diskreten Erledigungen. Aber Tresckow neigte auch zum Anekdotenerzählen und gab Tratsch- und Klatschgeschichten zum Besten. Das wirklich Interessante dagegen steht nicht im Buch. Außer den Ergänzungen zur Homosexualität Krupps oder dem Hinweis, dass auch Max von Baden als Homosexueller bei der Polizei registriert war, schilderte er nur Ereignisse und Namen, die auch damals schon bekannt waren. Nachträgliche Richtigstellungen oder exakte Einblicke in die Strategie des Polizeipräsidiums fehlen. Er wollte niemandem wehtun, wie er im Vorwort schrieb. Das einzige existierende persönliche Zeugnis eines Leiters des Homosexuellendezernates ist daher in seinem Aussagewert recht dürftig.

7 Tresckow, Von Fürsten, S. 239 f.

8 Hans von Tresckow, Om Fyrster og andre Dødelige, übersetzt von Knud Gantzel, Flensborg 1923.

Softcover-Ausgabe des Buches „Von Fürsten und anderen Sterblichen"

Etwas delikat ist die Einlassung zum § 175. Zwar spricht er sich für dessen Abschaffung aus, aber nur deswegen, weil der Paragraf seinen Strafzweck nicht erreiche und kaum zur Anwendung komme.[9] Recht deutlich wird seine ambivalente Haltung Homosexuellen gegenüber. Er hält sie für „Unglückliche", die dieses Unglück durch eine Überhöhung ihrer Selbstwahrnehmung ausglichen, indem sie sich als „besonders bevorzugt" bezeichneten. Viele verfügten über besondere künstlerische Talente und seien durch ihr „liebenswertes Benehmen" angenehme Gesellschafter. Andererseits aber besäßen sie keinen „festen und ehrlichen Charakter", würden mit „weiblichen Waffen" wie Intrige, Heuchelei und Lüge kämpfen, es fehle ihnen an Willensstärke und sie hätten kein Nationalgefühl. Sie neigten zur Cliquenbildung und würden sich nur gegenseitig fördern, was auch national gesehen eher eine Gefahr sei. Für verantwortliche Posten im Staatsdienst seien sie gänzlich ungeeignet.[10] Insbesondere diese Einlassungen verärgerten

9 Tresckow, Von Fürsten, S. 111.

10 Ebenda, S. 112 f.

Hirschfeld, der das Buch in seinen Lebenserinnerungen erwähnte, aber trotz des Wunsches von Tresckow nicht eigenständig rezensierte. Ungewöhnlich deutlich wies Hirschfeld die Behauptungen über die Charaktereigenschaften von Homosexuellen zurück.[11]

Und noch ein anderer war über das Buch verärgert: Maximilian Harden kreidete Tresckow an, dass er „jetzt" von der homosexuellen „Schuld" jener Personen berichte, über die er in den Eulenburg-Prozessen „nur als Opfer vager Gerüchte" gesprochen habe. Obwohl Tresckow einige wichtige Geheimnisse der inneren Polizeitaktik entschleiere, bringe er doch mehr „Klatsch" denn Aufklärung.[12] Dass in dem Buch Authentisches mit Anekdotischem stark vermischt sei, kritisierte auch Johannes Haller in seiner Auftrags- und Rechtfertigungsbiografie über den Fürsten Eulenburg: „Das Buch schämt man sich eigentlich zu erwähnen, da es seinem Inhalt nach zu der Literatur gehört, die auf Bahnhöfen und an üblern Orten ihren Absatz findet. Wir werden uns trotzdem noch mehrfach darauf beziehen müssen. Der Historiker darf sich nicht scheuen, das Gold der Wahrheit aufzulesen, gleichviel wo er es findet, und v. Tresckow, der ehemalige Kriminalkommissar, besitzt manch gute Kenntnis, wenn er sie auch in ebenso niedriger wie fahrlässiger Weise verwendet."[13]

Trotz seiner hohen Auflage wurde das Buch – soweit heute nachvollziehbar – wenig besprochen.[14] Die Rezensionen fallen freundlich

11 Hirschfeld, Von einst bis jetzt, S. 144 f.

12 Maximilian Harden, Nach dreißig Jahren, in: Die Zukunft, 30. Jg., Bd. 118, Nr. 53, 30. 9. 1922, S. 229–252, hier S. 243 f., 252.

13 Johannes Haller, Aus dem Leben des Fürsten Philipp zu Eulenburg-Hertefeld, Berlin 1924, S. 324.

14 Besprechungen erschienen: Ferdinand Karsch-Haack, in: Die Freundschaft 3. Jg., Nr. 39, 30. 9. 1922; W. A., in: Berliner Börsen-Zeitung 68. Jg., Nr. 492, 1. 11. 1922; Stephan Kekule von Stradonitz, in: Monatshefte für Politik und Wehrmacht 51 (Nov.–Dez. 1922), Nr. 614–615, S. 525; Fritz Dehnow, in: Zeitschrift für Sexualwissenschaft IX. Bd. (1922/23), S. 344; Lederer, in: Mitteilungen des Vereins für die Geschichte Berlins 40 (1923), Nr. 5/6, S. 23; Gesetz und Recht 25 (1924) 8, S. II.

aus, je nach Medium werden einige der Anekdoten zitiert. Insgesamt fällt auf, dass das Buch als Sittengemälde der Kaiserzeit gesehen wurde, die als überwunden galt. Zwischen der Eulenburg-Affäre und dem Erscheinen des Buches lagen 14 Jahre und ein Weltkrieg. Tresckows Erinnerungen wurden als lange vergangene Ereignisse wahrgenommen. Aktuelle Bezüge stellte niemand her.

Engagement in der Homosexuellenbewegung

Anstatt sich zur Ruhe zu setzen, wie es Tresckow in seinem Buch angekündigt hatte, zeigte er in den Zwanzigerjahren ein auffallendes Engagement in der Homosexuellenbewegung, zunächst im „Bund für Menschenrecht", der sich 1919 neben dem Wissenschaftlich-humanitären Komitee (WhK) und der Gemeinschaft der Eigenen gegründet hatte. Der Bund für Menschenrecht (BfM) war reichsweit organisiert, und so fanden Tresckows erste Aktivitäten in Braunschweig und Hamburg statt. Im März 1923 veranstaltete die BfM-Gruppe Braunschweig eine Aufklärungsveranstaltung im Landtagsgebäude, an der neben 50 Abgeordneten auch 100 Beamte der Polizei teilnahmen. Es sprachen Arthur Kronfeld vom Institut für Sexualwissenschaft und Tresckow. Ziel war es unter anderem, Unterschriften für eine erneute Petition gegen den § 175 zu sammeln. Angeblich konnten 42 Abgeordnete gewonnen werden.[15]

Zum fünften Jahresfest des BfMs im Mai 1924 in Hamburg hielt Tresckow den Gastvortrag über Erpressungen und die „schädlichen Folgen" des § 175. Da der BfM zeitgleich mit dem Leiter des Hamburger Homosexuellendezernates, Rudolf Förster, Gespräche führte, kann angenommen werden, dass Förster und Tresckow sich hier begegnet sind und sich ausgetauscht haben.[16] Im Januarheft der *Blätter für*

15 Blätter für Menschenrecht Nr. 11, 15.7.1923, S. 3; JfsZ 23 (1923), S. 244; Sexualreform 11. Bd. (1922), Nr. 12, S. 187 f.

16 Blätter für Menschenrecht Nr. 14, 1924, S. 3; Nr. 25, 1924, S. 3.

Menschenrecht, einer Publikation des BfM, veröffentlichte Tresckow 1925 den Aufsatz „Wie schützt sich der Homosexuelle vor Erpressung".[17] In diesem Beitrag wird deutlich, was vermutlich Tresckows Motivation für sein weiteres Engagement war. Er berichtet, dass er als Zuschauer beim Haarmann-Prozess in Hannover gewesen war und dass dieser Prozess sich sehr nachteilig für die Homosexuellen ausgewirkt habe. Selbst angesehene Persönlichkeiten, mit denen er sich am Rande des Prozesses unterhielt, hätten sich angesichts des Falles für die Beibehaltung des § 175 ausgesprochen. „Ich glaube daher, es wird noch viele Mühe und Anstrengung kosten, um den üblen Eindruck, den der Haarmannprozess hervorgerufen, zu verwischen." Am Rande des Prozesses dürfte er vermutlich auch mit Hirschfeld zusammengetroffen sein. Sicher ist, dass sich ihr Verhältnis wieder besserte und Tresckow fortan, wenn er sich in Berlin aufhielt, in den Pensionszimmern des Instituts für Sexualwissenschaft wohnte. Dort hielt er dann auch am 1. Juli 1925 einen Vortrag über Erpressungen, der in der institutseigenen Publikationsreihe abgedruckt wurde.[18] Hier ging er detaillierter als in seinen Memoiren auf einige Erpressungsfälle ein und sprach sich unmissverständlich gegen den § 175 aus.

Außerhalb der homosexuellen Öffentlichkeit wandte sich Tresckow 1926 anlässlich einer anstehenden Strafrechtsreform auch in einer Berliner Tageszeitung gegen den § 175.[19] Einen weiteren Beitrag zu der

17 Hans von Tresckow, Wie schützt sich der Homosexuelle vor Erpressung, in: Blätter für Menschenrecht 3 (1925), Nr. 1, S. 3–7; Zweitverwertung: Die Freundin 2 (1925), Nr. 2; Drittverwertung: Blätter für Menschenrecht 5 (1927), Nr. 9; Viertverwertung: Das Freundschaftsblatt 9 (1931), Nr. 33; Fünftverwertung: Die Freundin 7 (1931), Nr. 34. Auch in den fünfziger Jahren wurde der Beitrag noch nachgedruckt: Der Weg zu Freundschaft und Toleranz 5 (1955), Nr. 1.

18 Hans von Tresckow, Erpressungen auf sexueller Grundlage, in: Zur Reform des Sexualstrafrechts (1926), S. 177–186, vgl. auch: Das Freundschaftsblatt 3 (1925), Nr. 13; Die Freundschaft 7 (1925), Nr. 7.

19 Vgl. Die Freundschaft 8 (1926), Nr. 8.

Strafrechtsreform veröffentlichte er in *Blätter für Menschenrecht*, in dem er feststellt: „Wenn wir in Deutschland diesem Beispiel [Straffreiheit wie in anderen Staaten] folgen, so wird dieses uns gewiß nicht zum Schaden gereichen und in späteren Zeiten werden wir uns vielleicht ebenso darüber wundern, daß man Homosexuelle mit Strafen verfolgt hat, wie wir uns heute darüber wundern und entrüsten, daß man im Mittelalter Hexenprozesse angestrengt hat."[20]

Zwischen 1928 und 1931 folgten weitere Aufsätze über Transvestiten, Mädchenhandel, Hysterie und die „Gräfin Strachwitz", die in Berlin einen sadomasochistischen Salon unterhalten hatte.[21]

Im Juni 1930 druckte *Das Freundschaftsblatt* ein schriftliches Interview mit Tresckow ab. Vorausgegangen waren Verfahren, die das Blatt als „Schund- und Schmutzschrift" zu unterdrücken versuchten. Tresckow bescheinigte der Zeitschrift und dem angeschlossenen Bund für Menschenrecht, eine seriöse und keineswegs eine anstößige Arbeit zu machen. Unter anderem schrieb er: „Der Gesamteindruck, den ich als Nichthomosexueller beim Lesen des ‚Freundschaftsblattes' erhalten habe? Daß es sich hier um eine Kampf- und Tendenzschrift handelt, die für die Homosexuellen eintritt. Ich habe nicht gefunden, daß der Kampf in einer für die Allgemeinheit verletzenden Form geführt wird. Ich selbst habe in meiner mehr als dreißig Jahre betragenden amtlichen Tätigkeit bei der Kriminalpolizei in Berlin Tausende von Homosexuellen persönlich kennen gelernt und ich bin daher wohl legitimiert, über sie ein Urteil zu fällen. Es befinden sich unter ihnen zum allergrößten Teil hochanständige und wertvolle Menschen, die unter dem Druck des

20 Hans von Tresckow, Sittlichkeit und Strafgesetz, in: Blätter für Menschenrecht (Nov./Dez. 1926), S. 25–30.

21 Hans von Tresckow, Geschlechts-Fälschungen. Eine Plauderei über Transvestiten, in: Scherls-Magazin (1928), Nr. 2, S. 193–197, 214; Hans von Tresckow, Die Hysterischen, in: Die Aufklärung (1929), Nr. 11/12, S. 343–345; Hans von Tresckow, Die Gräfin Strachwitz. Nach Akten des Berliner Polizei-Präsidiums, in: Die Ehe 6 (1931), Nr. 9, S. 268 f. (1. Teil); Nr. 10, S. 296 f., 318 (2. Teil).

§ 175 schwer zu leiden haben und denen man es nicht verübeln kann, wenn sie sich gegen eine veraltete und ungerechte Strafbestimmung zur Wehr setzen […].“[22] Hans von Tresckow war in der Weimarer Republik angekommen.

Als nach seiner Pensionierung der behördliche Druck von ihm gefallen war und er erkannt hatte, dass der § 175 in der Weimarer Republik nicht „automatisch“ gestrichen wurde, sondern, auch bedingt durch den Haarmann-Fall, eher eine Verschärfung der Verfolgung zu beobachten war, vollzog er einen Wandel hin zum uneingeschränkten Befürworter der Homosexuellenbewegung. Freilich dürfte es ihm geschmeichelt haben, dass er von der Homosexuellenbewegung hofiert wurde, Vorträge halten und in den entsprechenden Organen publizieren konnte. Dies war jedoch nicht selbstverständlich. Genauso gut hätte er sich der konservativen Linie in der Sexualwissenschaft um Albert Moll anschließen können. Doch er entschied sich für die Emanzipationsbewegung der Betroffenen, als deren prominenter Fürsprecher er fortan auftrat. Wie er 1933 die Zerschlagung der Homosexuellenbewegung durch die Nationalsozialisten beurteilte, kann heute nicht mehr nachvollzogen werden. Als Sympathisant des „Dritten Reiches“ scheint er nicht infrage gekommen zu sein. Hans von Tresckow starb am 3. April 1934 in Rinteln.

22 Das Freundschaftsblatt 8. Jg., Nr. 25, 19. 6. 1930.

4
Die Alter- und Schutzaltersfrage oder die Erfindung des Homosexuellen als Kinder- und Jugendverführer

Wilhelm Stiebers „Praktisches Lehrbuch der Kriminalpolizei" in der Neuauflage von 1921, herausgegeben von Hans Schneickert, lieferte in wenigen Sätzen ein Konstrukt, das den gesamten Diskurs über Homosexualität in der Weimarer Zeit bestimmen sollte: „Was die Päderastie anlangt, so muß der Polizeibeamte über die Grundtatsachen der Homosexualität einigermaßen unterrichtet sein, [...]. In erster Linie kommt es auch hier wieder auf den strafrechtlichen Schutz der Jugend an. Die Eltern und Erzieher müssen aufgeklärt werden, daß ihre Kinder und Schüler oder Lehrlinge unter Umständen Gefahr laufen, Opfer von Homosexuellen zu werden. Die Verherrlichung der Homosexualität muß allgemein als eine große Gefahr angesehen werden, wenn auch viele die Beseitigung der Strafbestimmung des § 175 StGB. fordern, weil sie teils ungerecht, teils lückenhaft sei."[1] Es folgt eine Fußnote mit Bezug auf den Sexualwissenschaftler Albert Moll, der zwar die Abschaffung des § 175 forderte, zugleich aber eine Schutzaltersgrenze durchaus bis zum 30. Lebensjahr.[2] Kampf der „Verherrlichung" bzw. Propaganda, wie es dann meist heißen sollte, und Schutz der „Jugend", wobei nie eine klare Linie zwischen Kindern, Jugendlichen und jungen Erwachsenen gezogen wurde – diese Formulierungen waren geradezu eine Ouvertüre für die Weimarer Zeit.

1 Wilhelm Stieber, Praktisches Lehrbuch der Kriminalpolizei unter besonderer Berücksichtigung der Kriminologie und Kriminaltaktik, 2., völlig umgearb. Aufl., hrsg. von Hans Schneickert, Potsdam 1921, S. 163.

2 Erich Wulffen (mit Bezug zu Moll), Der Sexualverbrecher. Ein Handbuch für Juristen, Verwaltungsbeamte und Ärzte, Berlin 1921, S. 565.

In der polizeilichen Literatur tauchte dies so überhaupt das erste Mal auf, in den großen Reformdebatten um den § 175 vor dem Ersten Weltkrieg hatte ein besonderer Schutz von Kindern und Jugendlichen nie eine bestimmende Rolle gespielt. Stets war es um die vollständige Abschaffung oder Beibehaltung bzw. Verschärfung des § 175 gegangen. Die Weimarer Debatte fand meist in Unkenntnis der rechtlichen Einzelheiten des Strafrechtsparagrafen statt sowie unter dem Deckmantel der Liberalität und Fortschrittlichkeit. Tatsächlich argumentierten die meisten jener Linie, dass homosexuelle Handlungen unter erwachsenen Männern nicht mehr bestraft werden sollten. Im gleichen Atemzug folgte dann jedoch das große ABER: Kinder und Jugendliche seien zu beschützen.

Doch: Der Paragraf 175 war kein Schutzparagraf. Anders als beim sexuellen Missbrauch von Kindern wo ein Opfer (Kinder bis 14 Jahre) und ein Täter definiert wurden, bestrafte der § 175 beide Beteiligte gleichermaßen. Sein Text lautete: „Die widernatürliche Unzucht, welche zwischen Personen männlichen Geschlechts oder von Menschen mit Thieren verübt wird, ist mit Gefängnis von sechs Monaten bis zu vier Jahren, sowie mit zeitweiliger Untersagung der Ausübung der bürgerlichen Ehrenrechte zu bestrafen."

Grundsätzlich war das Schutzalter für Jungen und Mädchen durch den § 176 geregelt und auf das vollendete 14. Lebensjahr festgelegt. Bestraft wurden alle sexuellen Handlungen, gleich ob hetero- oder homosexueller Art, die an oder mit ihnen begangen wurden. Danach trat für Jungen der § 175 in Kraft. Hatten sie freiwillig in die beischlafähnliche Handlung eingewilligt, konnten sie selbst bestraft werden; wurde die gleiche Handlung gewalttätig begangen, konnte nur der Täter nach § 175 bestraft werden. Einen geschlechtsneutralen Paragrafen für sexuelle Nötigung oder Vergewaltigung gab es damals nicht. Alle mann-männlichen Sexualkontakte, egal ob freiwillig oder mit Gewalt, fielen unter den § 175. Manche Vertreter forderten einen Schutz für Jungen bis 16 oder 18 Jahren und bezogen sich auf das Schutzalter von 16 Jahren für Mädchen.

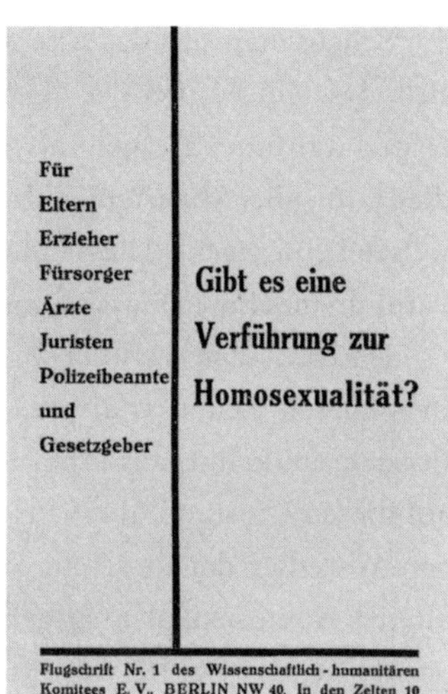

Broschüre des Wissenschaftlich-humanitären Komitee um 1930 zur Aufklärung über die angebliche Verführungsfrage

Jugendliche Mädchen nach dem vollendeten 14. und bis zum vollendeten 16. Lebensjahr waren, wenn sie „unbescholten" waren und zum „Beischlaf" „verführt" wurden, durch den Paragraf 182 geschützt. Dies war kein Offizialdelikt, sondern wurde nur auf Antrag der Eltern oder des Vormundes verfolgt (Antragsdelikt). Von Strafe wurde abgesehen, wenn der „Täter" die Jugendliche heiratete. Dieser Paragraf schützte speziell Mädchen bei einer Schwangerschaft, damit sie das Kind nicht unehelich zur Welt bringen mussten. Das bedeutet, dass es generell für Mädchen ein Schutzalter bis 14 gab und eine Ausnahmeregelung bis 16 Jahre. Wäre der § 175 ersatzlos gestrichen worden, hätte für Jungen und Mädchen ein gleiches Schutzalter gegolten. Die einzige reale Lücke im Gesetz, die dann bestanden hätte, wären gewalttätige Handlungen gewesen. Mädchen und Frauen waren vom 14. Lebensjahr an durch den Vergewaltigungsparagrafen geschützt. Den meisten ging es aber um keinen speziellen Schutz vor Vergewaltigung, sondern um einen diffusen Schutz vor homosexueller Beeinflussung. Die Unkenntnis über die Sexualstrafgesetzgebung war auch unter Polizeibeamten weit verbreitet.

Schaut man sich das Alter der Verurteilten reichsweit an, so ergibt sich, dass ein Fünftel der Verurteilten unter 18 Jahre alt war, gut ein Drittel war unter 21, mehr als 40 Prozent waren unter 25 und mehr als die Hälfte aller Verurteilten unter 30 Jahre alt. Die Berliner Statistiken weisen keine eigene Alterseinteilung auf. Doch sprechen keine Gründe dafür anzunehmen, dass sie wesentlich abwichen.

Das bedeutet, dass der § 175 überproportional Kinder (und zwar in früheren Zeiten vom 12. Lebensjahr an), Jugendliche und junge Erwachsene kriminalisierte. Heinrich Kopp ging als einer der wenigen auf diesen Umstand überhaupt ein und beschrieb den typischen jungen Ausreißer, der aufgrund von Geldmangel und Unerfahrenheit von älteren Homosexuellen ausgenutzt würde. Kopp betont, da der § 175 „beide Teile" bestrafe, könne der Jugendschutz nicht als Argument seiner Beibehaltung angeführt werden, da er ja gerade die Jugendlichen kriminalisiere. Ahnungslosigkeit und Unerfahrenheit seien die Hauptgründe, die Jugendliche zu wahrheitsgemäßen Aussagen bewegten, während ältere, erfahrene Homosexuelle entweder keine Angaben zur Tat machten oder eben nur die Taten zugäben, die nicht unter Strafe ständen. Er berichtet von einem Vater, der den vermeintlichen Verführer seines jugendlichen Sohnes anzeigen wollte. Kopp unterbrach ihn und machte ihm klar, dass beim § 175 beide Beteiligten bestraft würden und er sich überlegen solle, wen er bezichtigen wolle. Der Vater ließ von seinem Vorhaben ab.[3] Erich Wulffen führt die Gründe, warum Jugendliche häufiger nach § 175 verurteilt wurden als die gesamte strafmündige Bevölkerung, auf ihre „leichtere Erregbarkeit", ihre „stärkere Beweglichkeit und Kraftbetätigung" und auf den Umstand, dass ihnen der „geregelte eheliche Geschlechtsverkehr" fehle, zurück.[4]

3 Heinrich Kopp, Über den Schutz der Jugendlichen vor homosexueller Verführung, in: Deutsche Strafrechts-Zeitung (1917), Nr. 7–8, S. 286–288.

4 Wulffen, Der Sexualverbrecher, S. 250–304, hier S. 260.

Jenseits der Verurteiltenstatistik muss die Zahl der betroffenen Kinder und Jugendlichen sogar noch höher angesetzt werden. Im Prinzip lag das Strafmündigkeitsalter bis 1923 bei 12 Jahren. Im Jahr 1900 wurde das Fürsorgeerziehungsgesetz verabschiedet, das den Behörden erlaubte, statt Strafe Heimeinweisung anzuordnen. Außerdem nannte der § 57 StGB diverse Strafmilderungsgründe für Jugendliche. Dieser Paragraf wurde 1923 durch das Jugendgerichtsgesetz abgelöst, das die relative und bedingte Strafmündigkeit und die Erziehungsmaßnahmen neu regelte. Homosexualität war ein klarer Einweisungsgrund in eine Fürsorgeerziehungseinrichtung.[5]

In der gesamten Literatur zur Homosexualität fällt auf, dass der Aspekt der jugendlichen Hauptbetroffenengruppe kaum berücksichtigt wird. Vermutlich wären aufseiten der Gegner wie der Befürworter des Paragrafen gängige Dogmen nicht mehr aufrechtzuerhalten gewesen. Der Sozialdemokrat Adolf Thiele ging in einer Rede am 31. Mai 1905 zum § 175 im Reichstag auf diesen Umstand ein: „Meine Herren, wenn man sagt [...] in den homosexuellen Handlungen habe man die Folge der Übersättigung, des lasterhaften Ausschreitens zu sehen, so zeigt doch der Umstand, dass, wenn junge Leute von 15 bis 21 und von 21 bis 24 Jahren für derartige Handlungen bestraft werden, doch bei denen wahrlich von einer Übersättigung nicht die Rede sein kann, und wenn Sie sich den Prozentsatz ansehen, werden Sie finden, dass diejenigen Altersstufen, bei denen man möglicherweise von Übersättigung reden könnte, verhältniswenig mit einem nur geringen Prozentsatz vertreten

5 Paul Felix Aschrott, Die Behandlung der verwahrlosten und verbrecherischen Jugend und Vorschläge zur Reform, Berlin 1892; Erich Wulffen, Das Kind. Sein Wesen und seine Entartung, Berlin 1913, S. 441–542; Andreas Roth, Jugendlichdelinquenz. Polizei und Strafjustiz in Berlin während des Kaiserreichs, in: Herbert Reinke, „... nur für die Sicherheit da ...“. Zur Geschichte der Polizei im 19. und 20. Jahrhundert, Frankfurt a. M. 1993, S. 222–241; Marcus Gräser, Der blockierte Wohlfahrtsstaat. Unterschichtsjugend und Jugendfürsorge in der Weimarer Republik, Göttingen 1995.

sind."[6] Auch die Argumente des Wissenschaftlich-humanitären Komitees (WhK), wonach Homosexualität angeboren sei, wären vermutlich anders bewertet worden, hätte man sich damit auseinandergesetzt, dass eher die sexuell experimentierende oder in Not geratene Jugend das Hauptverurteiltenkontingent stellte.

Die Homosexuellenbewegung war durch die neuen Weimarer Argumentationen in eine Sackgasse geraten. Im Grunde fielen ihr ihre eigenen Bündnispartner in den Rücken. Da Sachargumente nicht fruchteten, denn es ging ja um emotionale Argumente, musste sie wohl oder übel Zugeständnisse machen und verwehrte sich einer Schutzaltersgrenze von 16 bis 18 Jahren nicht.

Der Fall Haarmann

Fast wie bestellt ereignete sich dann der Fall, der alle Argumente wie ein Kartenhaus zusammenfallen ließ.

Im Frühjahr 1924 wurden am Ufer des Flusses Leine in Hannover menschliche Knochen gefunden. Nach systematischer Suche, auch durch Absenken des Wasserstandes, wurde offenbar, dass der Fund mehrere Skelette umfasste, bei denen es sich, wie die gerichtsmedizinische Untersuchung ergab, ausschließlich um die Überreste von heranwachsenden männlichen Personen handelte. Über diesen Fall existieren heute so gut wie keine Akten mehr, weder die polizeilichen noch die der Justiz. Erhalten ist jedoch ein Erinnerungsbericht des damals ermittelnden Kriminalbeamten Hermann Lange aus dem Jahr 1961. Da es sich bei den aufgefundenen Schädeln um Jungen im Alter von 11 bis 21 Jahre handelte, kam man in Hannover, so Lange, sofort zu der Überzeugung, dass es sich um „Opfer homosexueller Ausschweifungen" handele, und begann mit entsprechenden Ermittlungen. Laut Lange waren etwa 30 Homosexuelle bei der Kriminalpolizei registriert, im

6 JfsZ 7 (1905), S. 986.

Laufe der Ermittlungen stieg diese Zahl auf 600 an. Zu den Hauptverdächtigen gehörten damals der Inhaber des Homosexuellenlokals „Die schwule Guste“, August Wollburg,[7] und Friedrich Haarmann. In einem Nachtrag betonte Lange, dass Haarmann nicht durch puren Zufall, sondern durch logische Schlussfolgerung anhand der Homosexuellen-Listen polizeilich ermittelt worden sei.[8]

Haarmann war mehrfach wegen Diebstahls, Bettelns und Sachbeschädigung vorbestraft, aber auch „einschlägig“ in Erscheinung getreten, so wegen sexueller Belästigung eines Kindes 1896, ein Verfahren, das nach § 51 eingestellt und aufgrund dessen Haarmann in eine psychiatrische Anstalt eingeliefert wurde. 1911 wurde ein Ermittlungsverfahren nach § 175 gegen ihn geführt, aber eingestellt, und 1913 wurde er wegen sexueller Belästigung eines 13-jährigen Jungen wegen tätlicher Beleidigung zu zwei Monaten Zuchthaus verurteilt.[9]

Anfang Juni 1924 wurde Haarmann inhaftiert. Im Laufe der Ermittlungen gab er nach und nach viele der ihm zur Last gelegten Fälle zu und wurde schließlich in 27 Fällen angeklagt. Die Polizei ging damals, wie Lange betont, konkret von 54 Fällen aus, vermutete aber, dass es sogar bis zu 100 gewesen sein könnten.[10] Justiziabel waren nur die 24 Fälle, derentwegen Haarmann schließlich zum Tode verurteilt wurde.

Der Fall stieß bei den Medien auf erhebliches Interesse, seit dem Eulenburg-Skandal in der Kaiserzeit war das Thema Homosexualität

7 Vgl. Sünje Knutzen, Sexuelle Gewalt als Bedrohung und Spektakel. Wahrnehmungen und Deutungen des „Lustmörders“ durch die Öffentlichkeit der Weimarer Republik am Beispiel des Falles Haarmann in Hannover. Magisterarbeit an der Philosophischen Fakultät Göttingen, Göttingen 2002; Rainer Hoffschildt, Olivia. Die bisher geheime Geschichte des Tabus Homosexualität und der Verfolgung der Homosexuellen in Hannover, Hannover 1992, S. 64–79.

8 Niedersächsisches Landesarchiv – Hauptstaatsarchiv Hannover (NLA-HSTAH), Hann. 87 Hannover Acc. 116/84, Nr. 11/1 und 11/2.

9 NLA-HSTAH, Hannover 173, Acc. 30/87, Nr. 80.

10 NLA-HSTAH, Hann. 87 Hannover Acc. 116/84, Nr. 11/1 und 11/2.

nie wieder so umfassend in der Öffentlichkeit diskutiert worden. Nun aber war der Homosexuelle kein schöngeistiger, Lieder komponierender Adeliger, sondern ein Kindermörder, ein „Menschenfresser" und „Vampir", und alle Ängste über entführte Kinder, Blutopfer, Ritualmorde, die bis dato eher Juden und „Zigeunern" zugeschrieben wurden, konnten sich jetzt an der Figur des Homosexuellen festmachen.[11]

Dazu kamen ein erheblicher Skandal über Verflechtungen Haarmanns mit der hannoverschen Kripo und angeblich unterlassene Ermittlungen. Tatsächlich war Haarmann als Vigilant, als bezahlter Polizeispitzel, Informationszuträger für einige Kriminalkommissare, namentlich für einen Kriminalkommissar Müller, gewesen. Hinzu kam, dass Haarmann mit einem gefälschten Detektivausweis unterwegs war, um seine potenziellen Opfer zu beeindrucken, und seine Umgebung in dem Glauben ließ, er sei ein „Geheimer Kriminaler". Aufgrund der vielen verschwundenen Jungen in Hannover war bereits früher ein Verdacht gegen Haarmann ausgesprochen worden und es sogar zu einer Hausdurchsuchung bei ihm gekommen. Da aber keine Beweise gefunden werden konnten, verlief die Sache im Sande. Von der hannoverschen Presse und von Intellektuellen wie Theodor Lessing[12] ist deswegen der Vorwurf erhoben worden, dass die Kriminalpolizei Haarmann lange Zeit gedeckt beziehungsweise ihn nicht für den mutmaßlichen Mörder gehalten habe. Von verschiedenen Seiten wurden diese Vorwürfe dementiert, aber Lange, der erst kurz vorher nach Hannover versetzt worden war, schrieb 1961, dass man spätestens seit 1918 auf Haarmann hätte aufmerksam werden können, aber wegen seines guten Verhältnisses zur Polizei nicht sorgfältig ermittelt habe.

11 Vgl. Rainer Erb, Ritualmordbeschuldigung. Wahnvorstellung mit mörderischer Konsequenz, in: Wolfgang Benz/Angelika Königseder (Hrsg.), Judenfeindschaft als Paradigma. Studien zur Vorurteilsforschung, Berlin 2002, S. 58–64.

12 Theodor Lessing, Haarmann. Die Geschichte eines Werwolfs [1925], erw. Neudruck hrsg. von Rainer Marwedel, München 1995.

Die negative Pressekampagne ging überwiegend von der kommunistischen *Niedersächsischen Arbeiterzeitung* aus und richtete sich gegen das Polizeipräsidium und die SPD-Regierung unter Gustav Noske. Eine objektive Berichterstattung gab es nach der Presseanalyse von Sünje Knutzen nicht. Entweder war die Berichterstattung propagandistisch gefärbt, oder die gemäßigten Zeitungen druckten unkritisch die Presseerklärungen der Polizei nach. Die kommunistischen Blätter seien dabei ausgesprochen „homophob" vorgegangen.[13]

Wegen der Vorwürfe wurde zunächst der hannoversche Polizeipräsident Rudolf von Beckerath zur Berichterstattung in das Innenministerium nach Berlin bestellt, was zu der auch in der Presse lautgewordenen Annahme führte, der Polizeipräsident beabsichtige, von seinem Posten zurückzutreten, was sofort dementiert wurde.[14]

Um den 20. Juli 1924 entsandte das Innenministerium Heinrich Kopp, den Kriminalkommissar Ludwig Werneburg und den Kriminalassistenten Martin Jaap vom Berliner Homosexuellendezernat nach Hannover, um die Ermittlungen der Kriminalpolizei und die gegen sie erhobenen Vorwürfe zu untersuchen. Mit ihnen reiste vermutlich auch der Kriminalschriftsteller Hans Hyan, zumindest behauptete er, an der Vernehmung, die die Berliner Beamten mit Haarmann führten, anwesend gewesen zu sein.[15]

Am 20. Juli 1924 brachten dann die Zeitungen eine umfangreiche Erklärung Kopps zu den Vorfällen, die allerdings von einigen Zeitungen nur teilweise abgedruckt wurde. Kopp betonte zunächst, dass der Fall Haarmann einzigartig sei. Tatsächlich scheine Haarmann nach dem Stand der Ermittlungen über zwanzig junge Leute ermordet zu haben. Eine Erklärung dieser ungeheuerlichen Tat und eine Erklärung dafür, dass diese Taten so lange unentdeckt geblieben seien, lägen zum

13 Knutzen, Sexuelle Gewalt als Bedrohung und Spektakel, S. 52, 56, 72.

14 Hans Hyan, Massenmörder Haarmann. Kriminalistische Studie, Berlin 1924, S. 27.

15 Ebenda, S. 42, 59.

größten Teil in der komplizierten Persönlichkeit des Täters. Man habe die Taten Haarmanns ernsthaft den Homosexuellen zur Last gelegt. Die Homosexuellen hätten aber damit ebenso viel oder ebenso wenig zu tun wie die Heterosexuellen mit dem Massenmörder Grossmann. Bei dem Fall liege eine unglückliche Verbindung von Homosexualität und Sadismus vor. Der § 175 treffe die Homosexuellen nur in sehr geringem Maße, da er den Nachweis einer ganz bestimmten Handlung verlange, der natürlich sehr schwer zu erbringen sei. Alles andere bleibe straflos. Die hannoversche Polizei habe deswegen, zumal die Beteiligten aus begreiflichen Gründen kaum Angaben machten, einen sehr schwierigen Stand. Eine besondere Rolle spiele bei der Beleuchtung des Falles, dass Haarmann Spitzel der Kriminalpolizei gewesen sei. Haarmann sei jedoch nicht von der Polizei als Organisation als Spitzel beschäftigt gewesen, sondern lediglich der Vertrauensmann einzelner Kriminalbeamter gewesen.

Diesen Teil der Erklärung brachte zum Beispiel der *Hannoversche Kurier*, aber beispielsweise nicht die *Göttinger Zeitung*. Letztere begann ihre Berichterstattung erst mit dem dann folgenden Teil der Erklärung Kopps.

Heikel an diesem Fall sei, dass von allen Seiten schwerste Vorwürfe gegen die hannoversche Polizei laut geworden seien. Tatsächlich seien bereits vier Beamte wegen erwiesener Nachlässigkeit ihres Dienstes enthoben worden, aber Art und Schwere der Verfehlungen stünden noch nicht fest. Kopp dementierte, dass Haarmann einen Polizeiausweis gehabt habe, bestätigte aber den selbst angefertigten „Detektivausweis". Kopp ging im Weiteren auf die Vermisstenmeldungen ein. 576 Personen seien in Hannover als vermisst gemeldet. 95 Prozent aller Fälle seien auf harmlose Weise geklärt worden. Bei den Vermisstenanzeigen fehle stets der wichtigste Anhaltspunkt: die Angabe der homosexuellen Neigung des Verschwundenen, entweder weil sie schamhaft verschwiegen werde oder nicht bekannt sei. Die Zahl der homosexuellen Prostituierten sei in den letzten Jahren überaus stark angewachsen. Für zahlreiche Jugendliche in schlechten wirtschaftlichen Verhältnissen bedeute die homosexuelle Prostitution den einzigen Gelderwerb.

Dann ging Kopp auf die einzelnen Vorwürfe gegen die Polizei ein. Ein besonderer Umstand stütze die Auffassung von einem Verschulden der Kriminalpolizei: Zwei Freundinnen von Haarmann wandten sich an einen Kommissar mit einem Topf gekochten Fleisches und berichteten, wie sie eines Morgens zu Haarmann gekommen seien. Er habe sie an der Tür empfangen, und in seinem Bett habe regungslos ein junger Mann gelegen. Haarmann habe die Besucherinnen hinausgedrängt. Einen Tag später war der junge Mann verschwunden, obwohl sein Anzug noch da war. Die beiden Frauen glaubten daraufhin, dass es sich bei dem Fleisch, das sie von Haarmann erhalten hatten, um Menschenfleisch handeln könnte. Ein Arzt prüfte es und erklärte es für Schweinefleisch. Eine Durchsuchung bei Haarmann wurde durchgeführt, jedoch ergebnislos. Kopp erwähnte auch zahlreiche Anzeigen der Wirtin Haarmanns nach § 175, weil dieser immer junge Männer bei sich übernachten lasse. Haarmann suchte sich seine Opfer in der Nähe des Bahnhofs unter jungen Leuten, die keine Wohnung fanden oder sich herumtrieben, und Kopp fragte: „Ist dieses systematische Ansprechen junger Menschen nie einem der zahlreichen Kriminalbeamten aufgefallen? Haarmann war als Homosexueller längst bekannt. Durch die Beschuldigung der Wirtin kam er in den Verdacht der Körperverletzung, durch die Aussagen der beiden Frauen geriet er in Mordverdacht. War es der hannoverschen Polizei nicht möglich auf Grund dieser Verdachtsmomente den Tatbestand festzustellen?“

Kopp schilderte Haarmann als kriminellen Psychopathen: ausgestattet mit schweren geistigen Defekten, ungebildet und nicht klug, aber von einer Raffiniertheit, die weit über das Maß des Normalen hinausgehe. Er sei im Gespräch liebenswürdig, nett und spreche mit hoher Mädchenstimme. Er verteidige sich damit, dass er Jungen bei sich habe übernachten lassen, die dann morgens tot in seinem Bett gelegen hätten. Viele hätten Bisswunden am Hals gehabt. Er wolle den Eindruck erwecken, als habe er im Zustand von Umnachtung gehandelt. Kopp stellte fest, dass es undenkbar sei, einen Menschen zu Tode zu beißen, und hielt die Verbrechen für die Entladung einer sadistisch-homosexuellen Natur. Haarmann spreche mit Stolz davon, wie er die Leichen zerlegt und aus dem Hause geschafft habe. Dabei habe er eine ungeheure Ruhe und viel Zeit gehabt. Mit einer bei Homosexuellen häufigen „weibischen Geschicklichkeit“ sei er dabei, so Kopp, zu Werke gegangen.

Kopp schloss seine Stellungnahme mit dem ausdrücklichen Hinweis, dass nach wie vor schwere Bedenken gegen die Organisation und Arbeit der hannoverschen Polizei bestünden. Die Informationen entlasteten zwar in einzelnen Fällen, aber der Eindruck bleibe bestehen, dass es einem raffinierten „Psychologen“ gelungen sei, die Polizei, mit der er in ständiger Fühlung gestanden habe, sechs Jahre lang hinters Licht zu führen und unter den Augen der Polizei schwerste Verbrechen zu begehen.[16]

Etwas lakonisch kommentierte der ermittelnde Beamte Lange die Überprüfung durch die Berliner Beamten. „Sie ließen sich von mir eine Stunde lang berichten, sahen die Akten einen halben Tag durch und verabschiedeten sich abends mit dem Bemerken: ‚Besser hätten die Berliner den Fall auch nicht bearbeiten können.‘“[17] Trotzdem entlastete Kopp in seinem Bericht die hannoversche Kriminalpolizei nicht. Die Akte des Innenministeriums zu diesem Fall existiert nicht mehr. Wenig später erschien ein Artikel von Bernhard Weiß, dem Leiter der Berliner Kriminalpolizei, zum „Fall Haarmann“. Er betont darin gegen Kopp, dass die Kripo in Hannover keine Ermittlungen gegen Haarmann unterdrückt, nie mit ihm in einem besonders freundschaftlichen Verhältnis gestanden habe und die jeweiligen Ermittlungen deswegen immer sachgemäß durchgeführt worden seien. Stattdessen gibt Weiß den „Schwarzen Peter“ an die Bevölkerung weiter. Immerhin habe Haarmann in einem Haus mit vielen Mietparteien gewohnt und sei in der Nachbarschaft

16 NLA-HSTAH, Hann. 155, Göttingen Nr. 864a; Vorwärts 41. Jg., Nr. 338, 20. 7. 1924.

17 NLA-HSTAH, Hann. 87 Hannover Acc. 116/84, Nr. 11/1 und 11/2.

bekannt gewesen. Das ständige Ein- und Ausgehen von jungen Männern, dann deren Verschwinden und das anschließende Verkaufen der Kleidung hätten auffallen müssen. Die Nachbarschaft und das Publikum hätten es an der notwendigen Sorgfalt in der Beobachtung ihrer Mitmenschen fehlen lassen.[18] Dass Kopp genau auf diesen Umstand einging und den zahlreichen Hinweisen aus dem Umfeld Haarmanns nicht nachgegangen worden war, verschwieg Weiß.

Vom 4. bis 19. Dezember 1924 fand in Hannover der Prozess gegen Haarmann statt. Magnus Hirschfeld[19] war nicht als Sachverständiger geladen worden, befand sich aber unter den Zuschauern. Auch Hans von Tresckow kam aus Rinteln, um dem Prozess beizuwohnen. Beiden war klar, dass der Kampf um die Abschaffung des § 175 durch den Fall erheblich schwerer geworden war.

Ermittlungsverfahren gegen Homosexuelle

Seit Einführung des Paragrafen 175 in das Strafgesetzbuch 1871 stiegen die Verurteilungen von Jahr zu Jahr zunächst kaum an. In den ersten Jahren waren es durchschnittlich 150 verurteilte Männer reichsweit. So wurde das Delikt auch als ein „Delikt ohne Täter" bezeichnet, und tatsächlich ging es mehr um die generalpräventive Wirkung.

Ab 1900 waren es durchschnittlich 360 Verurteilte pro Jahr, ab 1909 dann über 500. Dieser Anstieg ist auf den Eulenburg-Skandal zurückzuführen. Alle entscheidenden gesellschaftlichen Ereignisse, die Homosexualität betreffen, spiegeln sich auch in der Statistik wieder. In der Kriegszeit nahmen die Zahlen wieder deutlich ab. Für die Weimarer Republik fehlen viele detaillierte Zahlen. Die statistischen Ämter

18 Bernhard Weiß, Der Fall Haarmann, in: Archiv für Kriminalanthropologie (ArchKrim), Bd. 76 (1924), S. 161–174, hier S. 174.

19 Vgl. Magnus Hirschfeld, Warum Haarmann mordete, in: Neue Berliner Zeitung. Das 12 Uhr Blatt, 16. 12. 1924.

waren durch den Krieg stark dezimiert und sind dann nur verzögert wieder aufgebaut worden. Den vollen Umfang wie in der Kaiserzeit erreichten die Statistiken nicht wieder.

Verurteiltenstatistik 1919 bis 1933

1919:	89
1920:	197
1921:	425
1922:	499
1923:	445
1924:	696
1925:	1107
1926:	1040
1927:	848
1928:	804
1929:	837
1930:	804
1931:	665
1932:	801
1933:	853

Der extreme Anstieg ab 1924 ist zweifellos dem Haarmann-Fall zuzuschreiben. In Berlin lassen sich anhand der polizeilichen Anzeigen diese Zahlen bestätigen, sie beginnen aber bereits 1923 merklich zu steigen, 1924 wurden 1450 Anzeigen bearbeitet. Reichsweit überspringt die Gesamt-Verurteiltenzahl 1925 erstmals die Tausender-Marke. Sie sinkt ab 1927 wieder, bleibt aber auf hohem Niveau bestehen, und zwar wesentlich höher als in der Kaiserzeit. Für Berlin ist sicher ausschlaggebend, dass zu dieser Zeit Bernhard Strewe das Homosexuellendezernat übernahm und damit die liberale Linie seiner Vorgänger beendete, mit Polizeipräsident Richter und Vizepräsident Walter Moll eine eher konservative Polizeispitze agierte und von vielen Razzien berichtet wird.

Da es insgesamt einen Trend zur Kriminalisierung von Homosexuellen gab, verwundern diese Angaben nicht.

Weitere „Schwulenmorde"

Im Jahr 1925 begann zunächst in Berlin eine Serie von Mordfällen an männlichen Jugendlichen, die sich bestens in das Bild des zügellosen Schwulen als Kinder- und Jugendverführer einfügten, der selbst vor Morden keinen Halt mache.[20] Diese Taten passten zur zeitgenössischen Diskussion, ähnlich wie die Fälle Corny und Handke zur Debatte um die Einführung des § 175 in den Jahren 1868/71, als dem Homosexuellen Carl von Zastrow vorgeworfen worden war, den achtjährigen Emil Handke vergewaltigt und den 16-jährigen Bäckerlehrling Ernst Corny ermordet zu haben, oder der Mord des Joseph Ritter an dem 12-jährigen Otto Klähn im Jahr 1913 zur damals geplanten Strafrechtsreform. Die Mordfälle des Jahres 1925 schienen die Taten des Massenmörders Haarmann aus den Jahren von 1918 bis 1924 fortzusetzen. Haarmann war im April 1925 gerade erst hingerichtet worden.

Ende Oktober 1925 wurde die Leiche des 16-jährigen Gerhard Schnäpel bei Geltow aus der Havel gezogen. Die Mordkommission, geleitet von Bernhard Strewe aus dem Homosexuellendezernat und dem Kriminalbeamten Hans Zapfe, ging von einem Tötungsverbrechen aus. Schnäpel war Page im Café Vaterland gewesen, er wurde als „gut gewachsen" beschrieben, und das Fahndungsfoto zeigt ein auffallend schönes Gesicht. Die Mordkommission mutmaßte, dass Schnäpel möglicherweise „von Homosexuellen" verschleppt worden sei, bevor er ermordet wurde.[21] Gut ein halbes Jahr später, im Juni 1926, wurde die

20 Vgl. Arthur Pohle, Abnormitäten der Geschlechter, in: Die Polizeifachkunde 6 (1926), Nr. 7, S. 201.

21 LAB, A Pr. Br. Rep. 030-03, Nr. 772; Tagesbericht 15 (1925), Nr. 88, 3. 11. 1925, S. 1.

Leiche des 17-jährigen Bäckerlehrlings Kurt Lehrke aus dem Luisenstädtischen Kanal geborgen. Auch Lehrke war wie Schnäpel circa vier Wochen vorher spurlos verschwunden. Die Ähnlichkeiten mit dem Fall Schnäpel wurden durchaus gesehen, jedoch ermittelte eine andere Mordkommission, bestehend aus den Kommissaren Otto Trettin und Max Hartwig. In der Fahndungsmeldung schrieben sie: „Möglicherweise ist Lehrke von Homosexuellen verschleppt worden, da der dringende Verdacht besteht, dass er am 30. 12. 1925 bereits von Homosexuellen missbraucht wurde. Lehrke hatte seinerzeit angegeben, dass er am Fehrbelliner Platz von einem Manne angesprochen und mitgenommen wurde. Auf das, was weiter mit ihm geschehen war, konnte er sich nicht mehr besinnen. Er soll seinerzeit den Eindruck eines Hypnotisierten gemacht haben."[22]

Im März 1928 wurde in Gladbeck die Leiche des 19-jährigen Helmut Daube aufgefunden. Ihm war mit einem Rasiermesser die Kehle durchgeschnitten worden, und die Genitalien waren abgetrennt. Obwohl es damals einen Hauptverdächtigen gab, ist der Fall nie aufgeklärt worden. Mehrere teils mysteriöse Mordtheorien ranken sich bis heute um den Fall.[23]

Drei Jahre später wurde auf ganz ähnliche Weise der 16-jährige Kurt Schöning ermordet in Berlin aufgefunden. Auch ihm war die Kehle mit einem Rasiermesser durchgeschnitten worden, und auch bei ihm waren die Genitalien vollständig vom Körper abgetrennt. Die Parallelen zum Daube-Fall in Gladbeck lagen auf der Hand, reale Zusammenhänge konnten aber zunächst nicht festgestellt werden.[24] Relativ schnell geriet der 26-jährige Hotelpage Rolf vom Busch ins

22 Tagesbericht 16 (1926), Nr. 43, 2. 6. 1926, S. 12.

23 Sabine Kettler/Eva-Maria Stuckel/Franz Wegener, Wer tötete Helmut Daube? Der bestialische Sexualmord an dem Schüler Helmut Daube im Ruhrgebiet 1928, Gladbeck 2001.

24 Die Freundschaft 14 (1932), Nr. 9; Hans Lobbes, Sexualmord! Ein zweiter Fall Daube, in: Kriminalistische Monatshefte 6 (1932), Nr. 12, S. 273–277.

Visier der Ermittler. Er galt als Homosexueller, war einschlägig wegen unsittlicher Handlungen mit Kindern vorbestraft, und ihm fehlten jene beiden Rasiermesser, die am Tatort gefunden wurden. Zunächst gab er zu, den Täter zu kennen, und gestand, ihm den als Prostituierten arbeitenden Schöning zugeführt zu haben. Den Namen des Täters wollte er aber nicht nennen, da er ihm zu „unauslöschlichem Dank" verpflichtet sei. Dann gab er aber die Tat selbst zu. Vom Busch wurde verurteilt, mit dem Gladbecker Mord aber nicht in Verbindung gebracht. 1936 wandte sich Busch an die Kripo und widerrief sein Geständnis. Er nannte nun den Namen des angeblich wahren Mörders und bezichtigte diesen zudem, Daube in Gladbeck ermordet zu haben. Dieser Verdächtige hielt sich jedoch im Ausland auf und war für die Polizei nicht zu erreichen. In einem weiteren Widerruf bestätigte Busch sein erstes Geständnis, er habe Schöning doch ermordet, für den Daube-Mord aber sei der andere verantwortlich. In einem abermaligen Widerruf erklärte er sich dann auch im Daube-Mord für schuldig.[25]

Diese vier Morde im Schatten des Haarmann-Falles hatte alles, um Homosexualität zu mythologisieren und allerhand Verschwörungstheorien um zu herum zu stricken. Die Parallelen zu antisemitischen Stereotypen und Fantasien sind offenkundig: Entführung und Verschleppung von Kindern und Jugendlichen, Hypnotisierung der Opfer, Verstrickung in geheime Kreise, Blutopfer und Ritualmord (hier konkret Verstrickung in höchste Kreise von Gesellschaft, Polizei und Politik, andererseits in geheime okkulte Kreise, Buddhismus, geheimer Osiris-Orden, Beziehungen zur Jugendbewegung und Bibelkreise, die als Rekrutierungsfeld benutzt werden).

Die Polizei stieß angesichts „der Eigenartigkeit des Milieus" (Kriminalkommissar Hans Lobbes) auf größte Schwierigkeiten bei den Ermittlungen. Die Morde fanden in einem von außen kaum zu durchschauenden, verschworenen Homosexuellenmilieu statt. Die akute

25 Viola Meike/Sarah Baldy, Zeuge Waldeck. Das erfundene Leben des Rolf vom Busch, Remscheid 2019.

Gefährlichkeit des Homosexuellen schien endlich auf der Hand zu liegen: Haarmann hatte es vorgemacht, und nun töteten im Geheimen agierende Täter weiter.

War es der Homosexuellenbewegung Mitte der 1910er-Jahre noch gelungen, den Homosexuellen in erster Linie als Opfer von Erpressern darzustellen, und war er in den polizeilichen Beschreibungen dieser Zeit noch ein seltsam bunter Vogel, ein Zwischengeschlecht, ein unglücklich Geborener, dem man ähnlich einem Behinderten Mitleid zollte, so verloren sich diese Zuschreibungen Mitte der Zwanzigerjahre fast vollständig. Die Veranlagung wurde gefährlich, gerade auch weil sie angeboren und damit unbeherrschbar schien. Der Homosexuelle wurde zum „gefährlichen Sittlichkeitsverbrecher".

Jugendfürsorge

Auffälliges homosexuelles Verhalten konnte für Jugendliche ein Grund sein, in die Mühlen der Jugendfürsorge zu geraten, an dessen Ende die Heimeinweisung drohen konnte. Jedoch musste eine Kombination von Homosexualität mit Prostitution, Schuleschwänzen oder Kriminalität vorliegen, um eingewiesen zu werden. Das Jugendamt der Stadt Berlin setzte auf Repression und Aufklärung gleichermaßen. In einem Bericht des Jugendamtes von 1923 wird unter dem Punkt „Bekämpfung des Alkoholmißbrauchs und des homosexuellen Unwesens" erklärt: „Das immer mehr in die Erscheinung tretende homosexuelle Unwesen, dem eine ganze Reihe von Jugendlichen erlag, machte ebenfalls Fürsorgemaßnahme notwendig. Auch hierbei wurde wieder zur Verhütung der Verwahrlosung vornehmlich die Aufklärung der Eltern und Erzieher im kleinen Kreis durch die Bezirksämter durchgeführt. In den einzelnen Fällen wurden Heimunterbringung, Beschaffung von Arbeit, Unterbringung in Landstellen, Fürsorgeerziehung, zum Teil nach psychischer Untersuchung durch einen Spezialarzt und Beratung in einer pädagogischen Sprechstunde als Fürsorgemaßnahme angewandt."[26] Wie erwähnt, hielten sowohl Magnus Hirschfeld als auch Heinrich Kopp Aufklärungsvorträge über Homosexualität für die Jugendhilfe.

Ein typisches Beispiel eines in Jugendfürsorge Eingewiesenen dokumentiert der Fall eines 15-Jährigen aus Kreuzberg, der in die Mühlen des Jugendamts geraten war.[27] Am 12. März 1929 wurde Fritz T. (geb. 1914) in der Passage Unter den Linden unter dem Verdacht, auf den Strich gegangen zu sein, von der Polizei aufgegriffen. Ihm konnte nichts Konkretes vorgeworfen werden. Der vermeintliche Freier, ein Student, gab später zu Protokoll, er sei von Fritz verführt worden. Als die beiden sich auf den Weg zur Wohnung des Studenten machen wollten, griff die Polizei zu. In der Stellungnahme des Bezirksamtes gegenüber dem Amtsgericht erklärte der Vertreter des Jugendamtes Kreuzberg, dass Fritz T. seit Sommer 1929, als Klagen über die Vernachlässigung seines Jobs als Bürobote bei Telefunken am Tempelhofer Ufer aufkamen, der Fürsorge aufgefallen war. Mahnungen, seine Tätigkeit wieder aufzunehmen, seien fehlgeschlagen. Neuen Arbeitsangeboten würde er nicht nachgehen. Zudem decke die Mutter sein Verhalten (der Vater war verstorben):

> „Es wurde ihr dringend empfohlen, Ordnung in ihre Verhältnisse zu bringen und dafür zu sorgen, dass Fritz einen vernünftigen Lebenswandel führt", heißt es in der Stellungnahme. Frau T. wohne in einer Zwei-Zimmer-Wohnung, lebe mit ihren beiden Kindern allerdings in der Küche, da beide Zimmer untervermietet seien. Nachbarn sagten aus, dass sie der Prostitution nachgehe. „Sie ist als liederlich verrufen, macht Schulden und lebt meist von Näschereien anstatt vernünftig zu kochen. Mit Fritz, dessen Leichtsinn sie durch ihre Gleichgültigkeit unterstützt, hat sie häufig laute Szenen, wobei sie sich gegenseitig ausschimpfen. Dann aber wieder kann

26 Bericht über die Organisation und aus der Tätigkeit des Jugendamts der Stadt Berlin in der Zeit von 1. Oktober 1920 bis zum 31. Dezember 1922, Berlin 1923, S. 71.

27 LAB, A Rep. 350, Nr. 14157.

sie katzenfreundlich zu ihm sein." Auch aufgrund dieses Berichts wurde nach dem Reichsgesetz für Jugendwohlfahrt Schutzaufsicht angeordnet. Zu einer gerichtlichen Vorladung erschien Fritz nicht. Im Mai 1930 wurde er in das Erziehungsheim Neanderhausstiftung in Stolberg bei Küstrin eingewiesen. Im Juni wurde er dort wegen Schuleschwänzens verwarnt, im Juli riss er aus. Die Neanderhausstiftung schrieb dem Amtsgericht: „T. ist ein stark homosexuell veranlagter Mensch, der zur Arbeit überhaupt keine Lust zeigt. Wir halten T. überdies für einen Psychopathen, so dass Überweisung in ein Schwachsinnigenheim geboten erscheint."

Fritz T. war zurück nach Berlin zu seiner Mutter gegangen. Dort denunzierte ihn ein Nachbar schriftlich. Fritz würde im Hof laut pfeifen, sich Tag und Nacht herumtreiben und mit seiner Mutter streiten:

> „Kann das junge Weib nichts tun? um nicht die Stadt auf der Tasche zu liegen? Trotzdem sie das Geld monatlich für die zwei Zimmer bekommt, wird sie auch noch von der Wohlfahrt für sich und den grossen Lümmel unterstützt. Ist denn für so etwas keine Kontrolle? Ich denke, die Stadt Berlin hat kein Geld? aber für solche Leute, die nicht Lust haben, dass sie sich bewegen, die bekommen! und den Arbeitern wird von dem bischen Wochenlohn immer feste abgezogen für die faulen, damit auch die von der armen Stadt Berlin durch die Welt geschleppt werden! Der Arbeiter muss bluten durch hohe Abzüge! Solch ein grosser kräftiger Lümmel gehört in der Erziehungsanstalt, damit er von der Strasse kommt. Es gibt ohne diesen schon genug Verbrecher, denn Arbeit ist Mutter und Sohn eine fremde Sache. Alle beide haben noch keinen Finger zur Arbeit krumm gemacht, wozu auch? Die Stadt Berlin ernährt ja diese faule Gesellschaft, damit sie bloss rumstrolchen können! Das soll einen Arbeiter, der sich von morgens bis spät abends quält, nicht ärgern? Ich will bald sehen, dass das abgeändert wird, sonst wende ich mich wo anders hin." (Die Orthografie folgt dem Original)

Im August wurde T. erneut aufgegriffen und in das Erziehungsheim Waldhof in Templin eingewiesen. Von dort richtete er im November ein Schreiben an das Amtsgericht Berlin, in dem er erklärte: „Ich bin mit meiner Unterbringung in ungültiger Fürsorge-Erziehung nicht einverstanden. Ich bestreite homosexuellen Verkehr gepflogen zu haben." Einen Monat später erklärte er persönlich vor dem Amtsgericht nochmals, sich nicht homosexuell betätigt zu haben, und bat um eine Verlegung in das Erziehungsheim Stuveshof bei Berlin – mit Erfolg. Am 17. Januar 1931 kam er nach Stuveshof, am 18. riss er von dort aus. Der Fürsorger des Bezirksamtes Kreuzberg gab gegenüber dem Amtsgericht zu, dass es keinen Zeugen für den unterstellten homosexuellen Verkehr gebe. T. wurde erneut aufgegriffen und wieder nach Templin verbracht. Dort wurde in einem Entwicklungsbericht unter „Interessen" vermerkt: „Will Kommunist sein, sonst ohne Sonderinteressen." Homosexualität wurde in dem Bericht nicht mehr genannt. Ihm wurde eine äußerst düstere Prognose gestellt: „Bedarf noch längerer Heimerziehung. Es erscheint ungewiss, ob mit den heutigen Erziehungsmitteln ein so schwieriger Bursche wie T. auf den richtigen Weg gebracht werden kann."

Im Dezember 1932 wurde T. zusammen mit zwei weiteren Personen verhaftet und in Untersuchungshaft genommen. Ihnen wurde vorgeworfen, auf die Friedhofsmauer in der Baruther Straße mit roter Farbe die Parole: „Schupo, auch Du gehörst zur Arbeiterklasse, darum richte gegen Deine Brüder nicht die Waffe!" geschrieben zu haben. Über die weitere Entwicklung von Fritz T. ist nichts bekannt. Deutlich aber ist an diesem Falle abzulesen, dass, obwohl strafrechtlich nichts Verwertbares gegen ihn vorlag, der Homosexualitätsvorwurf für die Heimeinweisung wesentliches Gewicht hatte.

5
Der WhK-Obmann Kriminalkommissar Karl Metelmann

Erstmals wird Karl Metelmann im September 1921 als Mitglied des Wissenschaftlich-humanitären Komitees genannt.[1] Auf der Generalversammlung des WhK am 28. Dezember 1928 wird er „in Anbetracht [seiner] wertvollen Mitarbeit“ zum neuen Obmann gewählt.[2] Als Berufsbezeichnung ist „Kriminalkommissar a. D.“ angegeben. Neben Heinrich Kopp, der 1922 zum Ehrenmitglied ernannt wurde[3], ist Metelmann damit der zweite bislang bekannte Kriminalkommissar, der Mitglied des WhK war und dort wohl auch aktiv mitgearbeitet hatte. Im testamentarischen Tagebuch von Magnus Hirschfeld erwähnt dieser am 31. Dezember 1929 im Zuge einer Krise im WhK, dass u. a. Metelmann zu seinem „treuen Kreis alter und neuer Freunde“ zu rechnen sei, im Gegensatz etwa zu den „Querulanten“ Richard Linsert, Kurt Hiller, Fritz Flato oder Heinz Stabel.[4] Wie und warum Metelmann zum WhK gekommen war ist leider nicht überliefert.

Metelmann in der Berliner Kriminalpolizei

Karl Metelmann wurde am 26. Mai 1881 in Plathe im Kreis Regenwalde geboten. Über seine Kindheit und Jugendjahre ist nichts bekannt. 1908

1 Jahrbuch für sexuelle Zwischenstufen 21 (1921), S. 197.

2 Mitteilungen des Wissenschaftlich-humanitären Komitees e. V. Nr. 19, Januar 1929, S. 1.

3 Jahrbuch für sexuelle Zwischenstufen 23 (1923), S. 203.

4 Ralf Dose (Hrsg.), Magnus Hirschfeld Testament. Heft II, Berlin 2013, S. 58.

wurde er bei der Berliner Kriminalpolizei angestellt[5] und ist vermutlich auch erst in diesem Jahr nach Berlin gekommen, denn vorher ist er in dortigen Adressbüchern nicht nachweisbar. Metelmann wohnte dann vorwiegend in der Gegend um den Volkspark Friedrichshain, von 1908 bis 1913 in der Virchowstraße 5, 1913 in der Landsberger Allee 38 und ab 1914 bis 1943 in der Knieprodestraße 16. Am 6. Mai 1908 hatte er Lilly, geborene Fissner, geheiratet, aus der Ehe sind zwei Töchter hervorgegangen.

Bis 1910 wird er als Kriminalkommissar ohne festen Zuständigkeitsbereich und ohne einer Inspektion zugeordnet zu sein eingesetzt.[6] Ab 1911 bis vermutlich 1925 ist er in der Inspektion B I. tätig, in der alle Formen von Diebstahl und Einbrüchen bearbeitet wurden. Aus einem Aufsatz von Metelmann von 1932[7] geht hervor, dass er 1913 wohl auch längere Zeit in der Sittenpolizei arbeitete. Er schildert diverse Prostitutionsmilieus in Berlin und die Schwierigkeiten der Beamten, „richtige" Prostituierte, also jene, die diesem Gewerbe hauptsächlich nachgingen, von den scheinbar „anständigen" Frauen zu unterscheiden. Prostitution beschränke sich eben nicht allein auf den Straßenstrich, sondern komme in allen gesellschaftlichen Schichten auf unterschiedliche Weise zum Ausdruck. Sein Resümee: „Auch zwischen der ‚Welt' und der ‚Halbwelt' bestehen keine festen Grenzen." Selbst vor dem Polizeipräsidium am Alexanderplatz habe es einen Strich gegeben. Bestimmte Freier warteten dort auf Prostituierte, die von der Kontrolluntersuchung auf Geschlechtskrankheiten aus dem Präsidium kamen, weil sie glaubten, so am sichersten einer Ansteckung vorbeugen zu können.

5 Geschäfts- und Reviereinteilung der Königlichen Polizeiverwaltungen im Landespolizeibezirk Berlin, Berlin 1908, S. 31.

6 Geschäfts- und Reviereinteilung der Königlichen Polizeiverwaltungen im Landespolizeibezirk Berlin, Berlin 1910, S. 22.

7 Karl Metelmann, Auf der Streife mit der Sittenpolizei, in: Die Ehe 7 (1932), Nr. 7.

In einem anderen Aufsatz geht er auf vorgetäuschte Verbrechen im Zusammenhang mit Sexualität ein.[8] Er schreibt, dass er innerhalb von fünf Jahren 60 Fälle von vorgetäuschten Raubüberfällen habe bearbeiten müssen. Dies waren Fälle, in denen vermeintliche Opfer Raubtaten bei der Polizei zur Anzeige brachten, die Ermittlungen aber ergaben, dass real kein Verbrechen vorlag bzw. das Vorgetragene so nicht stattgefunden hatte. Die meisten Fälle stünden im Zusammenhang mit sexuellen Motiven. Als Grund für die Anzeigen nennt er Hysterie, Wichtigtuerei und Lustgewinn.

Ein Schreiben ist aus seiner polizeilichen Tätigkeit erhalten:[9] Am 8. März 1916 schickte er einen Verbesserungsvorschlag an den Polizeipräsidenten. Anscheinend war es bis dahin üblich, gesuchte Straftäter von Kapitalverbrechern per öffentliche Fahndung und durch Überprüfung von „Hotels, Asylen, die grösseren und kleineren Herbergen, Päderasten- und Kuppelquartiere“ zu ermitteln. Der Straftäter halte sich aber gerade nicht in diesen überwachten Einrichtungen auf, sondern miete sich eher bei „ehemaligen Prostituierten, Rentenempfängerinnen und dergleichen Personen“ ein, „die durch Vermieten ihr Dasein fristen und womöglich Jahrzehnte gemeldet und ungemeldet Verbrecher beherbergen“. Metelmann schlägt nun vor, mittels der Revierbeamten diese privaten Quartiergeber(innen) zu erfassen und im Falle einer Fahndung aufzusuchen. Offensichtlich war er sich über die rechtliche Brisanz, pauschal Hausdurchsuchungen vorzunehmen, bewusst und schlägt daher vor, sie als „Kontrollen über Innehaltung der Meldepflicht“ zu tarnen. Ob der Vorschlag angenommen wurde, ist nicht näher bekannt. Ein Rentnerinnenmilieu ist in der Kriminalliteratur nicht weiter beschrieben.

1925 wurde Metelmann, entweder weil er das Pensionsalter erreicht hatte oder aus anderen nicht bekannten Gründen, aus der Polizei

8 Karl Metelmann, Vorgetäuschte Verbrechen und Sexualität, in: Die Ehe 5 (1930), Nr. 12, S. 362 f. u. 378.

9 LAB, A Pr. Br. Rep. 030, Tit. 198B, Nr. 1934.

entlassen. Er setzte sich jedoch nicht zur Ruhe, sondern trat in die „Detektei und Auskunftei" des Felix Krull, einem „ehemaligen Offizier im Spionagedienst", so dessen Selbstdarstellung, ein. Das Detektivbüro warb ab 1925 für einige Jahre regelmäßig in der Homosexuellenzeitschrift *Die Freundschaft*. Metelmann war dort für den Außendienst zuständig, sein Gebiet waren: „Beobachtungen, Ermittlungen jeder Art, spez. Bearbeitung von Diebstählen und Erpressungen". Es gab in jener Zeit mehrere Detektivbüros, die in Homosexuellenzeitschriften warben. Quellen darüber, ob und wie oft ihre Dienste, insbesondere bei Erpressungen, in Anspruch genommen wurden, sind nicht überliefert. Viele Polizeibeamte arbeiteten nach ihrer Pensionierung als Detektive weiter.

Metelmann als Publizist

Von Karl Metelmann erschienen Ende der Zwanziger- und Anfang der Dreißigerjahre in mehreren Zeitschriften zu teilweise völlig unterschiedlichen Themen wissenschaftliche Aufsätze.

1929 veröffentlichte er in *Die Aufklärung* den schon erwähnten Aufsatz „Gesellschaft und Zuhältertum". Es ist der einzige in diesem Periodikum von ihm erschienene Beitrag. Darin kritisiert er den Zuhälterparagrafen 181a von einem ungewöhnlichen Standpunkt aus: Er sei ein vaterrechtlicher Paragraf, der „im männerrechtlichen Staate das Recht des Mannes auf außerehelichen Geschlechtsverkehr" mit einer Prostituierten schütze, indem er den Zuhälter als Mitwisser und Nebenbuhler bestrafe. Dies gehe aber völlig an der Realität vorbei. Erstens gehe die Begleitkriminalität im Prostitutionsmilieu nicht von Zuhältern, sondern von Trittbrettfahrern aus, zweites trage das Verhältnis der Prostituierten zum Zuhälter mutterrechtlichen Charakter. Sie verfüge über die Besitzgüter, sie „halte" sich ihn, er stehe ihr zu Diensten. Der Zuhälter sei eher feminin, feige und zu echten Gewalttaten nicht fähig, ihr Verhältnis sei eher „metatropisch" und zeige „monogame" Tendenzen. Der Zuhälter sei kein Straftäter im klassischen Sinne (bei allen Straftaten „erkennt man den weiblichen Einschlag“), und wenn es zu Gewalttätigkeiten gegenüber „seiner“ Prostituierten komme, dann meist aus Gründen der Eifersucht, wie in „normalen“ Ehen auch. „Zu berücksichtigen ist hierbei doch, dass diese Beziehungen nicht wie die Ehe durch Gesetz geschützt werden, sondern sich gegen das Gesetz durchsetzen müssen.“

Ab 1930 steuerte er mehrere Beiträge für die Zeitschrift *Die Ehe* bei. Der erste, „Ein Tiermensch“,[10] hat den Massenmörder Karl Großmann zum Thema, die Überschrift war dem Buch „Tiermenschen“ des Kriminalautors Hans Hyan entlehnt, der darin mehrere Massenmörder abhandelt. Zunächst zeichnet Metelmann Großmanns Leben nach. Am Ende des Artikels forderte er dann eine Reform des gesamten Strafrechts: „Das Rache- und Vergeltungsprinzip muß fallen. Sicherung der Gesellschaft und des Gefährdeten sowie des gefährlichen Individuums muß der Zweck des Strafrechts werden.“

Im selben Jahr folgten der schon genannte Beitrag „Vorgetäuschte Verbrechen und Sexualität“[11] und 1932 ein weiterer über den Ritter Blaubart im Vergleich zu anderen Massenmördern[12] sowie „Auf der Streife mit der Sittenpolizei“.[13] All seine Beiträge in sexualreformerischen Zeitschriften zeichnen sich durch eine Befürwortung des Feminismus aus. Er kritisierte deutlich das Patriarchat, das die Herrschaft des „Herrenmenschen“ über die Frau besiegele.

Einen weiteren Aufsatz veröffentlichte er 1931 in der *Monatsschrift für Kriminalpsychologie und Strafrechtsreform*,[14] in dem er das „Problem der Einteilung der Verbrecher nach psychologischen Gesichts-

10 Karl Metelmann, Ein Tiermensch, in: Die Ehe 5 (1930), Nr. 3, S. 80 f. u. 94.

11 Die Ehe 5 (1930), Nr. 12, S. 362 f. u. 378.

12 Karl Metelmann, Ritter Blaubart und seine Nachfolger: Die Ehe 7 (1932), Nr. 3, S. 80 f.

13 Die Ehe 7 (1932), Nr. 7.

14 Karl Metelmann: Zum Problem der Einteilung der Verbrecher nach psychologischen Gesichtspunkten, in: Monatsschrift für Kriminalpsychologie und Strafrechtsreform 22 (1931), S. 725–730.

punkten“ erörterte. Die Kriminalpsychologie benutze einen Begriff des Verbrechers, der dem Strafgesetzbuch entspreche. „Wir erhalten also den Begriff des Verbrechers aus der Geschichts-, Geistes- oder Kulturwissenschaft.“ Indirekt wies er Theorien wie zum Beispiel Lombrosos, mit denen ja auch Hirschfeld sympathisierte, zurück: „Das Kriterium des Verbrecher ist nicht seine antisoziale seelische Einstellung …“ Diese Kriterien, denen sich die Psychologie und die Psychopathologie bedienten, genügten jedoch nicht. „Die kulturwissenschaftlichen Tattypen des Strafgesetzes und die naturwissenschaftlich aufgestellten, psychologischen und psychopathologischen Typen stehen in keinerlei Beziehung.“ Die Naturwissenschaft – und hier zitiert er Hirschfeld, der Mensch sei Ergebnis von „Anlage und Lage“ und „Erlebtem und Erlittenem“ – schaffe gedankliche Umbildungen zur Wirklichkeit. Mit anderen Worten: Sie sei realitätsfern. Er distanzierte sich hier also indirekt von Hirschfeld. Eine Brücke zwischen beiden Welten der Geistes- und Naturwissenschaft würden nur die Abhandlungen von Arthur Kronfeld „Das Wesen der psychiatrischen Erkenntnis“ (1920) und Gustav Aschaffenburg „Das Verbrechen und seine Bekämpfung“ (1923) bilden, aus denen er im Folgenden ausführlich zitierte.

In der *Zeitschrift für angewandte Psychologie* erschien 1934 ein Aufsatz[15] von Metelmann über Selbstmordstatistiken, die er nach den Theorien des Psychologen Erich Jaensch bewertete. Jaensch, Wahrnehmungspsychologe und Philosoph, zunächst Professor in Straßburg und Halle, unterstützte früh die nationalsozialistische Bewegung. Ab 1932 war er Fördermitglied der SS. Jaensch teilt die Menschen in Integrierte und Desintegrierte auf. Beide reagierten unterschiedlich auf Farben und Lichteinwirkungen. Metelmann versucht nun anhand von Monats-, Regional- und Länderstatistiken über Selbstmorde, Übereinstimmungen zur Jaenschen Theorie zu finden, denn es „erscheint als

15 „Die monatlichen Selbstmord-Sterbeziffern unter den Gesichtspunkten der Jaenschschen Typologie“, in: Zeitschrift für angewandte Psychologie, Bd. 47 (1934) 5 u. 6, S. 376–386.

ein dringendes Gebot der Pflicht, der Menschenliebe, der christlichen Nächstenliebe und der Sorge um unsere Volksgenossen, allen Ursachen des Selbstmordes nachzugehen und das Übel von der Wurzel aus zu bekämpfen".

1924 berichtete der Kriminalschriftsteller Leo Heller von einer Exkursion durch das Berliner Verbrecherviertel „Die Münze" mit dem „erprobten Fachmann" Kriminalkommissar Karl Metelmann.[16]

1936 erschienen im zweiten Band des Handwörterbuches der Kriminologie zwei Beiträge von Metelmann über „Transvestiten"[17] und über „Voyeurs".[18] Der erste Band des Wörterbuches erschien Anfang 1933, der zweite Band mit Verzögerung dann 1936. Die Beiträge entstanden vermutlich bereits 1933, denn sie sind noch frei von nationalsozialistischer Terminologie, und Metelmann beruft sich neben anderen auf Hirschfeld und Kronfeld als Wissenschaftler. Im Beitrag „Voyeurs" berichtet er, dass er als Kriminalbeamter kurz vor Ausbruch des Ersten Weltkrieges eine organisierte Bande von „Spannern" ermittelt hatte, die nachts im Bereich des Tempelhofer Feldes Liebespaare beobachtete, diese teilweise erpresste, die Frauen vergewaltigte und die Männer misshandelte.

Insbesondere die letzten Aufsätze sprechen dafür, dass sich Metelmann eingehend mit seinen Themen auseinandersetzte. Ob aber die Veröffentlichung der einzige Zweck war oder ob er sich auch innerhalb von wissenschaftlichen Vereinigungen betätigte, ist nicht überliefert – wie auch sein weiteres Schicksal unbekannt ist.

16 Leo Heller, Aus Ecken und Winkeln. Düstere und heitere Großstadtbilder, Dresden 1924, S. 27 f.

17 Alexander Elster/Heinrich Lingemann, Handwörterbuch der Kriminologie und der anderen strafrechtlichen Hilfswissenschaften, 2. Bd., Berlin/Leipzig 1936, S. 830–834.

18 Ebenda, S. 1032–1035.

6
Der Sexualreformer Kriminalkommissar Gotthold Lehnerdt

Gotthold Lehnerdt ist ein weiterer Kriminalbeamter, der in der Weimarer Republik der Sexualreform und Homosexuellenbewegung nahestand. Er wurde am 15. März 1885 in Berlin geboren und begann 1913 seine Laufbahn bei der Berliner Kriminalpolizei, wo er verschiedene Abteilungen durchlief, überwiegend aber im Raubdezernat arbeitete. Vorher war er sicher beim Militär, danach vielleicht in der Schutzpolizei. Während des Ersten Weltkrieges war er im Feld, wo er es bis zum Hauptmann brachte. Er war verheiratet und hatte zwei Kinder. Bereits 1923 beendete er seinen Staatsdienst wieder. Insgesamt war er nicht sehr lange bei der Kripo.

Lehnerdts Biografie weist große Leerstellen auf. Vermutlich war Lehnerdt zu links für die Polizei gewesen. Dies lässt sich aus verschiedenen Hinweisen folgern, insgesamt aber bleibt die Quellenlage unzureichend. Vom 17. Dezember 1918 ist ein Bericht einer Sitzung des Verbandes der Polizei- und Kriminal-Oberwachtmeister erhalten, auf der der „Fall Lehnerdt" erörtert wurde, „der sich nur selbst eine gute Stelle im Polizeipräsidium verschaffen" wolle – Pfuirufe ertönten.[1] Auf den „Fall" selbst wird nicht eingegangen. Vor der Revolution war es Polizeibeamten nicht erlaubt gewesen, sich gewerkschaftlich zu organisieren, nach 1918 war der Verband der Polizei- und Kriminal-Oberwachtmeister eine der sich zahlreich gründenden ersten polizeilichen Gewerkschaftsorganisationen, die sich dann meist im Laufe der Jahre zur Einheitsgewerkschaft, dem Verband Preußischer Polizeibeamter

1 GStA, I. HA, Rep. 94, Nr. 1011/17, Nr. 53.

unter Führung von Ernst Schrader („Schrader-Verband"), zusammenschlossen. Im April 1920 berichtete die diesem Verband nahestehende *Preußische Schutzmanns-Zeitung* unter Berufung auf den *Berliner Lokalanzeiger*, die Gewerkschaften hätten Gotthold Lehnerdt und Ernst Schrader für das Amt des Berliner Polizeipräsidenten vorgeschlagen. Doch schon die nächste Ausgabe meldete, dass dieser Vorschlag heftige Proteste bei den Kripo-Verbänden ausgelöst habe.[2]

Diese beiden Informationen und die Tatsache, dass Lehnerdt nach 1922 zeitweise Chefredakteur der linksgerichteten Tageszeitung *Die Welt am Abend* war, lassen vermuten, dass er innerhalb der Polizeibehörde nicht sonderlich willkommen war. *Die Welt am Abend* wurde übrigens im KPD-nahen Verlag von Willi Münzenberg herausgegeben, der wiederum zeitweise in den Pensionszimmern des Instituts für Sexualwissenschaft von Magnus Hirschfeld wohnte.

Lehnerdt gab 1938 bei einer Befragung zu Protokoll, er sei 1923 auf eigenen Wunsch aus der Polizei ausgeschieden und seitdem als Kriminalist im freien Beruf tätig gewesen. Hauptsächlich habe er für Versicherungsgesellschaften Versicherungsbetrug ermittelt. Für die *Deutsche Versicherungs-Presse* verfasste er Beiträge, beispielsweise über Brandstifter, wobei er immer auch die sexualpathologische Seite erörterte.[3]

Sein zweites Standbein wurde die Publizistik. In der Zeitschrift *Gesetz und Recht* veröffentlichte Lehnerdt regelmäßig Kriminalgeschichten über Taschendiebe, Geldschrankknacker und die Arbeit der Kriminalpolizei,[4] und mit diesem Genre konnte er auch in

2 Preußische Schutzmanns-Zeitung 7. Jg., 10. 4. 1920, Nr. 15; 17. 4. 1920, Nr. 16.

3 Gotthold Lehnerdt, Sieben Jahre Zuchthaus für einen Feuerwehrmann. Ein Beitrag zur Psychologie des Brandstifters, in: Deutsche Versicherungs-Presse 55. Jg., 20. 1. 1927, Nr. 3, S. 43 f.

4 Gotthold Lehnerdt, Auf der Verbrecherjagd. Wie die Kriminalpolizei ermittelt, in: Gesetz und Recht 28. Jg., 15. 2. 1927, Nr. 4, S. 49–54 u. 1. 3. 1927, Nr. 5, S. 67–73 u. 15. 3. 1927, Nr. 6, S. 84–86; ders., Taschendiebe, in: Gesetz und Recht 28. Jg., 15. 8. 1927, Nr. 16, S. 241–244; ders., Geldschrankknacker, in: Gesetz und Recht 29. Jg., 1. 7. 1928, Nr. 13, S. 195–199.

Zeitschriften wie *Die Polizeifachkunde* oder *Preußische Polizeibeamten-Zeitung* publizieren.[5] Solcherlei True-Crime-Geschichten veröffentlichte er 1925 zudem als Buch mit dem Titel „Mörder" im Potsdamer Verlag Gustav Kiepenheuer. Obwohl es im Untertitel heißt „Aus den Erlebnissen eines Berliner Kriminalkommissars", spart er Autobiografisches weitgehend aus. Im Stil eines Romans erzählt er zwölf angeblich selbst erlebte Kriminalfälle (teilweise schon aus der Zeit von 1909) – Morde, Raubmorde, Raubüberfälle –, die sich in Berlin oder im Umland ereignet hatten. Zwischen 1930 und 1933 beschäftigte sich Lehnerdt intensiv mit dem Kulmbacher Fall Meußdoerffer und veröffentlichte 1933 das Buch „Der Fall Meussdoerffer" im Berliner Verlag Die Klinge. Kommerzienrat Heinrich Meußdoerffer war im November 1929 wegen Mordes an seiner Ehefrau festgenommen und aufgrund einer scheinbar sicheren Beweislage angeklagt worden. Meußdoerffer aber leugnete, zudem kamen Verfahrensfehler und offenkundiges Fehlverhalten von Polizei und Staatsanwaltschaft zutage, so dass er schließlich freigesprochen wurde. Lehnerdt hatte sich persönlich für den Angeklagten eingesetzt. Der Verlag kündigte in diesem Buch weitere Veröffentlichungen Lehnerdts an: „Unterwegs – Abenteuer aus der Großstadt", „Sarai – Ein Lied grenzenloser Liebe und Opferbereitschaft der Frau", „Die Brüder von St. Johann – Moderner Sittenroman" und „Der Schatten – Tragödie in drei Aufzügen", doch dann erschien keines dieser Bücher.

1926 wurde die Zeitschrift *Die Ehe* als sexualreformerische Zeitschrift gegründet, die sich an ein vorwiegend heterosexuelles Publikum richtete. Mit hochwertigen Aktaufnahmen und populärwissenschaftlichen Beiträgen sollte der alten Prüderie begegnet werden. Ab 1929 leitete der Arzt Ludwig Levy-Lenz, ein Mitarbeiter Hirschfelds,

5 Beispiele: Gotthold Lehnerdt, Ein Bluff. Aus den Erinnerungen eines Berliner Kriminalkommissars, in Die Polizeifachkunde 9 (1929), Nr. 6, S. 113–115; ders.: Alarm! Tatsachen aus der Berliner Kriminalpolizei, in: Preußische Polizeibeamten-Zeitung 11. Jg., 1. 11. 1924, Nr. 44, S. 456 f.

die Zeitschrift. Gotthold Lehnerdt gehörte 1928 zu den regelmäßigen Autoren und wurde sogar als Mitglied der Redaktion geführt, zuständig für den „kriminal- und sexualpsychologischen“ Teil. Von ihm aufgegriffene Themen waren Sexualverbrechen, Selbstmord, Aberglauben, Sadismus.[6] Magnus Hirschfeld gründete 1929 zusammen mit Maria Krische die Zeitschrift *Die Aufklärung*, die eine Art Gegenentwurf zu *Die Ehe* sein sollte; mehr Fakt als Akt, obwohl sich die Themen eigentlich ähnelten. Auch hier publizierte Lehnerdt Beiträge über Aberglauben und über Religion.[7] Sein Mitwirken an diesen Zeitschriften zeigt deutlich Lehnerdt Nähe zur Sexualreformbewegung. Anzunehmen ist, dass er die Protagonisten kannte und in ihren Kreisen verkehrte, obwohl seine Beiträge eher publizistischer Art waren und nicht auf eigenen Forschungen beruhten oder er auch nicht für irgendeine Organisation sprach.

1926 gab Ludwig Levy-Lenz ein Buch unter dem Titel „Sexual-Katastrophen“ heraus. Dessen Veröffentlichungsgeschichte war kompliziert, zeitweise war es von Verbot bedroht, erlebte dann aber bis 1933 viele Auflagen, zunächst im Payne, dann im Meyer Verlag.[8] Neben Levy-Lenz steuerten Magnus Hirschfeld, Botschaftsarzt Leo Klauber, Justizrat Johannes Werthauer, Landgerichtsrat Otto Goldmann und Gotthold Lehnerdt eigene Texte bei. Lehnerdt behandelte aus der Sicht

6 Gotthold Lehnerdt, Die erste Voronoff-Operation in Berlin, in: Die Ehe 3 (1928), Nr. 2, S. 40 f.; ders., Der Sexualverbrecher, in: Die Ehe 3 (1928), Nr. 3, S. 79–82; ders., Sicherung der Allgemeinheit vor dem Sexualverbrecher, in: Die Ehe 3 (1928), Nr. 4, S. 114–116; ders., Frauen und Verbrechen, in: Die Ehe 3 (1928), Nr. 10, S. 312–314 u. Nr. 11, S. 345–347; ders., Kinderselbstmord, in: Die Ehe 3 (1918), Nr. 11, S. 328–332; ders., Öffentlicher Sadismus, in: Die Ehe 3 (1928), Nr. 12, S. 374–376.

7 Gotthold Lehnerdt, Aberglauben in der Erotik, in: Die Aufklärung 1 (1929), Nr. 2, S. 56–58; ders., Grausamkeit in der Religion, in: Die Aufklärung 1 (1929), Nr. 6, S. 189–191.

8 Jens Dobler, Zur Editionsgeschichte der „Sexualkatastrophen“, in: Mitteilungen der Magnus-Hirschfeld-Gesellschaft Nr. 35/36 (Dez. 2003), S. 63–71.

des „Kriminalisten“ die Prostitutionsfrage[9] und warb in seinem Beitrag vor allem um Mitleid für die Prostituierten, schilderte Armut und Schicksale, verurteilt scharf die Zuhälter und Kuppler und plädierte dafür, dass die Gesellschaft die Bigotterie in dieser Frage abwerfe.

Das Buch wurde in *Der Eigene*, einer Homosexuellenzeitschrift aus dem Adolf Brand-Verlag, ausführlich und überwiegend wohlwollend besprochen,[10] hervorgehoben wurde der Beitrag von Kriminalkommissar Lehnerdt: „Dieser Beamte hat viele Sünden seiner bürokratischen und verbohrten Kollegen gut gemacht. Wir wünschen, daß unsere Polizei recht viele so aufrechte und mutige Funktionäre an leitender Stelle besäße!“

Lehnerdt engagierte sich jedoch nicht nur für die Sexualreform, sondern auch direkt für die Homosexuellenbewegung. Bereits am 8. August 1924 hielt er zusammen mit Magnus Hirschfeld einen Vortrag über den Massenmörder Fritz Haarmann vor dem Wissenschaftlich-humanitären Komitee in den Räumen des Instituts für Sexualwissenschaft. Während Hirschfeld auf den Fall selbst einging, behandelte Lehnerdt die Frage nach dem Versagen der Kriminalpolizei.[11] Im selben Jahr, am 18. Dezember 1924, hielt Lehnerdt im WhK einen weiteren Vortrag, dieses Mal über „Psychopathische Lügner als Zeugen“. Hier berichtete er von dem Fall einiger minderjähriger Mädchen, die einen Mann angezeigt hatten, der sie missbraucht habe. Der Mann jedoch bestritt die Tat, weshalb die Mädchen „noch einmal ganz eingehend“ verhört wurden, bis sie „unter Tränen“ zugaben, alles erlogen zu haben. Hirschfeld griff diesen Fall noch einmal in der „Geschlechtskunde“ auf, als Beispiel für unwahre Sexualbezichtigungen. Lehnerdt

9 Gotthold Lehnerdt, Die Prostitution. Beobachtungen eines Kriminalisten, in: Ludwig Levy-Lenz, Sexual-Katastrophen. Bilder aus dem modernen Geschlechts- und Eheleben, Leipzig 1926, S. 171–157; der Beitrag von Lehnerdt wurde auch abgedruckt als „Hyänen der Prostitution“, in: Geschlecht und Gesellschaft 14 (1926/27), Nr. 7, S. 319–325.

10 Der Eigene 11 (1927), S. 188–190.

11 Der Eigene Nr. 10, (1924/25), S. 364.

schlussfolgerte, dass Zeugenaussagen von Kindern und Jugendlichen generell sehr kritisch anzusehen seien.[12]

1929 wurde der § 175 im Strafrechtsausschuss neu verhandelt. Im Gespräch war eine neue Fassung eines § 297, der zwar sogenannte einfache Homosexualität unter Männern Straffreiheit gewähren, zugleich aber den neuen Strafbestand der „schweren" und der „gewerbsmäßigen Unzucht" einführen sollte. Lehnerdt veröffentlichte in dem Band „§ 297 Unzucht zwischen Männern", herausgegeben von Richard Linsert, Abteilungsleiter im Institut für Sexualwissenschaft, einen Aufsatz über männliche Prostitution.[13] Dieser Beitrag ragt durch seine Fundiertheit aus all seinen Veröffentlichungen weit heraus. Während Lehnerdt sonst eher dem Genre der erlebten Kriminalliteratur zuzurechnen ist, besticht dieser Text durch seine präzise juristische Argumentation. Der Begründung zum Entwurf des § 297 entnahm er, dass mit dem Gesetz der männlichen Prostitution begegnet werden solle, und kommentierte dies mit den Worten: „Aber man tritt ja nicht der Prostitution, sondern den sich Prostituierenden entgegen. Man verschließt sein Auge vor der allzu deutlichen Tatsache, daß die wirtschaftliche Notlage eines ungeheuren Teiles der männlichen Bevölkerung, die in den Großstädten Hunderttausende peinigende Arbeitslosigkeit dasjenige Material liefern, das sich, um den Hunger zu entgehen, vorübergehend prostituiert. Man schaffe Arbeit, und die Zahl der männlichen Prostituierten wird auf ein Minimum zusammenschmelzen; aber man schaffe kein Arbeitshaus!" Das schon bald darauf KZ drohte, konnte Lehnerdt zu diesem Zeitpunkt nicht ahnen.

12 Die Freundschaft 7 (1925), Nr. 1; Die Insel 3 (1925), Nr. 3; Magnus Hirschfeld, Geschlechtskunde Bd. I, Stuttgart 1926, S. 133 f.

13 Gotthold Lehnerdt, Die Strafverfolgung der männlichen Prostitution in juristischer und kriminalistischer Beleuchtung, in: Richard Linsert, § 297,3 „Unzucht zwischen Männern"? Ein Beitrag zur Strafreform, Berlin 1929, S. 70–88.

7
Zwei Vertreter der liberalen Linie: Erich Wulffen und Hans Schneickert

Erich Wulffen (1862–1936)

Erich Wulffen ist eher als Kriminalist denn als Kriminologe einzustufen. Seine Veröffentlichungsweise gleicht der des „Vaters“ der Kriminalistik Hans Gross – er ist mehr Multiplikator und Netzwerker als Theoretiker, und er weiß sein Werk sehr gut zu vermarkten. Viele der Bücher seines insgesamt mehr als 70 Werke umfassenden Œuvres erreichen mehrere Auflagen, Neuausgaben, Neuzusammenstellungen und Wiederverwertungen. Seine sexualwissenschaftlichen und sittengeschichtlichen Werke sind denen Hirschfelds vergleichbar und dürften auch deswegen so hohe Auflagen erzielt haben, weil sie einen gewissen Voyeurismus bedient haben.

Erich Wulffen wuchs in einer Dresdner Familie des Verlags- und Buchdruckereiwesens auf und studierte neben Jura Literatur. Nach der juristischen Promotion 1888 war er zunächst als Theaterschauspieler, dem ein großes Talent bescheinigt wurde, tätig. Sein Vater aber drängte ihn wohl in einen „ordentlichen“ Beruf; und so war er ab 1890 als Gerichtsreferendar an sächsischen Gerichten und im Strafvollzug tätig, bevor er 1899 zum Staatsanwalt in Dresden berufen wurde.[1] Kunst und Literatur beschäftigten ihn aber sein Leben lang. Neben der Veröffentlichung von Theaterstücken und Kriminalromanen verstand er

1 Zu Wulffens Leben und Werk vgl. Gotthold Leistner, Erich Wulffen – Ein Dresdener Jurist, Kriminologe und Schöngeist (1862–1936), in: Archiv für Polizeigeschichte 10 (1999), S. 2–13.

es, Kriminalität mit Kunst und Literatur zu verknüpfen.[2] Als Staatsanwalt arbeitete er mit den Polizeibehörden Hand in Hand, und die sächsische Staatsanwaltschaft war im Gegensatz zur preußischen wesentlich stärker in das laufende Ermittlungsverfahren involviert. Innerhalb der Polizei genoss er reichsweit einen sehr guten Ruf. Die Polizeibehörden gaben ihm bereitwillig Fotos aus ihren Sammlungen ab, versahen ihn mit Fallschilderungen und luden ihn zu polizeilichen Fortbildungskursen ein.[3] Sein erstes kriminalistisch bedeutendes Werk ist das 1905 erschienene zweibändige „Handbuch für den exekutiven Polizei- und Kriminalbeamten". Er setzte damit die Tradition bedeutender (kriminal-)polizeilicher Fachbücher von Wilhelm Stieber und Hans Gross fort. Zur Recherche für seine Bücher trat er mit Kriminalpraktikern in Kontakt. So diente ihm für das Buch „Gauner- und Verbrechertypen" hauptsächlich Hans Schneickert vom Berliner Erkennungsdienst als Informationsquelle, von dem er sich Gaunertricks, Erkenntnisse über Diebstähle und polizeiliche Bekämpfungsstrategien aus erster Hand erklären ließ.[4]

In den ersten zehn Jahren seiner Tätigkeit als Staatsanwalt war Wulffen besonders an der Reform des Jugendstrafrechts beteiligt, die zu einer Heraufsetzung des Strafmündigkeitsalters von 12 auf 14 Jahre führte.[5] 1919 wurde er Landgerichtsdirektor im sächsischen Justizministerium und wirkte hier schwerpunktmäßig an Reformen des Strafvollzugs mit.

2 Zum Beispiel: Erich Wulffen, Shakespeares Grosse Verbrecher, Berlin 1911; Erich Wulffen, Sexualspiegel. Von Kunst und Verbrechen, Dresden [1928].

3 Sächsische Landesbibliothek – Staats- und Universitätsbibliothek Dresden (SLUB), Handschriftensammlung: Nachlass Wulffen (1862–1936), Mscr. Dresd. App. 1832.

4 Erich Wulffen, Gauner- und Verbrechertypen, Berlin 1910.

5 Leistner, Erich Wulffen, S. 11; Erich Wulffen, Die Kriminalität der Jugendlichen (Separatabdruck aus Jugendfürsorge 6 [1905]), herausgegeben vom Deutschen Centralverein für Jugendfürsorge, Berlin 1905.

Wulffen war von Anfang an ein Gegner des § 175 und widersprach bereits 1910 dem Vorschlag zu einer Verschärfung des Strafrechts.[6] In seinem Frühwerk ging er zunächst von drei Arten von Homosexualität aus: eine vorübergehende, nur in der Pubertät vorkommende, eine erworbene und eine angeborene im Hirschfeld'schen Sinne. Noch stark im Geist des 19. Jahrhunderts verwurzelt, war er der Auffassung, dass die dauerhaft betriebene Onanie das Sittlichkeitsgefühl und die Willenskraft „bedenklich" schwäche und zu „perversem Verkehr" entweder mit jungen Mädchen oder jungen Männern führe. Diese Art der Homosexualität entspricht seiner zweiten Gruppe, der Erworbenen. Seine Ablehnung eines verschärften Strafrechts begründete er unter anderem damit, dass der Strafzweck des § 175 nicht erreicht werde. Auf der Basis von Hirschfelds statistischen Daten ging er für das Jahr 1900 von 8 597 316 homosexuellen strafbaren Kontakten aus und stellt sie den knapp 600 verurteilten Taten gegenüber: „Die Strafandrohung des § 175 Str. G. B. ist also wirkungslos."[7]

In den Zwanzigerjahren modifiziert er seine Ansichten etwas. Den Aspekt der Onanie als Ursache für erworbene Homosexualität verwirft er weitgehend, geht aber trotzdem weiter von angeborener wie erworbener Homosexualität aus. Homosexualität war für ihn keine Perversion, sondern eine grundsätzliche Veranlagung. Er wollte den § 175 dahingehend reformiert wissen, dass der Kontakt zwischen Erwachsenen straffrei würde, schlug allerdings ein Schutzalter von 21 Jahren vor. „Gerade die Jahre von 16 bis 20 sind ja die gefährlichsten, weil sich in ihnen der Geschlechtstrieb differenziert und fixiert. Wenn die Homosexuellen eine niedrigere Altersgrenze verlangen, so machen sie sich hierdurch verdächtig."[8] An dieser Aussage wird deutlich, dass auch er sich vom

6 Paul Felix Aschrott/Franz von Liszt, Die Reform des Reichsstrafgesetzbuchs. Kritische Besprechung des Vorentwurfs zu einem Strafgesetzbuch für das Deutsche Reich, Berlin 1910.

7 Erich Wulffen, Psychologie des Verbrechers, Gross-Lichterfelde 1908, Bd. 1: S. 114–119, Bd. 2: S. 351 f.

8 Wulffen, Der Sexualverbrecher, S. 556–613.

Bild des Homosexuellen als Verführer der Jugend nicht lösen konnte beziehungsweise den Diskurs, der dann die Zwanzigerjahre wesentlich bestimmen wird, mit prägte. Da er eindeutig dem liberalen Lager zuzurechnen war, setzte er in dieser Frage leider Maßstäbe.

Wulffen hatte enge Beziehungen zu Hirschfeld und dem Wissenschaftlich-humanitären Komitee (WhK). Am 10. April 1924 hielt er im Institut für Sexualwissenschaft einen Vortrag zum Thema „Ein Ausflug in das Gebiet der kriminalistischen Sexualreform", bei dem er sich abermals für die Reform des § 175 aussprach. Während aber die Presse sonst von seinen Vorträgen, die in die Hunderte gingen, stets ausführlich berichtete, scheint außer der Homosexuellenpresse diesen Vortrag nur der sozialdemokratische *Vorwärts* zur Kenntnis genommen zu haben.[9]

Neben Hirschfeld war Wulffen eng mit dem Arzt Otto Juliusburger befreundet, der langjähriges Mitglied des WhK war und 1930 dessen Vorsitz übernahm. Wie Juliusburger bekam auch Wulffen die ersten Repressalien der Nationalsozialisten zu spüren. Während Juliusburger als Jude die kassenärztliche Zulassung entzogen wurde, kamen Wulffens Bücher auf den Index. Juliusburger schrieb dazu: „Wenn auch Sie auf der Judenliste stehen, – nun so freue ich mich, auch hier mit Ihnen, lieber Freund, mich wiederzufinden."[10]

In der Kriminologie bewegte sich Wulffen außerhalb der vorherrschenden Meinung. Er referierte zwar ausführlich alle kriminologischen Theorien, sodass seine Werke oftmals den Charakter von Lexika besaßen, seine eigene Anschauungen konzentrierten sich jedoch weniger auf geborene Verbrecher, Berufs- oder Gewohnheitsverbrecher und das Streben nach deren „Ausmerzung". Zunächst setzte er sich mit den sozialen Ursachen von Verbrechen auseinander, um politische Reformen zur Beseitigung sozialer Missstände anzuregen sowie die

9 SLUB, Nachlass Wulffen: Nr. 1477, Nr. 1478.

10 SLUB, Nachlass Wulffen: Nr. 255–262 (Briefe von Otto Juliusburger 1931–1934).

Kriminalprävention zu verbessern, zum Beispiel durch Vollzugsreformen. Lapidar drückte er den Präventionsgedanken 1910 so aus: „Verbrechen verhüten macht seliger, auch den Staat, sowie seine Behörden und Beamten, als Verbrechen bestrafen."[11]

Entgegen den Allmachtfantasien der Kriminologen, Verbrechen grundsätzlich aus der Gesellschaft zu eliminieren, warb er für eine Toleranz gegenüber dem Verbrechen. Verbrechen und Kriminalität seien gesellschaftliche Erscheinungen, die es schon immer gegeben habe und immer geben werde. Kriminelles sei in jedem Menschen vorhanden, und prinzipiell könne jeder Mensch Verbrechen begehen. Sie seien deswegen aber keineswegs anormal, sondern vielmehr normal. Sie seien unvermeidlich und daher notwendig. „Der Kampf gegen das Verbrechen ist eine Illusion, sofern eine Vernichtung oder wesentliche Eindämmung des Verbrechens in Frage käme." Kriminalität sei ein notwendiges soziales Phänomen. Das Verbrechen werde zu einem Faktor der Entwicklung und auch der Moral des Menschen. Kriminalität schärfe das Gewissen der „Volksgenossen", da sie auf gewisse Unzulänglichkeiten der gesellschaftlichen Ordnung hinweise.[12] So wohltuend sich diese Anschauung von der übrigen zeitgenössischen Kriminologie abhebt, so war Wulffen trotzdem nicht frei davon, zu typologisieren und damit „neue" Täter zu konstruieren. In gleich zwei Werken thematisierte er die „Kriminalität der Frau" und setzte damit den Diskurs der angeblich besonderen weiblichen Verbrechensveranlagung fort.[13]

11 Wulffen, Gauner- und Verbrechertypen, S. 4.

12 Erich Wulffen, Kriminalpsychologie. Psychologie des Täters, Berlin 1926, S. 184 f.

13 Erich Wulffen, Irrwege des Eros, Dresden 1929; Erich Wulffen, Das Weib als Sexualverbrecherin. Ein Handbuch für Juristen, Polizei- und Strafvollzugsbeamte, Ärzte, Pädagogen und Laienrichter, 3. Aufl., Hamburg 1931; zum Diskurs der „Frau als Verbrecherin": Karsten Uhl, Das „verbrecherische Weib". Geschlecht, Verbrechen und Strafen im kriminologischen Diskurs 1800–1945, Münster/Hamburg/London 2003.

1928 war Wulffen pensioniert worden. Seine Veröffentlichungstätigkeit hielt bis 1933 an. Nach der „Machtergreifung" der Nationalsozialisten wurden verschiedene Verbote gegen seine Bücher verhängt, gegen die er sich anfangs noch juristisch zu wehren versuchte. Krankheiten und Krankenhausaufenthalte kamen jedoch häufiger dazwischen.[14] Am 10. Juli 1936 starb er 74-jährig in Dresden.

Einfluss und Bedeutung von Hans Schneickert

Im Mai 1921 erschien die zweite, vollständig umgearbeitete Auflage von Wilhelm Stiebers „Praktischem Lehrbuch der Kriminalpolizei", herausgegeben von Hans Schneickert im Hayn Verlag in Potsdam.[15] Im Vorwort würdigte Schneickert Wilhelm Stieber als „wissenschaftlich und kriminalistisch hochbegabten" Menschen und hob die Vorzüge des Lehrbuches der ersten Auflage von 1860 hervor, das „seinen Wert bis heute nicht verloren" habe.

Einige der Kapitel Stiebers übernahm Schneickert komplett, einige – insbesondere über die Organisation der Kriminalpolizei – arbeitete er um beziehungsweise fügte sie neu ein. Während in der ersten Auflage im Kapitel „Von den Verbrechen gegen die Sittlichkeit" nur Kuppelei und Homosexualität abgehandelt wurden, wobei der Bekämpfung der Homosexualität vor allem in ihrer äußeren Erscheinung ein wichtiger Stellenwert eingeräumt wurde, gestaltete Schneickert dieses Kapitel völlig neu. Die Sexualdelikte unterteilte er in vier Hauptgruppen: 1. die „Notzuchtverbrechen", 2. die „abnormen oder perversen Geschlechtsakte", 3. „die Päderastie" und 4. die „ehewidrigen und schamverletzenden" Delikte. Zunächst erklärte er den Inhalt des § 175 und gebraucht dabei Begriffe wie Päderastie, Homosexualität, konträre Sexualempfindung und „sog. Sodomie" für sexuelle Handlungen mit Tieren. Über die

14 SLUB, Nachlass Wulffen Nr. 597–603, Nr. 769–862.

15 Stieber, Praktisches Lehrbuch der Kriminalpolizei.

Grundtatsachen der „Päderastie" müsse der Polizeibeamte „einigermaßen" unterrichtet sein. Hier verweist er auf Richard von Krafft-Ebings „Psychopathia sexualis" und auf Albert Molls „Handbuch der Sexualwissenschaften". In erster Linie komme es auf den Schutz der Jugend an; Eltern und Erzieher seien darüber aufzuklären, dass Kinder, Schüler und Lehrlinge „Opfer von Homosexuellen" werden könnten. Denn von der Verherrlichung der Homosexualität gehe eine große Gefahr aus. Mit Bezug auf Moll stellt er fest, dass viele die „Beseitigung" des § 175 forderten. Neu in das Buch aufgenommen wurde ein Kapitel über Erpressung. Hier erwähnt Schneickert jedoch lediglich, dass „homosexueller Verkehr" einer der Gründe einer Erpressung sein könne. Mit diesen Einlassungen eröffnet Schneickert wie erwähnt die polizeiliche Debatte zur Homosexualität in der Weimarer Republik.

Angesichts der herausragenden kriminalistischen Bedeutung des „Lehrbuchs" verwundert es, dass es bis heute keinerlei Forschung über Hans Schneickert, dessen mindestens vier Hauptthemen in seinen zahlreichen Publikationen die Daktyloskopie, die Grafologie, die Kriminalpsychologie und die Sexualwissenschaft sind, oder seine Arbeit gibt.

Der promovierte Jurist wurde 1905 als Kriminalkommissar in die Berliner Kripo aufgenommen, kam 1911/12 zum Erkennungsdienst und übernahm dessen Leitung ab 1914. Hier baute er das daktyloskopische Verfahren konsequent aus und führte die Grafologie zur Personenidentifizierung ein. Zum Jahreswechsel 1928 gab er das Amt an Kriminalpolizeirat Willy Gay ab und übernahm die Leitung der Kriminalinspektion Tiergarten und später der in Spandau.[16] Bereits in den Zwanzigerjahren war er parallel als Dozent an der Universität in Bonn, dann nach seiner Pensionierung am 1. Juni 1931 als Dozent für Kriminalistik und Kriminalpsychologie an der Universität in Berlin, ferner als Lehrer am Polizeiinstitut Charlottenburg tätig.

16 Tagesbericht 18 (1928), Nr. 7, 24. 1. 1928; Tagesbericht 19 (1929), Nr. 27, 4. 4. 1930.

In den Anfangsjahren des 20. Jahrhunderts schrieb Schneickert Buchbesprechungen für das *Archiv für Kriminalanthropologie*. Hier besprach er auch Bücher zum Thema Homosexualität und machte zudem aus seiner Befürwortung, den § 175 abzuschaffen, keinen Hehl. „Es sieht ja auch der streng auf dem Standpunkt des Strafgesetzbuches Stehende, dass in diesem § 175 nicht alles in Ordnung ist [...]".[17]

Seit 1913 war Schneickert Ausschussmitglied in der „Ärztlichen Gesellschaft für Sexualwissenschaft" (ÄGeSe), die von Albert Eulenburg, Iwan Bloch und Magnus Hirschfeld gegründet worden war;[18] zugleich jedoch stand er wohl auch der eher konservativen „Internationalen Gesellschaft für Sexualforschung" (InGeSe) mit Max Marcuse, Albert Moll und Hans Gross an der Spitze nahe. Bei der ÄGeSe hielt er 1921 einen Vortrag über „Die Stellung des neuen Strafgesetzentwurfs zur sozialen Defensive",[19] meist aber äußerte er sich eher schriftlich. Er war ständiger Autor der Zeitschriften *Sexual-Probleme* von Max Marcuse, des *Archivs* für Sexualforschung, der *Zeitschrift für Sexualwissenschaft* (zuerst ÄGeSe, dann InGeSe) und von *Geschlecht und Gesellschaft* von Ferdinand Freiherr von Reitzenstein. Sein Buch „Das Weib als Erpresserin" erschien in Max Marcuses Reihe „Abhandlungen aus dem Gebiete der Sexualforschung".[20]

In seinen Zeitschriften-Aufsätzen schrieb er über „Sexuelle Tricks", „Soldatenehen", Bordelle, Monogamie des Mannes etc. und besprach regelmäßig Bücher. 1926 unterzeichnete er die Petition des WhK gegen

17 Hans Schneickert, Buchbesprechung, Fischer: Homosexualität eine physiologische Erscheinung?, in: ArchKrim Bd. 13 (1903), S. 186 f.; ders., Buchbesprechung, Mühsam: Die Homosexualität, ArchKrim Bd. 16 (1904), S. 364 f.

18 Andreas Pretzel, Zur Geschichte der „Ärztlichen Gesellschaft für Sexualwissenschaft", in: Mitteilungen der Magnus-Hirschfeld-Gesellschaft (1997), Nr. 24/25, S. 35–122.

19 Archiv für Frauenkunde/Sexualwissenschaftliches (1920/21) Beiheft 7, S. 298 f.

20 Hans Schneickert, Das Weib als Erpresserin und Anstifterin. Kriminalpsychologische Studie, Bonn 1919.

den § 175 und gab damit auch öffentlich sein Votum gegen die Strafverfolgung Homosexueller ab.[21] Schneickert nutzte auch sein eigenes Organ, die *Zeitschrift für gerichtliche Schriftenuntersuchung*, um auf Werke der Sexualreformbewegung und des WhKs aufmerksam zu machen, und stellte den „Gegen-Entwurf zu den Strafbestimmungen des Amtlichen Entwurfs eines Allgemeinen Deutschen Strafgesetzbuchs über geschlechtliche und mit dem Geschlechtsleben im Zusammenhang stehende Handlungen" vor, herausgegeben vom „Kartell für Reform des Sexualstrafrechts".[22]

Seine Aktivitäten in der Sexualreformbewegung werfen die Frage auf, ob Schneickerts sexualreformerische Einstellungen auch in seiner praktischen Arbeit Niederschlag fanden, konkrete Quellen darüber fehlen jedoch. Man kann daher nur von liberalen Einstellungen, Beiträgen zu Meinungsbildungsprozessen und Versuchen zur Enttabuisierung ausgehen, die sich auch in seiner Lehrtätigkeit und Erkennungsdienstarbeit ausgewirkt haben könnten. Doch selbst dies ist fraglich. Die Polizeiforschung hadert besonders mit Schneickerts Rolle im Nationalsozialismus. Patrick Wagner scheint etwas ratlos, wie dieser „brillanteste Theoretiker" der Berliner Polizei „nun" 1935 von der „Ausmerzung lebensunwerten Lebens" habe schreiben können,[23] und Liang betont, dass der Gesinnungswechsel bei Schneickert – die „bedeutendste intellektuelle Persönlichkeit" der Berliner Polizei – nicht einfach nur mit dem Beginn der NS-Ära zu erklären sei.[24] Tatsächlich setzte sich Schneickert bereits in seinem Buch „Das soziale Elend" von

21 Mitteilungen des Wissenschaftlich-humanitären Komitees (Mitt WhK) (Dezember 1926), Nr. 4, S. 1.

22 Zeitschrift für gerichtliche Schriftenuntersuchung 4 (1927), Nr. 9; Mitt WhK (11/12 1927), Nr. 11, S. 84.

23 Patrick Wagner, Volksgemeinschaft ohne Verbrecher: Konzeptionen und Praxis der Kriminalpolizei in der Zeit der Weimarer Republik und des Nationalsozialismus, Hamburg 1996, S. 268 f.

24 Liang, Berliner Polizei, S. 160–162.

1921[25] klar und deutlich für die „Vernichtung lebensunwerten Lebens", für die Kastration von Sexualverbrechern und die Reinhaltung der „deutschen Rasse" ein – Forderungen, die zeitgenössisch bereits von Max Marcuse als unhaltbar und „vollkommene Einbildung" kritisiert wurden.[26] Auch Schneickerts Kritik an der Kripo vor 1933 und die Begrüßung der nationalsozialistischen Methoden zur Bekämpfung des sogenannten Berufsverbrechertums verwundern nicht, denn 1927 hatte er bereits Robert Heindls Forderungen nach der konsequenten Bekämpfung des „Berufsverbrechers" unterstützt.[27]

War er also ein Wolf im Schafspelz? Eher ein Intellektueller seiner Zeit, der erkannt hatte, dass man die überkommene Sexualmoral aus der Monarchie endlich abstreifen musste, der damit aber noch lange kein Demokrat, Humanist oder Liberaler. 1927 gab Schneickert zusammen mit Jakob Karl Kley das zweibändige Werk „Die Kriminalpolizei" heraus.[28] In Band 1, für den Kley als Autor zeichnete, findet sich eine äußerst kritische Darstellung der Homosexualität. Zwar werden zunächst ausführlich die Argumente der Gegner des § 175 referiert, dann aber wird auf den Entwurf des neuen Strafgesetzbuches eingegangen, der „zu Recht" die Bestrafung beibehalte, denn viele, die an den homosexuellen „Verfehlungen" festhielten, seien Verführte, Übersättigte oder Prostituierte. Die „verderbliche Propaganda" der homosexuellen Kreise führe zu einer Verherrlichung des gleichgeschlechtlichen Verkehrs unter jüngeren, „an sich normal empfindenden Personen".

25 Hans Schneickert, Das soziale Elend, das Verbrechen und der soziale Selbsterhaltungstrieb, Potsdam 1921.

26 Max Marcuse, Buchbesprechung, Schneickert, Das soziale Elend, in: Zeitschrift für Sexualwissenschaft, Bd. 8 (1921/22), S. 143 f.

27 Wagner, Volksgemeinschaft, S. 139.

28 Kley/Schneickert, Die Kriminalpolizei, Bd. 1: Karl Kley, Verbrecherkunde und Strafrecht, Hamburg/Lübeck 1927, S. 248–249, Bd. 2: Schneickert, Hans: Kriminaltaktik und Kriminaltechnik, Lübeck 1926.

8
Rauchfangswerder was a riot

Als sich nach wiederholten schikanösen Polizeikontrollen in New Yorks Schwulenbars am 27. Juni 1969 erstmals Schwule und Transvestiten der Bar Stonewall Inn in der Christopher Street gewalttätig zur Wehr setzten und dadurch eine Straßenschlacht mit der Polizei auslösten, wurde dieser Tag als Zeichen gegen staatliche Willkür zum weltweiten Gedenktag („Christopher Street Day") der Homosexuellen. Der Ausspruch „Stonewall was a riot" wurde durch dieses Ereignis geprägt. Völlig übersehen wird dabei, dass sich Schwule und Transvestiten schon viel früher gegen Polizeibeamte zur Wehr gesetzt hatten.

Die ersten Tage im Juli 1930 werden als ungewöhnlich heiß und schwül beschrieben. Der 5. Juli war ein Samstag, er muss der Höhepunkt der Hitzewelle gewesen sein, denn vom Sonntag werden Gewitter mit sintflutartigen Regengüssen und Überschwemmungen gemeldet.

Zwei Gruppen, die unterschiedlicher nicht sein konnten, hatten an diesem Samstag in Berlin Ausflugsdampfer gechartert, um im beliebten Lokal Waldhaus auf der Halbinsel Rauchfangswerder zu feiern. Die eine Gruppe war der „Polizei-Sport Verein Berlin e. V." unter Leitung von Major Erwin Sander mit ungefähr 150 Polizeibeamten in Zivil und einer ebenso großen Zahl an Familienangehörigen. Den kleinen Saal im Waldhaus hatten sie vierzehn Tage vorher gebucht. Die andere Gruppe war der „Bund für Menschenrecht e. V."(BfM), der die Fahrt nach Rauchfangswerder schon öfters gemacht hatte und sich bereits ein Jahr zuvor den großen Saal hatte reservieren lassen.

Übereinstimmend wird berichtet, dass die Polizeibeamten um 20 Uhr im Waldhaus eintrafen. Dort wies man den Polizisten ihren Saal zu, der mit Gartenstühlen ausgestattet war, und wohl erst jetzt erfuhren sie, dass später der Bund für Menschenrecht eintreffen werde, der den größeren und schöneren Saal bekam. Dass die Homosexuellen den besten Saal erhielten sowie überhaupt die Tatsache, dass Lesben, Schwule und Polizisten im gleichen Haus feiern sollen, scheint Unmut ausgelöst zu haben. Laut Aussage des Toilettenpächters hätten die Polizisten schon im Vorfeld beschlossen, die Homosexuellen zu attackieren.

Um 23 Uhr legte der Dampfer der Lesben und Schwulen an. Der BfM schrieb, dass sie schon beim Verlassen des Dampfers und auf dem Weg zum Saal hämische und beleidigende Äußerungen der Polizisten hätten ertragen müssen, auf die jedoch niemand reagierte, denn die Neuankömmlinge zogen sich in den für sie reservierten Saal zurück.

Warum sich die Polizisten und deren Frauen belästigt fühlten, begründete Major Sander damit, dass sich „Professionelle" (männliche Stricher) und Männer in Frauenkleidern (es war Gerda von Zobeltitz[1]) unter den Ausflüglern befunden hätten. Ob es so war und wie Sander sie erkannt haben will, kann nicht verifiziert werden. Der BfM gab aber an, dass Frauen anwesend waren, und mutmaßte, dass die Polizisten vielleicht schon zu „umnebelt" waren, um den Unterschied zu erkennen.

Der weitere Verlauf wird dann wie folgt beschrieben: Es sei ständig zu Reibereien und dann auch zu Tätlichkeiten gekommen, die aber – so auch der Wirt Fritz Krause als Zeuge – von den Polizisten ausgingen. Im Zuge dieser Tätlichkeiten sei ein Schwuler durch ein Fenster geworfen worden, was auch seitens der Polizei zugegeben, jedoch auf einen einzigen betrunkenen Polizisten zurückgeführt wurde. Als die Streitereien anhielten, alarmierte Krause den in Rauchfangswerder stationierten Ortspolizeibeamten Heiderich, der das sogenannte Überfall-

1 Katja Koblitz, „In ihm hat die Natur das berühmte dritte Geschlecht geschaffen" – Gerda von Zobeltitz, ein Transvestit aus Weißensee, in: Sonntags Club/Jens Dobler, Verzaubert in Nord-Ost. Die Geschichte der Berliner Lesben und Schwulen in Prenzlauer Berg, Pankow und Weißensee, Berlin 2009, S. 58–80.

kommando, also eine Einsatzbereitschaft der Polizei, aus Köpenick herbeiorderte. Bereits vorher oder während das Überfallkommando eintraf, habe aber Sander soweit geschlichtet, dass beide Parteien in ihren Saal gingen.

Um drei Uhr nachts ist dann der Dampfer der Polizisten abgefahren, jedoch kurze Zeit später wieder umgekehrt. Über den Grund gibt es zwei verschiedene Versionen. Sander erklärte, was dann die meisten Zeitungen druckten, der Dampfer habe drei Beamte vergessen, weil diese noch gebadet hätten. Der BfM dagegen stellt fest, der Dampfer sei deswegen zurückgekehrt, weil sich nun einige Schwule – sich scheinbar in Sicherheit wiegend – am Ufer gezeigt hatten. Sander berichtete, diese hätten mit Sand und Steinen nach dem Dampfer geworfen und man habe befürchtet, dass die drei zurückgelassenen Polizisten von den Schwulen misshandelt werden könnten. Der *Berliner Lokalanzeiger* meldet dann auch, dass die drei Beamten von den Schwulen angegriffen und niedergeschlagen wurden.

Wie auch immer: Der Dampfer kehrte um, und mindestens zwanzig Polizisten, allen voran Sander, seien an Land gestürmt. Es entwickelte sich eine Schlägerei, in der die Beteiligten mit Kaffeetassen, Bierseideln und Zaunlatten aufeinander einschlugen, selbst die Wirtin wurde gewürgt und der Ortspolizist Heiderich niedergeschlagen.

Nach dieser Attacke zogen die Polizisten endgültig ab, aber der Ortspolizist hatte zwischenzeitlich wieder das Überfallkommando aus Köpenick alarmiert, sodass es erneut zu Schlägereien kam. Gegen vier Uhr schließlich zogen sich die Mitglieder des BfM auf ihren Dampfer zurück und traten den Heimweg an.

Am Montag wurde offiziell Beschwerde eingelegt. Das Kommando der Schutzpolizei leitete eine Untersuchung ein und veröffentlichte die Stellungnahme von Sander, in der dieser behauptete, dass die Homosexuellen mit dem Streit angefangen hätten. Die meisten Zeitungen aber berichteten objektiv über die Ereignisse und erwähnten sowohl den Polizeibericht als auch die entgegengesetzte Stellungnahme der Wirtsleute. Im März 1931 wurde das Ergebnis der Untersuchung bekannt gegeben. Die Staatsanwaltschaft stellte die Strafanzeigen und Schadensersatzklagen des BfM und des Wirtes ein, weil die Beamten nicht vorsätzlich, sondern lediglich in Notwehr gehandelt hätten. Wohl wurde zugegeben, dass die Wirtin einen Schlag abbekommen hatte und auch mit unflätigen Ausdrücken bedacht worden war, aber dies sei im Rahmen der Notwehrhandlungen, sozusagen im Eifer des Gefechtes geschehen.

9
Skandalszenen in der Komischen Oper

Am 8. Juli 1927 titelte das *Freundschaftsblatt*: „Demonstration der Homosexuellen! Skandalscenen in der Komischen Oper!“ Im anschließenden Hauptartikel berichtete der Vorsitzende des Bundes für Menschenrecht und Herausgeber des *Freundschaftsblattes* Friedrich Radszuweit von dem Ereignis. Demnach sei in James Kleins „Streng verboten“ in der Berliner Komischen Oper eine Szene mit dem Titel „Klub der Freunde“ zu sehen gewesen, in der die „homosexuell Veranlagten“ diffamiert würden. Sie würden klischeehaft dargestellt und übertrieben „Huch nein“ sagen, sie seien als Karikatur und als „arge Entgleisung“ gezeichnet. Unter das Publikum der Aufführung vom Montag, dem 27. Juni 1927, hätten sich daher Mitglieder des Bundes für Menschenrecht gemischt. Diese hätten just in einer Szene, als wieder „dieses alberne Huch nein“ laut wurde, gepfiffen, getrampelt und geschrien, so lautstark und lange, dass das Stück habe unterbrochen werden müssen, die Polizei gekommen sei und die Demonstrierenden kontrolliert habe. Radszuweit selbst sei zwar im Publikum gewesen, habe sich aber nicht an dem Tumult beteiligt; trotzdem sei er erkannt und von der Polizei, die in ihm den „Anführer“ vermutet habe, des Theaters verwiesen worden.

Soweit in aller Kürze der Artikel im *Freundschaftsblatt*. Immerhin: Wenn das Ereignis tatsächlich so stattfand und die geschilderten Fakten stimmen, dürfte es sich um die wahrscheinlich erste öffentliche Demonstration von Homosexuellen gehandelt haben. Aber stimmen die Fakten? Friedrich Radszuweit neigte nicht selten zu Übertreibungen.[1] Vielleicht hatte auch jemand aus dem Publikum bei der Szene gehüstelt und Radszuweit gleich einen Aufstand daraus gemacht.

Die Komische Oper, in der die Protestaktion stattfand, ist nicht identisch mit der heutigen Komischen Oper in der Behrenstraße in Berlin. Die damalige Komische Oper war ein Revuetheater, eine Varietébühne in der Friedrichstraße 104 unweit des Admiralspalastes im Haus Nr. 102, in dem in den „Goldenen Zwanzigerjahren" die Haller-Girls auftraten – damals das Nackteste, was es öffentlich gab, übertroffen nur von den James-Klein-Revuen in der Komischen Oper zwei Häuser weiter. Die beiden Theater wetteiferten um das meist internationale, sensationshungrige Publikum.

James Klein war einer der umstrittensten Regisseure der Zwanzigerjahre. Er wurde am 22. August 1884 in Berlin geboren und startete seine Theaterlaufbahn als Schauspieler im Alter von 19 Jahren am Stadttheater in Bonn. Es folgten Engagements in Stettin, Lübeck, Hagen und ab 1910 in Berlin. Im gleichen Jahr übernahm er als Pächter das Walhalla-Theater am Weinbergsweg 19/20, eines der ältesten Berliner Varietétheater. Doch schon zwei Jahre später meldete das Unternehmen Konkurs. Das dazugehörende Restaurant musste aus baupolizeilichen Gründen wieder schließen, außerdem war eine finanzierende Bank in Konkurs gegangen. Die Mitarbeiter kritisierten Klein heftig. Er sei nicht in der Lage gewesen, das Theater zu führen. Mangels Werbung habe es auch an Publikum gefehlt, Proben hätten so gut wie nicht stattgefunden, Gagen seien nur unzureichend gezahlt worden.[2]

1917 übernahm James Klein das Apollo-Theater in der Friedrichstraße 218. Offiziell war seine Frau Besitzerin, weil er wegen eines Offenbarungseides nicht geschäftsfähig war. Die Geschäfte liefen offenbar sehr gut, denn den Kleins gehörte das ganze Haus samt Grund-

1 Vgl. Jens Dobler, Von anderen Ufern. Geschichte der Berliner Lesben und Schwulen in Kreuzberg und Friedrichshain, Berlin 2003, S. 73.

2 LAB, A Pr. Br. Rep 030-05, Nr. 2428.

stück. 1921 kaufte er die Komische Oper in der Friedrichstraße 104 dazu, die 1922 eröffnete. Das Apollo verkaufte er 1925 wieder.

Spätestens seit Mitte der Zwanzigerjahre hatte sich Klein einen Namen als Skandalregisseur gemacht. „Er hat die Brustwarze für die Berliner Bühne entdeckt", schrieb der *Montag* in seiner Morgenausgabe vom 28. Juli 1924. In dem Stück „Piratenschiff" traten 1925 im Apollo Frauen mit entblößten Brüsten auf. Dies wurde polizeilich bemängelt, und Klein versicherte, dies zu ändern, was er jedoch nicht tat. Schon in einem der nächsten Stücke „Von A–Z" traten Schauspielerinnen erneut „oben ohne" auf. Neben diesem öffentlichen Skandal stand Klein auch wegen schleppender Gagenzahlung in der Kritik, weshalb immer wieder Schauspieler gegen ihn klagten. Außerdem bemängelte die Theaterpolizei, dass wiederholt Kinder entgegen der gesetzlichen Bestimmungen auch abends aufträten.[3]

1926 drohte Klein die Zwangsversteigerung der Komischen Oper, verbunden mit einem Konzessionsentzug. Und obwohl ihm das Haus samt Konzession tatsächlich entzogen wurde, startete er im Januar 1926 erneut in der frisch renovierten Komischen Oper, die sich jetzt „Revuetheater" nannte. Ein Geschäftspartner war mit Namen und Geld eingesprungen. Kleins Karriere setzte sich mit Vorwürfen, Prozessen und Strafbefehlen fort.[4]

1926 stand „Berlin ohne Hemd" auf dem Programm; und wieder waren nackte Frauen zu sehen. Das wohl bekannteste Stück stand 1928 auf dem Spielplan: „Zieh' Dich aus" mit nicht nur gut zwei Dutzend fast nackter Schauspielerinnen auf der Bühne, auch das aufwendig gestaltete Programmheft geizte nicht mit freizügigen Abbildungen.

Im Berliner Landesarchiv ist eine Akte mit 201 Zeitungsartikeln von 1921 bis 1926 aufbewahrt, die ausschließlich von „Klein-Skandalen" handeln[5] – wie zu erwarten keineswegs immer eine objektive Bericht-

3 LAB, A Pr. Br. Rep 030-05, Nr. 2429.

4 LAB, A Pr. Br. Rep 030-05, Nr. 2430.

5 LAB, A Pr. Br. Rep 030-05, Nr. 2431.

erstattung. *Das Deutsche Tageblatt* beispielsweise titelte am 22. Januar 1926: „Der Haftbefehl gegen den jüdischen Nackttanzdirektor". Es war deutlich eine Scheinmoral- und Neiddebatte. James Klein wurde zum Inbegriff der angeblichen Dekadenz der „Goldenen Zwanziger".

Suchten Friedrich Radszuweit und sein Bund für Menschenrecht mit ihrem Protest sich nun ausgerechnet James Klein aus, so sprang man hier auch auf einen bereits fahrenden Zug auf und versprach sich davon womöglich ein größeres Medienecho.

Das Stück „Streng verboten" von 1927 lässt sich heute leider nicht mehr vollständig rekonstruieren. 1927 erschien ein zehnseitiges Heft der Liedtexte im Rondo-Verlag, ferner im gleichen Jahr als Beilage des *Berliner Tageblattes* ein Notenblatt des Liedes „Streng verboten".[6] Laut Textbuch handelte es sich um ein „Volksstück" in 20 Bildern, bearbeitet und verfasst von James Klein und Carl Bretschneider. Der Inhalt der Lieder hatte wenig Tiefgang, ein Refrain etwa lautete: „Freu' dich Rosalinde, denn der Lenz ist da. Wilde Träume hat sogar der Großpapa. Wenn das Gänseblümchen blüht im Klee. Wird manch' Pärchen zur Fami-li-e."

Das Lied „Streng verboten ist die Liebe zwischen dir und zwischen mir" sang von der Versuchung, fremdzugehen, als Refrain erklangen die Zeilen:

> „Streng verboten ist die Liebe
> Zwischen dir und zwischen mir.
> Streng verboten sind die Triebe
> Zwischen dir und zwischen mir.

Vielleicht wurde eine Abwandlung dieses Liedes in jenem „Klub der Freunde" gesungen, jener kritisierten Szene im 14. Bild. Im Programmheft werden die einzelnen Szenen weder genannt noch beschrieben, und so muss offenbleiben, was dort im Detail dargeboten wurde.

6 Notenblatt „Streng verboten", in: Jede Menge Musik. Illustrierte Wochenschrift des Berliner Tageblatts 4 (1927), Nr. 21.

Die Theaterabteilung des Berliner Polizeipräsidiums, die sich nach der Störung der Aufführung des Falles annahm, legte keine eigenständige Akte an, sondern ordnete den Vorgang einer Sammelakte unter der Überschrift „Betr. die unzüchtigen und unsittlichen Darstellungen auf der Bühne (1898–1927)" zu.[7] Die chronologische Abfolge der Dokumente gibt eine gute Übersicht über das Ereignis: Der Vorsteher des Polizeireviers Mitte, Polizei-Oberleutnant Lange, berichtete am 28. Juni 1927 unter „Betrifft: Störung der Vorstellung in der Komischen Oper" Folgendes:

> „Am 27. 6. 27 um 10.40 Uhr nachm. wurde die Vorstellung in der Komischen Oper, Friedrichstr. 104, im 14ten Bild gestört. Im Parkett erhob sich der Buchhändler Friedrich Rad[s]zuweit […] und protestierte laut. Auf dies Zeichen hin fielen im II. Rang ca. 40 Personen pfeifend, johlend und trampelnd ein. 16 Personen[,] die der Aufforderung der Platzanweiser, sich ruhig zu verhalten bezw. das Theater zu verlassen, keine Folge leisteten, wurden polizeilich festgestellt.
> Anzeigen wegen Hausfriedensbruch sind erstattet. Die Direktion beabsichtigt[,] Strafantrag zu stellen.
> Die Vorstellung nahm nach Entfernung der Ruhestörer ihren Fortgang. Als der Vorhang nach dem letzten Bilde gefallen war, setzte erneutes Pfeifen und Lärmen für kurze Zeit ein, jedoch war es nicht möglich[,] weitere Ruhestörer festzustellen.
> Die festgestellten Personen gehören dem Verein: Bund für Menschenrechte e. V. […] an. Rad[s]zuweit ist 1. Vorsitzender dieses Bundes. Es handelt sich allem Anschein nach um eine homosexuelle Vereinigung."

So die polizeiliche Schilderung jenes Abends. Selbst wenn Lange nicht persönlich anwesend war, war zweifellos einer seiner Revierbeamten zugegen, sodass der Bericht wohl als authentisch anzusehen ist.

7 LAB, A Pr. Br. Rep. 030-05, Nr. 96, S. 209–214.

Zuständigkeitshalber ging der Vermerk an die Theaterabteilung im Polizeipräsidium. Diese schickte einen Beamten zur Aufführung am 30. Juni, um zu kontrollieren, ob es zu weiteren Protesthandlungen kommen würde – was aber nicht der Fall war.

Am 1. Juli 1927 fertigte das Polizeiamt Mitte eine Liste von nunmehr nur noch 14 Personen an, die am 27. Juni an dem Protest beteiligt waren. Der Sachverhalt wird noch einmal kurz wiederholt: Die Personen hätten mit Schlüsseln gerasselt, mit Trillerpfeifen gepfiffen und mit den Füßen getrampelt, um die Vorstellung zu stören. Einen Strafantrag wegen Hausfriedensbruchs hatte Hans Otto Boyen als „konzessionierter Direktor" der Komischen Oper bereits am 29. Juni 1929 gestellt. Die Kriminalinspektion Mitte versah diese Anzeige schon am 1. Juli mit dem handschriftlichen Vermerk: „Nach Lage der Sache sind die Tatbestandsmerkmale eines Hausfriedensbruchs (§ 123 R. St. G. B.) zur vorliegenden Anzeige nicht gegeben. Auch liegt an der weiteren Aufklärung dieser Sache ein kriminalpolizeiliches Interesse nicht vor." Der Vorgang sei zuständigkeitshalber an die Theaterabteilung abzugeben.

Am 6. Juli 1927 kontrollierte der Kriminal-Assistent Plath vom Außendienst der Theaterabteilung die Vorstellung und kam zu der bemerkenswerten Einschätzung: „Nach meinem Empfinden dürfte die Anstößigkeit dieser Szene bei gewissen Besucherkreisen durchaus im Bereiche der Möglichkeit liegen. Ich persönlich fand weder bei dieser Szene noch bei den übrigen Darbietungen einen Anlaß zur Beanstandung. Von Seiten des Publikums habe ich Mißfallensäußerungen nicht wahrgenommen." Am 16. Juli 1927 teilte die Theaterpolizei Hans Otto Boyen von der Komischen Oper mit, dass die Tatbestandsmerkmale eines Hausfriedensbruchs nicht gegeben seien und deswegen von einer strafrechtlichen Verfolgung Abstand genommen werde. Am 18. Juli 1927 kontrollierte Kriminal-Assistent Hetzel von der Theaterabteilung die Vorstellung und berichtete kurz: „Beim Bild 14 (im Klub der Freunde) war der Beifall sehr schwach." Eine Woche später kontrollierte Kriminal-Assistent Oder und meldete, dass bei Bild 14 überhaupt nicht geklatscht worden sei. Damit ging der Fall ad acta.

Die sistierten Personen bestätigen bislang Bekanntes über den Bund für Menschenrecht. Alle waren Arbeiterinnen und Arbeiter oder Angestellte, und ihr Alter lag zwischen 19 und 30 Jahren. Lediglich eine Frau war 50 Jahre alt, sie war die Einzige, die verheiratet war. Zwei Frauen und zwei Männer wohnten jeweils unter derselben Adresse – gut möglich, dass es sich um zwei Paare handelte. Bemerkenswert ist, dass mehr Frauen (8) als Männer (6) zu den polizeilich festgestellten Protestierenden gehörten, was ein weiterer Beleg dafür ist, dass es sich beim BfM auch real (und nicht nur vom Anspruch her) um einen gemischten Verband handelte. Möglicherweise gab es neben der allgemeinen tendenziösen und pseudomoralischen Kritik an James Klein auch eine spezielle feministische Kritik wegen seiner Zurschaustellung nackter Frauen, sodass viele weibliche Mitglieder zu aktivem Protest bereit waren.

Friedrich Radszuweit kündigte im eingangs erwähnten Artikel vom 8. Juli 1927 im *Freundschaftsblatt* an, dass der BfM weitere Aktionen gegen das Stück plane. Für den nächsten Tag hätten 150 Mitglieder Theaterkarten bei der Direktion bestellt. James Klein habe sich daraufhin an den Vorstand des BfM gewandt und sich bereit erklärt, das kritisierte Bild abzuändern. Radszuweit bilanzierte: „Dieser Vorgang zeigt uns, daß wir auch bei den politischen Parteien viel mehr erreichen würden, wenn die Mehrzahl der Homosexuellen nur die Courage hätte, öffentlich für ihr Recht einzutreten." Ferner teilte er mit, dass die „gesamte Berliner Presse" und ein Teil der Provinzpresse von dem Protest berichtet hätten.

Der Protest fand in einem Varietétheater statt, nicht in einem Opernhaus, und richtete sich gegen einen schlecht beleumundeten Regisseur, der vielfach kritisiert wurde und seit Jahren in einem negativen Licht der Aufmerksamkeit stand. Das nimmt der Aktion etwas von ihrer Strahlkraft. Dem Bund für Menschenrecht war es aber gelungen, gut 40 Mitglieder für einen öffentlichen Protest zu mobilisieren, bei dem damit zu rechnen war, dass die Polizei einschreiten, die Personalien aufnehmen und schlimmstenfalls sogar eine Anzeige wegen

Hausfriedensbruchs folgen würde. Nach eigenen Angaben sollte die Aktion fortgeführt werden. Ob die Aktion real Erfolg hatte und das Stück abgeändert wurde, ist nicht dokumentiert. Immerhin ist zeitgenössisch darüber berichtet worden, und sie hat als mutige Aktion bis heute im Bewusstsein der Lesben- und Schwulenbewegung überdauert. Nach bisherigem Erkenntnisstand handelte es sich nicht nur um die erste öffentliche Demonstration von Homosexuellen, sondern um eine Aktion zivilen Ungehorsams. Die gesellschaftliche Relevanz dürfte gering gewesen sein. Für den BfM aber dürfte sie ein wichtiger Meilenstein gewesen sein und Mut, Entschlossenheit und die Zusammenarbeit zwischen Lesben und Schwulen gestärkt haben.

10
Zensur homosexueller Schriften

Neben den Warnungen vor dem „homosexuellen Jugendverführer" wird in den Zwanzigerjahren verstärkt eine „homosexuelle Propaganda" hochstilisiert. Derartiges gab es zwar auch schon im Kaiserreich, und die konfessionellen Sittlichkeitsvereine sahen die „Bekämpfung unzüchtiger Schriften" als eine ihrer Hauptaufgaben an, doch gerade die Vielzahl von Zeitschriften- und Buchproduktionen, die sich ab 1919 an ein homosexuelles Publikum richteten, lösten verstärkt Gegenreaktionen aus. Anfang der Dreißigerjahre standen fast alle Homosexuellenzeitschriften auf den „Schundlisten" und durften nicht mehr öffentlich beworben werden.

Was auf gesetzlicher Ebene unterschieden wurde, war in Berlin auch auf der Ebene der polizeilichen Organisation aufgegliedert. § 184 des Strafgesetzbuches verbot „unzüchtige" Schriften, Bilder, Inserate und Gegenstände. Nach einigem organisatorischem Hin und Her war ab 1911 allein die neu geschaffene „Zentralpolizeistelle zur Bekämpfung unzüchtiger Schriften, Bilder und Inserate", die nicht zur Kriminalpolizei, sondern zur Theaterabteilung gehörte, für diesen Paragrafen zuständig. Diese Zentralpolizeistelle wird heute allgemein „Polunbi" genannt, obwohl dies nicht der zeitgenössische Begriff war.

Das ab 1927 zusätzlich geschaffene „Gesetz zur Bewahrung der Jugend vor Schund- und Schmutzschriften" war kein Strafgesetz. Auf der polizeilichen Ebene war in Berlin nicht die „Polunbi" für dessen Einhaltung zuständig, sondern eine in der Theaterabteilung neu eingerichtete Stelle. Diese organisatorische und personelle Trennung der Zensurangelegenheiten in sexuellen Fragen gab es, soweit überschaubar, nur in Berlin. In anderen Städten waren Sittlichkeitsdelikte und Zensuraufgaben in einem Dezernat bzw. Kommissariat bei der Kriminalpolizei zusammengefasst.

Zensur ist kaum je ein juristisch unstrittiger, sondern vielmehr ein politischer Begriff, der breite Spielräume für Interpretationen lässt. Nach der bürgerlichen Revolution vom März 1848 war in Deutschland die Präventivzensur – das Vorlegen einer Schrift gegenüber einem Zensor vor dem Druck – abgeschafft worden. 1919 wurde in der Weimarer Verfassung „Eine Zensur findet nicht statt" festgeschrieben. Trotzdem ist Rechtsanwalt Fritz Grünspach recht zu geben, der 1922 formulierte: „Die Wiedereinführung der Censur auf dem Umweg über die §§ 183 und 184 des Strafgesetzbuches und der Gerichte bedeutet einen gefährlichen Angriff gegen die Rechtssicherheit."[1] Anders formuliert: Wer zensieren wollte, fand noch immer einen Weg. Streng genommen stellte das Verbot unzüchtiger Schriften keine Zensur dar, sondern ein Vergehen gegen ein Strafgesetz.

Die Bekämpfung unzüchtiger Schriften

Der § 184 wurde 1871 in das Strafgesetzbuch für das Deutsche Reich eingeführt und war fast wortgleich aus dem Preußischen Strafgesetzbuch (dort § 151) übernommen worden. Der Text lautete: „Wer unzüchtige Schriften, Abbildungen oder Darstellungen verkauft, verteilt oder sonst verbreitet, oder an Orten, welche dem Publikum zugänglich sind, ausstellt oder anschlägt, wird mit Geldstrafe bis zu dreihundert Mark oder mit Gefängnis bis zu sechs Monaten bestraft." Wurde durch dieses Gesetz eine Schrift als „unzüchtig" erkannt, konnten alle noch gelagerten Exemplare sowie Druckplatten vernichtet werden. Dies betraf die Verfasser, Drucker, Herausgeber, Verleger und Buchhändler. Der private Besitz hingegen war nicht verboten, das Delikt stellte ein Vergehen dar.

1 Fritz Grünspach, Nackttänze, in: Die Zukunft 30 (1922), Nr. 24, S. 321.

Obwohl der Verfolgung „unzüchtiger“ Schriften ein Strafgesetz zugrunde lag, war in Berlin anfangs die Sittenpolizei und nicht die Kriminalpolizei zuständig.[2] Das kann als Indiz dafür gesehen werden, dass man diesem Aufgabenbereich keinen allzu großen Stellenwert einräumte.

Verschiedene Ereignisse lösten gegen Ende des Jahrhunderts jedoch eine Neubewertung der Sittlichkeitsfragen aus. Den Auftakt bildete der Mord an dem Nachtwächter Friedrich Braun im September 1887, der erst vier Jahre später mit der Verurteilung des Ehepaares Hermann und Anna Heinze seine justizielle Aufarbeitung erfuhr, aber weite politische Kreise zog. Da Hermann Heinze angeblich seine Frau gegen Geld verkuppelte und die Ermittlungen der Polizei in einem – so die mediale Darstellung – weitgehend rechtsfreien Raum („Rotlichtmilieu“) immer wieder zum Stocken kamen, wurden – permanent angeheizt durch die Sittlichkeitsvereine – Forderungen nach einer Strafverschärfung laut. Kurz vor dem Prozess trat Wilhelm II. an die Öffentlichkeit und kündigte eine Verschärfung der entsprechenden Gesetze an.[3] Obwohl der Fall mit „unzüchtigen Schriften“ nicht das Geringste zu tun hatte, wurde der § 184 in die Diskussion, welche Gesetze zu verschärften seien, hineingezogen. Der Gesetzentwurf „Gesetz betreffend Änderungen und Ergänzungen des Strafgesetzbuches“ des Abgeordneten Graf Hompesch zielte nicht mehr nur auf die Kuppelei- und Zuhältereiparagrafen 180, 181 und 181a, sondern nun auch auf die Verschärfung des § 184. Diese Gesetzesänderung, die 1900 umgesetzt wurde, ging als „Lex Heinze“ in die Geschichte ein, obwohl sie mit dem ursprünglichen Fall nichts mehr zu tun hatte.

Die Verschärfung ist jedoch zugleich als Gegenbewegung zu der Petition des Wissenschaftlich-humanitären Komitees (WhK) zur

2 Verwaltungsbericht des königlichen Polizei-Präsidiums von Berlin für die Jahre 1871–1880, Berlin 1882, S. 48.

3 Vgl. Philipp Müller, Auf der Suche nach dem Täter. Die öffentliche Dramatisierung von Verbrechen im Berlin des Kaiserreichs, Frankfurt a. M. 2005, S. 89; LAB, A Rep. 000-02-01, Nr. 2233.

Abschaffung der Strafbarkeit der Homosexualität 1897 zu sehen. Die Sittlichkeitsvereine liefen Sturm und starteten eine Gegenpetition. August Bebel nutzte im Reichstag die „Lex-Heinze-Debatte“, um auf die Petition des WhK aufmerksam zu machen. Der Prozess gegen den Millionär August Sternberg wegen sexuellen Missbrauchs von Kindern im gleichen Jahr löste eine Flut von Publikationen über Kinderprostitution, Mädchenhandel und die scheinbare Machtlosigkeit und Verstrickung der Behörden aus. Der aufgeheizten Stimmung war mit Sachargumenten nicht mehr beizukommen.

Mit der Gesetzesnovelle vom 25. Juni 1900 wurde der § 184 erheblich verschärft und der § 184a neu eingeführt. Bestraft werden konnte nun, wer „unzüchtige Schriften, Abbildungen oder Darstellungen feilhält, verkauft, verteilt oder an Orten, welche dem Publikum zugänglich sind, ausstellt oder anschlägt oder sonst verbreitet, sie zum Zwecke der Verbreitung herstellt oder zu demselben Zwecke vorrätig hält, ankündigt oder anpreist“. In Absatz 2 wurde es verboten, unzüchtige Schriften einer Person unter 16 Jahren zu überlassen oder anzubieten. Absatz 3 betraf Gegenstände, die zum unzüchtigen Gebrauche bestimmt waren, und Absatz 4 untersagte öffentliche Ankündigungen, die dazu bestimmt waren, unzüchtigen Verkehr herbeizuführen. Die Strafandrohung wurde auf bis zu ein Jahr Gefängnis und bis zu 1000 Mark Geldstrafe erhöht.

Zusätzlich wurde der § 184a „Gefährdung der Jugend durch schamlose Schriften“ eingeführt. Hierunter verstand man Schriften, Abbildungen oder Darstellungen, die nicht unzüchtig waren, aber trotzdem das Scham- und Sittengefühl in geschlechtlicher Beziehung „gröblich“ verletzen konnten. Bestraft wurde derjenige, der diese Schriften einer Person unter 16 Jahren verkaufte oder anbot. Es konnte auf Gefängnisstrafe bis zu sechs Monaten oder Geldstrafe bis zu 600 Mark erkannt werden. Mit der strafrechtlichen Benennung einer „schamlosen Schrift“, die nicht unbedingt „unzüchtig“ war, wurde ein breiter Interpretationsrahmen geschaffen, der 1926 mit dem Gesetz über Schund- und Schmutzschriften noch einmal erweitert wurde.

Neben diesem Strafgesetz existierten noch die §§ 56 Ziffer 12 und 42a der Reichsgewerbeordnung (RGO). Demnach waren vom öffentlichen Feilbieten im Straßenhandel ausgeschlossen: Druckschriften, andere Schriften und Bildwerke, insofern sie in sittlicher oder religiöser Beziehung Ärgernis zu erregen geeignet waren.

Im Zuge der Strafrechtsänderung kam es auch bei der Berliner Polizei zu einer Umorganisation auf dem Gebiet der Bekämpfung unzüchtiger Schriften. Um 1899 wurde eine Kriminalpatrouille („Kunstpatrouille"), bestehend aus zwölf Kriminalschutzmännern, zur „Unterdrückung der Ausstellung und des Anbietens unzüchtiger und schamverletzender Abbildungen und Darstellungen" gebildet. Diese Verlagerung in den Zuständigkeitsbereich der Kriminalpolizei wurde wie folgt begründet: „Die immer häufiger werdende öffentliche Auslage anstoßerregender Bilder und Gegenstände droht zu einer ernstzunehmenden Gefahr für die allgemeine Sittlichkeit zu werden, der gegenüber die vordem von der Sittenpolizei gehandhabte Überwachung sich als unzureichend erwies."[4] Im Februar 1902 wurde der Bereich vollständig neu strukturiert. Die Politische Polizei, bei der die politische Zensur angesiedelt war, übernahm einen Großteil des Arbeitsgebietes von der Sittenpolizei. Bei der Sittenpolizei verblieb die Verfolgung unzüchtiger Postkarten, unzüchtiger Gegenstände (§ 184 Nr. 3) und unzüchtiger Inserate und Werbeanzeigen, zum Beispiel empfängnisverhütender Mittel (§ 184 Nr. 4). Die Kriminalpolizei behielt die „Kunstpatrouille". Die Theaterabteilung, die bereits für die Theaterzensur zuständig war, übernahm die Kontrolle der Druckschriften nach § 56 RGO und die Gewerbepolizei die Bearbeitung dieser Strafanzeigen aus der RGO.[5] Ab diesem Zeitpunkt waren also fünf verschiedene Polizeiabteilungen mit dem Gebiet befasst. Um 1910 wurde der Zuständigkeitsbereich der

4 Dritter Verwaltungsbericht des königlichen Polizei-Präsidiums von Berlin für die Jahre 1891 bis 1900, Berlin 1902, S. 483.

5 Amtliche Nachrichten des königlichen Polizei-Präsidiums zu Berlin Nr. 35, 11. 2. 1902.

Sittenpolizei weiter verschlankt, ihr Arbeitsbereich sollte nun für kurze Zeit das Homosexuellendezernat mit übernehmen. Hans von Tresckow schrieb: „Dieses war mir wenig angenehm, da auf diesem heiklen Gebiet kaum Lorbeeren zu ernten sind. Mit polizeilichen Maßnahmen, die trotz guten Willens oft verfehlt sind, läßt sich hier wenig ausrichten. Ich überließ daher die Bearbeitung dieser Materie größtenteils einem anderen jüngeren Kollegen namens von Behr."[6] Detloff von Behr war seit 1910 in der Berliner Polizei zunächst als „interimistischer" Kriminalkommissar angestellt. Da man die Bearbeitung eines Gebietes einem Neueinsteiger überließ, war die Wichtigkeit des Themas auch zu diesem Zeitpunkt noch sekundär.

Ähnlich wie schon 1903, als aufgrund des Internationalen Abkommens zur Bekämpfung des Mädchenhandels im Berliner Polizeipräsidium die reichsweit zuständige „Zentralpolizeistelle zur Bekämpfung des Mädchenhandels" eingerichtet wurde, fanden auf internationalem Parkett Vorbereitungen einer internationalen Ächtung pornografischer Schriften statt, vor allem, weil viele Schriften im Ausland gedruckt wurden und man deswegen nur der Händler, nicht aber der Hersteller habhaft werden konnte. Neben dem ernsthaften Interesse an der Eindämmung von Mädchenhandel und Pornografie spielten aber gleichermaßen die Interessen der Sittlichkeitsvereine eine wesentliche Rolle. 1908 und 1910 fanden in Paris die entscheidenden Kongresse gegen Pornografie statt, die am 4. Mai 1910 in dem internationalen „Abkommen zur Bekämpfung der Verbreitung unzüchtiger Veröffentlichungen" mündeten, das jedes Land verpflichtete, eine Zentralstelle einzurichten. Diese wurde am 12. August 1911 als „Zentralpolizeistelle zur Bekämpfung unzüchtiger Schriften, Bilder und Inserate beim Preußischen Polizeipräsidium in Berlin" gegründet und der Theaterabteilung zugeordnet.[7] Leiter der Theaterabteilung war Ober-

6 Tresckow, Von Fürsten, S. 150.

7 Amtliche Nachrichten des königlichen Polizei-Präsidiums zu Berlin Nr. 196, 22. 8. 1911.

regierungsrat Kurt Karl von Glasenapp, die Leitung der neu eingerichteten Zentralpolizeistelle übernahm Polizeirat Otto Cortenne; einziger Kriminalkommissar war der bereits erwähnte Detloff von Behr. Ihnen standen ein Polizeisekretär und ein Kanzlist zur Seite; 1914 kamen ein Kriminalwachtmeister und sieben Kriminalschutzmänner dazu. Die Zentralpolizeistelle wurde laut ihrer Telegrammadresse „Polunbi" („Polizei-Unzüchtig-Bilder") genannt, im Behördenverkehr aber offiziell als „ZBU" („Zentral-Bilder-Unzüchtig") geführt.[8] Alle Zuständigkeiten der Kriminalpolizei und der Politischen Polizei gingen jetzt in den Arbeitsbereich der „Polunbi" über. Aufgabe der Zentralpolizeistelle war es, die Herstellung, den Handel und die Anpreisung unzüchtiger Bilder, Schriften und Gegenstände zu beobachten, planmäßig zu überwachen, die Erfahrungen zu sammeln, Verzeichnisse der Gegenstände als auch der beschuldigten Personen anzulegen und sie sowohl national an Staatsanwaltschaften und Polizeistellen als auch international an die Partnerstaaten weiterzugeben.

Anhand der Verbote der unzüchtigen Bücher und Zeitschriften kann man recht gut sowohl die Bedeutung des § 184 nachzeichnen als auch ersehen, dass mit dem Aufkommen der Massenartikel Buch und Zeitschrift immer mehr Titel mit erotischem Inhalt auf den Markt kamen. Von 1875 bis 1921 waren insgesamt 2538 Schriften nach § 184 verboten worden. In den ersten elf Jahren, bis 1885, waren es pro Jahr stets unter zehn Titel gewesen, bis 1894 jährlich ungefähr 20 Titel. 1895 stieg die Zahl der indizierten Titel auf 192 an, um sich schließlich bis 1902 wieder auf durchschnittlich 20 Titel jährlich einzupendeln. Von 1902 bis 1914 stiegen die Verurteilungen trotz starker Schwankungen kontinuierlich an. Den Höhepunkt bildete das Jahr 1912 mit 450 inkriminierten Titeln. Im Ersten Weltkrieg sanken die Zahlen deutlich bis auf drei Titel im Jahr 1918 ab. Erst 1920 stieg die Zahl wieder auf 107

8 Kampf gegen Schmutz und Schund, in: Märkische Volks-Zeitung 46. Jg., 12. 1. 1934, Nr. 11; vgl. zur Geschichte der „Polunbi" auch: Gotthold Leistner, „Polunbi". Eine polizeihistorische Studie, Chemnitz 2006.

indizierte Schriften an.[9] Paul Englisch, der bekannteste zeitgenössische Autor zum Thema erotische Literatur, berichtet, dass das Gesetz während des Krieges zur Hebung der Kriegsmoral eher lax gehandhabt wurde, räumt aber auch ein, dass viele Polizeibeamte eingezogen waren, sodass dieses Arbeitsgebiet brachlag.[10] Tatsächlich war die „Polunbi" – bedingt durch den Ersten Weltkrieg – praktisch nicht mehr existent. Das internationale Abkommen zur Pornografiebekämpfung wurde durch den Krieg zunächst hinfällig, durch den Versailler Vertrag aber wieder in Kraft gesetzt.[11] Formal wurde erneut das Polizeipräsidium in Berlin mit der Wahrnehmung der Aufgaben beauftragt. Am 30. April 1921 konnte die „Polunbi" ihre wieder Arbeit aufnehmen; ansässig war sie jedoch nicht im Polizeipräsidium am Alexanderplatz, sondern in der Magazinstraße 3–5, dem sogenannten kleinen Polizeipräsidium. Organisatorisch war sie wieder der Theaterabteilung unterstellt, weil die Kriminalabteilung aus Geldmangel ablehnte. Die Zentralpolizeistelle nahm alle verbotenen und der Unzucht verdächtigen Bücher und Schriften in einen Katalog („Polunbi-Katalog") auf, der in fünf Auflagen und Nachlieferungen bis 1936 erschien.[12]

So vielfältig die Aufgaben der „Polunbi" waren, so vielfältig waren ihre Bezüge zur homosexuellen Thematik. Zunächst ist festzuhalten,

9 Verzeichnis der auf Grund der §§ 184 Ziffer 1, 41 Reichsstrafgesetzbuch rechtskräftig unbrauchbar zu machenden unzüchtigen Schriften, Berlin 1920 (mit Nachtrag Nr. 1, Berlin 1921).

10 Paul Englisch, Verbotene erotische Literatur im Kriege, in: Magnus Hirschfeld (Hrsg.), Sittengeschichte des Weltkrieges, 2. Bd., Leipzig/Wien 1930, S. 406–408.

11 Erneuert wurde es in der „Internationalen Übereinkunft zur Bekämpfung der Verbreitung und des Vertriebes unzüchtiger Veröffentlichungen" vom 12. November 1923: RGBL (Reichsgesetzblatt), 1925 II, S. 288; GStA, I. HA, Rep. 77, Tit. 2772, Nr. 1A, Bd. 1.

12 Der „Polunbi-Katalog" erschien nur für den internen Dienstgebrauch, weswegen er heute in Bibliotheken sehr selten überliefert ist. Vgl. Jens Dobler, Die Zensur unzüchtiger Schriften 1871 bis 1933, in: Archiv für Polizeigeschichte 14 (2003), Nr. 40, S. 34–45.

dass Bücher und Zeitschriften über Homosexualität, sofern sie sachlich und wissenschaftlich gehalten waren, nicht unter den § 184 fielen. Selbst die Schriften von Karl Heinrich Ulrichs aus den Jahren von 1864 bis 1879 wurden nicht generell verboten. Ein Verbot konnte nur dann ausgesprochen werden, wenn homosexueller Verkehr detailliert oder propagierend dargestellt wurde, wenn sich Bilder mit deutlich sichtbaren Geschlechtsteilen darin befanden oder – wie bei Zeitschriften – Kontaktanzeigen abgedruckt waren.

Exemplarisch zeigt dies der Vorgang rund um die Broschüre des Wissenschaftlich-humanitären Komitees (WhK) „Was muss das Volk vom dritten Geschlecht wissen!" von 1901, die in einer Massenauflage für 20 Pfennig im Buchhandel erschienen war. Der harmlose, aufklärende Inhalt der Broschüre hätte niemals für ein Verbot nach § 184 ausgereicht. Trotzdem untersagte Polizeipräsident Ludwig von Windheim Anfang des Jahres 1902 den Vertrieb, und zwar nach der RGO. In einem Schreiben an das WhK begründete Windheim das faktische Verbot: „Auf die Vorstellung vom 15. v. Mts. eröffne ich dem Komitee hierdurch, dass ich mich auch nach nochmaliger Prüfung der Flugschrift: ‚Was muss das Volk vom dritten Geschlecht wissen' nicht veranlasst finde, meine Verfügung vom 11. Januar […] betreffend die Ausschliessung dieser Schrift vom Strassenhandel zurückzunehmen. Es muss zwar anerkannt werden, dass die Flugschrift im Grossen und Ganzen wissenschaftlich und objektiv gehalten ist und sich namentlich auch von jeder lüsternen und indezenten Schreibweise fernhält; nichtsdestoweniger vermag ich deren Vertrieb im Wege des Strassen- beziehungsweise Kolportagebuchhandels zu dem billigen Preis von 20 Pfennigen und die hieraus notwendig sich ergebende Verbreitung unter der breiten Masse der Bevölkerung im Hinblick auf die Vorschriften in den §§ 56 Ziffer 12 und 42a der Reichsgewerbeordnung für zulässig nicht zu erachten."

Die Maßnahme richtete sich also deutlich gegen eine „Propagierung" von Homosexualität, und tatsächlich war angebliche Propaganda Beweggrund für die meisten Verbotsverfahren.

In einer Stellungnahme ihres Tätigkeitsfeldes führte die „Polunbi“ gegenüber dem Innenministerium Anfang der Zwanzigerjahre über homosexuelle Zeitschriften aus: „Eine dritte Art [der Zeitschriften] endlich dient der Propagierung der Homosexualität oder anderer sexueller Verirrungen und verletzt die Gefühle der Allgemeinheit dadurch, dass sie die perverse Geschlechtlichkeit der normalen als ebenbürtig oder gar überlegen an die Seite stellt.“[13] Da aber eine Propagierungshandlung juristisch ohne Belang war – der § 184 legte eindeutig fest, dass entweder eine objektiv feststellbare Obszönität, die einen geschlechtlichen Reiz hervorzurufen anstrebe, vorhanden sein oder eine Anpreisung vorliegen müsse, die einen unzüchtigen Verkehr möglich mache oder herbeizuführen geeignet sei –, mussten Anhaltspunkte gefunden werden, die ein Verbot begründeten.

Noch vor der Wiederinstallierung der „Polunbi“ 1921 wurde versucht, die Homosexuellenzeitschrift *Die Freundschaft* zu verbieten. 1919 wurde die Zeitschrift als Organ des „Deutschen Freundschafts-Verbandes“ im Verlag Karl Schultz gegründet und kann zumindest in den Anfangsjahren als politisches Organ der Homosexuellenbewegung angesehen werden, denn auch das WhK war engstens involviert. Sie erschien bis 1923 wöchentlich, dann bis 1933 monatlich, verlor später aber ihre politische Bedeutung. Neben Literatur und Prosa erschienen aktuelle Meldungen zu Fragen der Homosexualität, Verbandsnachrichten, Fahndungsaufrufe der Polizei, aber auch Inserate und Kleinanzeigen. Max Danielsen, einer der Redakteure der *Freundschaft*, schreibt, dass „einflussreiche politische Kreise“, so Staatssekretär Theodor Lewald vom Reichsamt des Innern, der namentlich die Anzeige an den preußischen Justizminister gestellt habe, hinter dem Verbotsverfahren stünden. Das Verfahren zog sich von 1919 bis 1921 hin. Im März 1920 wurde Herausgeber Karl Schultz vom Landgericht zunächst freigesprochen.

13 GStA, I. HA, Rep. 77, Tit. 2772, Nr. 1, Bd. 1.

Im Hauptverfahren am 21. und 22. Juni 1921 waren Schultz und der damalige Chefredakteur Lange abermals angeklagt.[14] Nach der ersten Niederlage 1919 versuchte man offensichtlich, mehrgleisig vorzugehen. Die Theaterabteilung kündigte am 23. Dezember 1920 beim Minister für Volkswohlfahrt an, dass man *Die Freundschaft* aufgrund der RGO insbesondere vom Straßenhandel ausschließen wolle, und bat um ein Gutachten, das folgende Fragen beantworten sollte: „1. Wie ist die Homosexualität im allgemeinen zu beurteilen? 2. Ist seine Propaganda als gegen die Volksgesundheit verstoßend und in geschlechtlicher sittlicher Beziehung als Ärgernis erregend zu bezeichnen? 3. Besteht die Möglichkeit, daß Menschen mit normalem Geschlechtsempfinden, insbesondere in der Pubertätszeit, durch Lektüre und Beispiele zu Homosexuellen erzogen werden?" Die Theaterabteilung bat um Eile und legte 50 Ausgaben von *Die Freundschaft* bei. Das Wohlfahrtsministerium konnte in Karl Bonhoeffer einen Gutachter finden, der nicht nur in diesem Prozess, sondern auch in den folgenden der Weimarer Zeit als Gegenspieler auftrat und sich auch ansonsten als erbitterter Kontrahent insbesondere Hirschfeld gegenüber artikulierte.[15] Bonhoeffer sah die Verführung zur Homosexualität durch entsprechende Lektüre „homosexueller sexualpathologischer Literatur" gegeben. Mit diesem Experten im Rücken verzichtete man offensichtlich auf die RGO und ermittelte wegen § 180 (Kuppelei) und § 184. Kuppelei bezog sich auf die abgedruckten Kontaktanzeigen, durch die die Möglichkeit, unzüchtigen Verkehrs (nach § 175) herbeizuführen, gegeben war.

14 Amtliche Quellen zum Prozess: GStA, I. HA, Rep. 76 VIII B, Nr. 2076; der Hauptvorgang des Prozesses dürfte sich auf den Seiten 48 bis 71 der Akte GStA, I. HA, Rep. 77, Tit. 2772, Nr. 2A, Bd. 1 (Tätigkeitsberichte der „Polunbi" 1920–1925) befunden haben. Diese Seiten sind jedoch von unbekannter Seite aus der Akte entfernt worden, sodass sich der Vorgang nicht lückenlos darstellen lässt.

15 Vgl. Kurt Richter, Der Kampf gegen Schund- und Schmutzschriften in Preußen, Berlin 1931, S. 62 ff.

Nachdem Karl Schultz im März 1920 zunächst freigesprochen worden war, setzte man Anfang 1921 nach. Das Amtsgericht Berlin-Mitte ließ von Februar bis März die Nummern 5, 6, 8 und 10 der *Freundschaft* beschlagnahmen, weil über die Kontaktanzeigen ein widernatürlicher Verkehr herbeigeführt werden könne und die Zeitschrift deswegen als unzüchtige Schrift anzusehen sei.[16] Diese erneuten Verfahren führten nun zum großen „*Freundschafts*-Prozess" im Juni 1921. Sowohl die Staatsanwaltschaft als auch die Verteidigung (Ernst Emil Schweitzer und Theodor Ahrens) luden eine große Anzahl namhafter Experten vor: neben Magnus Hirschfeld Arthur Kronfeld, der Chirurg Richard Mühsam, Karl Bonhoeffer, der Intendant des Staatstheaters Leopold Jessner sowie der pensionierte Hans von Tresckow und vom Homosexuellendezernat Heinrich Kopp und Kriminalwachtmeister Jaap. Kopp, der ja bereits selbst in *Die Freundschaft* geschrieben hatte, betonte, dass die Zeitschrift ein „wertvolles, sittlich und ethisch reines Blatt" sei und dass nach seinen langjährigen Erfahrungen Homosexualität angeboren sei. Tresckow habe zunächst eine schwankende Haltung eingenommen, dann aber Kopp zugestimmt.[17] Insofern war es auch ein Prozess des Homosexuellendezernats gegen die „Polunbi", was der Reputation von Kopp innerhalb des Polizeipräsidiums sicherlich nicht gutgetan hat. Schultz wurde schließlich zu sechs Wochen und Lange zu zwei Wochen Gefängnis verurteilt.

Die Freundschaft hatte da bereits begonnen, die Kleinanzeigen im Extrablatt *Merkur* abzudrucken, das nur die Abonnenten erhielten, nicht aber den Ausgaben des Straßenhandels beigelegt war. Trotzdem wird der Gesamtjahrgang 1922 als zum Teil unzüchtig verurteilt.[18]

16 Deutsches Fahndungsblatt 23 (1921), Stück 6612, 22. 2. 1921; Stück 6622, 5. 3. 1921; Stück 6627, 11. 3. 1921; Stück 6638, 24. 3. 1921.

17 Die Freundschaft 3 (1921), Nr. 26; 4 (1922), Nr. 40; vgl. auch Tresckow, Von Fürsten, S. 110.

18 Verzeichnis der auf Grund der §§ 184 des Reichsstrafgesetzbuches eingezogenen und unbrauchbar zu machenden sowie der als unzüchtig verdächtigen Schriften (Polunbi-Katalog), Berlin 1926, S. 66.

1923 kam es zu weiteren Beschlagnahmeaktionen, sodass das Heft im Februar 1923 eingestellt werden musste und ab Mai dann in neuer Aufmachung und mit neuen Redakteuren monatlich erschien.[19] *Die Freundschaft* war eine auflagenstarke Zeitschrift mit wichtigen Unterstützern im Hintergrund. Kleinere Zeitschriften haben und hätten ähnliche Prozesse nicht überstanden.

Während ihres gesamten Bestehens wurde auch die Zeitschrift *Der Eigene* von Adolf Brand mit ähnlichen Prozessen überzogen. In den Zwanzigerjahren betraf es zudem Brands Zeitschrift *Freundschaft und Freiheit*, was vermutlich mit ein Grund dafür war, sie nach gut einem Jahr wieder einzustellen. Auch von der Lesbenzeitschrift *Frauenliebe* wurden mehrere Ausgaben verboten. Praktisch alle Homosexuellenzeitschriften standen unter permanenter Überwachung. In den Akten der „Polunbi" wurden außer den genannten die Zeitschriften *Der Hellasbote*, *Blätter für Menschenrecht*, *Die Fanfare*, *Die Insel*, *Die BiF* (Blätter für ideale Frauenfreundschaft) und *Die Freundin* als „pornographie-verdächtig" geführt.

Mit dem § 184 konnte keine Zeitschrift in Gänze verboten werden. Verurteilt werden konnten nur einzelne Nummern, nachdem sie erschienen waren. Das sicherte zumindest den Abonnenten ihre Exemplare. Die Verleger oder Redakteure konnten zu Geldstrafen oder Gefängnis verurteilt werden, was sich im Wiederholungsfalle strafverschärfend auswirken konnte, der Zeitschriftentitel selbst unterlag jedoch nicht dem Verbot. War der Verleger weiter in der Lage zu produzieren, konnte auch die Zeitschrift weiter erscheinen. Bücher konnten ebenfalls zunächst erscheinen und erst nachträglich mit einem Verbotsverfahren belegt werden.

Nicht nur war es Zeitschriften verboten, „unzüchtige" Kontaktanzeigen abzudrucken, auch das Aufgeben einer solchen Anzeige war verboten. Insofern musste die „Polunbi" in den einschlägigen Zeitschriften alle Kontaktanzeigen überprüfen und Ermittlungsverfahren einleiten,

19 JfsZ 23 (1923), S. 240 f.

wenn sie die Anzeige als „unzüchtig" einstufte. Um die Unzüchtigkeit der Inserate zu beweisen, musste die „Polunbi" auf die Anzeigen antworten, um so an den Urheber heranzukommen. In der Nummer 13 der homosexuellen Zeitschrift *Blätter für Menschenrecht* aus dem Jahr 1923 war folgendes Inserat abgedruckt: „Reitunterricht wünscht junger Herr 35 Jahre von Fachmann. Pferdematerial vorhanden. Offert. unt. Sportsmann NW 87, postlagernd." Die „Polunbi" antwortete darauf: „Berlin, den 18. August 1923. Sehr geehrter Herr! Da ich Fachmann im Reitunterricht bin, melde ich mich auf Ihr Inserat in ‚Blätter für Menschenrechte' vom 11. d. Mts. und erbitte recht bald einige ausführliche Zeilen. Bis dahin besten Gruss. Als Lagerkarte 246 W.57." Darauf kam als Antwort: „Berlin 20. 8. 1923. Sehr geehrter Herr! Im Besitze Ihrer Zeilen auf das Inserat ‚Reitunterricht' glaube ich kaum, dass Sie den Sinn derselben richtig erfasst haben. Es ist kein Reiten zu Pferde gemeint, sondern das Reiten a la Marquis de Sade, falls Sie sich für diesen Sport interessieren und den Dress-Reitstiefel, Sporen, Peitsche besitzen, ebenfalls den dazu gehörenden Schneid und ein energisches Auftreten haben, könnten wir über die weiteren Bedingungen verhandeln. Gegebenenfalls erbitte ich Ihre Nachricht vorläufig unter Sportsmann NW 87. Sind sie perfekter Segler, so könnten wir auch öfter mit meinem Boot nette Touren machen." Diese eindeutige Antwort erfüllte den Tatbestand des Herbeiführens eines unzüchtigen Verkehrs. Der Fabrikbesitzer Hermann Schneeweiss aus Berlin wurde daraufhin am 20. November 1923 vom Landgericht nach § 184 zu einer Billion Mark Strafe verurteilt. In der Urteilsbegründung hieß es:

> „Was den Rahmen des Inserats anlangt, so ist es gerichtskundig, dass die Zeitschrift ‚Blätter für Menschenrecht' ein für die Kreise homosexuell veranlagter Menschen bestimmtes Publikationsorgan ist und dass in ihrem redaktionellen Teile beinahe ausschließlich Fragen behandelt werden, welche gerade in den Interessenbereich dieser Personengattung fallen. Wenn in dem Inseratenteil gerade einer solchen Zeitschrift eine Annonce mit dem Inhalt der in Rede

> stehenden veröffentlicht wird, so kann und wird kein einziger Mensch von einiger Welterfahrung und Kenntnis der Verirrungen des Geschlechtslebens einer- und der grossstädtischen Verhältnisse und Sitten andererseits annehmen, dass es dem Aufgeber der Anzeige im Ernste darum zu tun gewesen ist, einen Reitlehrer zu finden, dass [sich] die Anzeige vielmehr an solche Personen richten sollte, welche zur Anknüpfung homosexueller Beziehungen mit dem Inserenten geneigt wären. Dass ein homosexueller Verkehr aber als ein unzüchtiger zu erachten ist, weil er gegen Scham, Zucht und Sitte in geschlechtlicher Beziehung gemäss dem allgemeinen Volksempfinden verstösst, bedarf keiner näheren Ausführung."[20]

Auch ein Inserat in der Nummer 23 der *Blätter für Menschenrecht* aus dem Jahr 1924 erregte die Aufmerksamkeit der „Polunbi". Es lautete: „Berliner Industrieller sucht für seine 19jährige Schwester energische Dame als Erzieherin sowie gleichaltriges junges Mädchen aus gutem Hause als Erziehungsgefährtin. S.W. 48 Lagerkarte." Erneut folgte eine zurückhaltend neutrale Anfrage der „Polunbi", die Antwort kam am 20. Januar 1924: Ohne Umschweife gestand der Schreiber, dass er eine Sadistin, „die etwas lesbisch veranlagt" ist, für ihn und seine masochistische Bekannte suche. Diesmal gab es mehrere Schreiben. Die fingierte Schreiberin drängte auf ein Treffen, vereinbart wurde dann im Januar 1924 ein Treffen in „Willys Diele" am Kurfürstendamm. Dort erfolgte die Festnahme. Angeklagt wurden Paul Asch aus Berlin sowie der Redakteur Karl Hanisch. Asch wurde zu 500 Goldmark und Hanisch zu 45 Goldmark Strafe verurteilt. Hanisch argumentierte, er habe nicht wissen können, dass über die Anzeige unzüchtiger Verkehr herbeigeführt werden solle, Asch sagte aus, ihm sei es nur um das Schreiben der Briefe gegangen, nicht um die Herbeiführung realer sexueller Handlungen.[21]

20 GStA, I. HA, Rep. 77, Tit. 2772, Nr. 2A, Bd. 1.

21 GStA, I. HA, Rep. 77, Tit. 2772, Nr. 2A, Bd. 1.

Manchmal liefen die Versuche der „Polunbi“ dagegen ins Leere. In der Nummer 2 der *Blätter für Menschenrecht* von 1924 erschien folgendes Inserat: „Künstler 45 Jahre, angenehme Erscheinung, sucht Bekanntschaft zu sympathisch, edelgesinnter Dame zwecks Geselligkeit und Freundschaft. [Stichwort:] ‚Modestus'.“ Der Antwortbrief der „Polunbi“ vom 27. Februar 1924 ließ offen, ob es sich um eine Frau oder einen Mann handelte. In der Antwort schilderte sich der Inserent zwar als „normal“, doch seien seine Beziehungen zu Frauen nicht immer reibungslos verlaufen. Deswegen annonciere er in den *Blättern* für Menschenrecht. Er sei ein großer Kunstliebhaber und selbst Bildhauer. Eindeutig sexuelle Inhalte folgten nicht. Die „Polunbi“ hakte am 10. März nach, um was es eigentlich genau gehe und warum er in den *Blättern* für Menschenrecht annonciere. Er antwortete: „Ich weiß nicht einmal, ob sie Weib oder Mann sind. Vielleicht oder hoffentlich keines von Beiden. [...] Wie schon bemerkt, ist meine Abweichung vom Normalen mehr seelischer Natur als äusserlich.“ Wieder nichts eindeutig Verwertbares. Trotzdem wurde Anklage gegen Paul Mauske aus Berlin erhoben. Die Staatsanwaltschaft stellte das Verfahren ein, da nicht widerlegt werden konnte, dass es Mauske wirklich um eine Ehe ging, dann wäre das Inserat nicht unzüchtig gewesen. Das Wort „Modestus“, das auf einen masochistischen Hintergrund hinweise, bleibe aber bedenklich.[22]

Aus den Unterlagen der „Polunbi“ geht hervor, dass die Antworten von einer „Vertrauensperson der Kriminalpolizei“ geschrieben wurden. Die Anfragen waren in der Regel sehr neutral gehalten, oft wurde nach möglichen Kosten und dergleichen gefragt. Solcher „Vertrauenspersonen“ bediente sich die „Polunbi“ auch, um zeitnah von frisch produzierten Bildern und Büchern zu erfahren. Ende der Zwanziger-, Anfang der Dreißigerjahre hatte sich der Schriftsteller und Herausgeber Ernst Schertel auf die Produktion von Zeitschriften und Büchern im Bereich des Sadismus-Masochismus verlegt und dafür die „Studien-

22 GStA, I. HA, Rep. 77, Tit. 2772, Nr. 2A, Bd. 1.

gesellschaft für Triebforschung" gegründet, innerhalb derer ein Großteil der Produktionen vertrieben wurde. Die „Polunbi" hatte eine Vertrauensperson in die Studiengesellschaft eingeschleust, um schnell an die neuesten Produktionen heranzukommen.[23] Konnte ein Verfahren zügig durchgeführt werden, war es noch möglich, große Bestände in den Druckereien oder bei den Lageristen zu beschlagnahmen, bevor sie in den Handel kamen.

Ein weiteres wichtiges Tätigkeitsfeld der „Polunbi" war das Aufspüren „unzüchtiger" Bilder und Abbildungen, insbesondere Postkarten, die vor allem vor 1918 zu Zehntausenden meist unter der Hand vertrieben wurden. Neben pornografischen Abbildungen bestand die große Masse jedoch aus Reproduktionen von klassischen Kunstwerken (Rubens, van der Werff u. a.) oder sogenannten Pikanterien, also witzigen, zweideutigen Zeichnungen. In ihrem Tätigkeitsbericht 1922 schreibt die „Polunbi": „Der Vertrieb unzüchtiger Bilderpostkarten ist ganz erheblich zurückgegangen. Die Verfolgung der Reproduktionen gewisser klassischer Kunstwerke muß m. E. eingestellt werden, weil diese Darstellungen nicht mehr geeignet sind, das allgemein im deutschen Volk herrschende Scham- und Sittlichkeitsgefühl zu verletzten."[24] Ganz so eindeutig war es jedoch nicht. Richard Linsert vom WhK schrieb in Bezug auf die Dokumentation der Arbeit der „Polunbi" während der Großen Polizeiausstellung 1926 in Berlin: „Man war einigermaßen überrascht, unter den als unzüchtig erklärten Bildern Werke anerkannter Künstler zu finden, und es gehörte schon manchmal einige Phantasie dazu, um ihren unzüchtigen Charakter zu entdecken. Man konnte sich hier des Eindrucks nicht erwehren, daß das Bestreben der Polizei, auch den Erwachsenen zu bevormunden, die Grenze des Erlaubten bei weitem überschritt."[25]

23 ADW, CA, Gf/St., Nr. 228.

24 GStA, I. HA, Rep. 77, Tit. 2772, Nr. 2A, Bd. 1.

25 Richard Linsert, Die große Berliner Polizei-Ausstellung, in: Mitt WhK (Dezember 1926), Nr. 4, S. 26.

Die „Polunbi“ sammelte zentral alle diese Bilder, ordnete sie nach Kategorien und führte Listen über Produzenten, Händler und Gerichtsurteile. Ähnlich wie bei den Kontaktinseraten sammelte die „Polunbi“ auch Angebote über erotische Bilder und forderte über Vertrauenspersonen stichprobenartig Muster an. Zwischen 1926 und 1927 wurden beispielsweise 222 Anzeigen aus Pariser Zeitungen ausgewertet, in denen Fotos angeboten wurden. Auf 19 Anzeigen wurde geantwortet.[26] Das Tätigkeitsfeld war also nicht nur auf den deutschen Markt beschränkt.

Da der Markt illegal war, war Betrug nicht weit. Ende der Zwanzigerjahre pries ein Buchhändler aus Berlin mit drastischen Ausdrücken Bilderserien gegen eine Nachnahmegebühr von 15 Mark an. In Wirklichkeit aber schickte er nur harmlose, von der Polizei erlaubte Bilder zu. Ein Kunde erstattete Anzeige wegen Betrugs. Das Schöffengericht Berlin-Mitte gab dem Kläger recht und verurteilte den Buchhändler wegen Betrugs, gleichzeitig aber auch wegen § 184, da der Prospekt als „unzüchtig“ eingestuft wurde.[27]

Zudem erstreckte sich das Tätigkeitsfeld der „Polunbi“ auf alle Arten von öffentlichen unzüchtigen Inschriften, darunter auch Kritzeleien in der Eisenbahn und in öffentlichen Bedürfnisanstalten. „Auch Homosexuelle suchen gelegentlich Partner zu ihrem perversen Treiben durch Inschriften auf den Wänden der Bedürfnisanstalten und vermerken Treffzeit und Preis für die von ihnen geforderten Praktiken“, vermerkte man in einem Tätigkeitsbericht.[28] 1923 kam es eigens zu einem Runderlass des preußischen Innenministers, der die Polizeibehörden aufforderte, diese „Aufschriften und Abbildungen“ zeitnah zu entfernen, die Täter zu ermitteln und „rücksichtslos zur Verantwortung zu ziehen“.[29]

26 GStA, I. HA, Rep. 77, Tit. 2772, Nr. 2A, Bd. 2.

27 ADW, CA 536.

28 GStA, I. HA, Rep. 77, Tit. 2772, Nr. 1, Bd. 1.

29 Runderlass vom 21. 7. 1923, GStA, I. HA, Rep. 84a, Nr. 8100.

Obwohl für öffentliche Aufführungen klassischerweise die Theaterabteilung zuständig war, wurde die „Polunbi“ hinzugezogen, wenn sie Nackttanzaufführungen im Visier hatte, die eventuell als „unzüchtig“ einzustufen waren. Die „Polunbi“ war auch dann zuständig, wenn es in Fällen sexueller Annäherungen oder sexuellen Missbrauchs um das Zeigen „unzüchtiger Abbildungen“ ging. 1919 wurde der Architekt Paul Peters wegen § 176 verurteilt. Er hatte versucht, sich einem 13-jährigen Jungen sexuell zu nähern, indem er ihm das „unzüchtige“ Aktwerk „Die Schönheit der Frauen“ von Paul Hart und Joseph Kirchner zeigte. Die Aufklärung dieses Falles oblag dann der „Polunbi“ und nicht dem Homosexuellendezernat, obgleich beide vermutlich eng zusammenarbeiteten.[30]

Die Arbeitsweise der „Polunbi“ zeigt, wie eng der § 175 mit dem § 184 verknüpft war. Solange homosexueller Verkehr als widernatürliche Unzucht verfolgt wurde, waren auch jede homosexuelle Abbildung und die Homosexualität positiv darstellende Schrift zumindest als „unzüchtig“ verdächtig und oft auch als „unzüchtig“ justiziabel.

Bedeutung und Einfluss von Detloff von Behr

Detloff von Behr wurde am 22. Juli 1877 in Behrenhoff, dem Stammsitz der Grafen von Behr, im Kreis Greifswald geboren. Über seine Jugend, Schul- und Ausbildung oder beruflichen Tätigkeiten ist nichts bekannt, weil es bislang keine biografischen Forschungen über ihn gibt. 1910 wurde er als interimistischer Kriminalkommissar in der Berliner Kriminalpolizei angestellt, sodass man davon ausgehen kann, dass er ungefähr 1908 dort seine Ausbildung begonnen hatte. Hans von Tresckow übertrug ihm das Arbeitsgebiet „unzüchtige Schriften“. Als 1911 die „Polunbi“ gegründet wurde, wechselte Behr als Kriminalkommissar dorthin. 1921 übernahm er deren Leitung bis ungefähr 1929.

30 GStA, I. HA, Rep. 77, Tit. 2772, Nr. 3, Bd. 1.

Detloff von Behr schrieb unzählige Beiträge über sein Tätigkeitsfeld, an denen man eine bemerkenswerte Entwicklung seiner Gedankengängen und Einsichten nachzeichnen kann. Sein Grundlagenwerk legte er in Form des Buches „Der Handel mit unzüchtigen Schriften Abbildungen und Darstellungen" vor.[31] Darin erörterte zunächst die Wirkungen und Gefahren von Pornografie, stellte die geschichtliche Entwicklung der Pornografiebekämpfung seit dem 18. Jahrhundert dar und dokumentierte die internationalen Maßnahmen, die schließlich zur Einrichtung der Zentralpolizeistelle führten. Im zweiten Teil des Buches ging er auf die deutschen Strafgesetze gegen Pornografienhandel und die Rechtsprechung ein. Im dritten Teil beschäftigte er sich mit unzüchtigen Inseraten, im vierten Teil mit dem Strafprozessrecht und der Frage, welche Befugnisse Polizeibeamte bei der Ermittlung und Bekämpfung hatten. Interessant an diesem rein sachlich gehaltenen, gut recherchierten und in der Darstellung gründlichen Buch ist, dass von Behr konsequent den Begriff Pornografie benutzte, der im Gesetzestext damals nicht vorkam, und kaum den dehnbaren Begriff „Unzucht". Der Begriff Pornografie als juristische Definition fand erst 1973 Eingang in das Strafrecht und löste damit den der „Unzucht" ab.

Im gleichen Jahr 1922 veröffentlichte Behr in der Tageszeitung *Die Zeit* einen Artikel über unzüchtige Schriften und Abbildungen. In dem populär gehaltenen Beitrag streifte er das gesamte Arbeitsgebiet und widmete sich besonders den Händlern von Pornografie, wie sie lebten und meist „elend enden" und wie raffiniert sie versuchten, ihre Ware zu verstecken. Gegen Ende fragte er, wer Pornografie eigentlich konsumiere, und gab eine Erklärung, die er Jahre später stark revidieren sollte: „Wer unter den Segnungen eines gesunden Sexuallebens steht, verabscheut Pornographien, aber der noch Jugendliche, der schon Alte und Verlebte, der Perverse, der krankhaft Schüchterne, sie suchen und

31 Detloff von Behr, Der Handel mit unzüchtigen Schriften, Abbildungen und Darstellungen. Seine strafrechtliche Bekämpfung. Zum Handgebrauch für Polizeibeamte, Staatsanwälte, Rechtsanwälte und für die Presse, Berlin 1922.

zumal, wenn der Wille zu sexueller Sauberkeit nicht ausgebildet und nicht stark ist, in der Pornographie, in der Schmutzschrift einen Ersatz dessen was ihnen die Wirklichkeit aus irgend welchen Gründen versagt. Aber dieser Ersatz ist ein arg gefährliches Gift."[32]

1923 erschienen drei Artikel im Fachblatt *Die Polizei*. In der Nr. 21 über unzüchtige Vorträge und Vorstellungen thematisiert Behr die Pflicht des Polizeibeamten, bei unsittlichen öffentlichen Vorträgen und Vorstellungen (auch Theater) einzugreifen, weil zur polizeilichen Aufgabe, die öffentliche Ruhe, Sicherheit und Ordnung aufrechtzuerhalten, auch die öffentliche Sittlichkeit gehöre. Das Recht der Kunst sei nicht berührt. Auch um Zensur handele es sich nicht, denn die „Pflichten der Polizei bestehen unbeschadet [...] der Reichsverfassung vom 11. 8. 1919, denn unter der dort genannte Zensur ist lediglich eine Zensur im engeren Sinne oder die präventive Vorzensur zu verstehen."[33]

Ein weiterer Artikel erschien im selben Jahr in *Die Polizei*. Vermutlich hatte Behr sich zu dieser Zeit neben den juristischen und polizeilichen Aspekten verstärkt auch mit sexualwissenschaftlichen Positionen vertraut gemacht. Zunächst zitierte er sehr ausführlich den gemäßigt sozialistischen Psychiater Auguste Forel und dessen Standardwerk „Die sexuelle Frage", dokumentierte dann zehn Fälle, in denen überwiegend Erwachsene Jugendlichen unzüchtige Bilder zeigten, um sie sexuell gefügig zu machen, aber auch Fälle von Jugendlichen, die untereinander solche Bilder tauschten, und ging dann ausführlich auf den Psychoanalytiker Wilhelm Stekel ein. Dessen Ausführungen über Onanie und Trieb scheinen Behr erstmals verdeutlicht zu haben – und er betont es gleich zweimal –, „worauf meines Wissens noch niemals hingewiesen wurde", dass Pornografie eine gewisse Ventilwirkung haben könne, die Schlimmeres, nämlich Unterdrückung von Trieben, verhindere.

32 Detloff von Behr, Handel mit unzüchtigen Schriften und Abbildungen, in: Die Zeit, Nr. 144, 25. 3. 1922, S. 6.

33 Detloff von Behr, Über unzüchtige Vorträge und Vorstellungen, in: Die Polizei 19 (1923), Nr. 21.

„Ebenso bringt der Pornographiengenuß, den ich kaum anders als eine Form der Onanie werten möchte, dem Menschen eine gewisse Befriedigung seines sexuellen Triebes. [...] Und noch eine weitere Möglichkeit bietet die lustvolle Pornographienbetrachtung – die meines Wissens noch nicht beachtet worden ist. Der Mensch vermag durch die Pornographie nicht nur seinen normalen Neigungen, sondern auch allen krankhaften, den homosexuellen, sadistischen, masochistischen, nekrophilen, mysophilen usw., nachzukommen, ohne daß er dabei sich irgendeiner Schuld, ja vielleicht nicht einmal des Ursprungs der Lust bewußt wird."[34] Diese Position wird er später radikaler vertreten.

Im dritten Artikel aus jenem Jahr in der *Polizei* behandelte er obszöne Briefe und sexuelle Kritzeleien. Wieder schilderte er zunächst zehn Fälle aus der Praxis, ging zunächst erneut auf Wilhelm Stekel ein und erwähnte dann erstmals Sigmund Freud sehr ausführlich. Ferner hatte er sich anscheinend mit dem britischen Pionier der Sexualforschung Havelock Ellis sowie mit den Schriften von Albert Eulenburg, dem Mitbegründer der Ärztlichen Gesellschaft für Sexualwissenschaft (ÄGeSe), vertraut gemacht. Die juristische Bewertung der angeführten Fälle trat in den Hintergrund. Wichtig war ihm, die psychische Bedeutung darzustellen.[35]

1924 erschien noch einmal ein Überblicksartikel in der *Polizei*, der die polizeiliche Seite der Pornografiebekämpfung diskutierte. Er rät: „Immer muß der Polizeibeamte darauf bedacht sein, mit dem größten Takt und der größten Vorsicht vorzugehen. Der Pornographienhandel ist kein Verbrechen, sondern lediglich ein Vergehen, und der Begriff der Pornographie ist einem ständigen Wandel unterworfen. Besonders muß er es vermeiden, sich an den Werken der Kunst zu vergreifen, denn ein solches Beginnen ist geeignet, größten Widerspruch bei einem

34 Detloff von Behr, Über Geschlechtstrieb und Pornographie, in: Die Polizei 20 (1923), Nr. 1.

35 Detloff von Behr, Über graphischen Exihibitionismus, in: Die Polizei 20 (1923), Nr. 12.

großen Teil der öffentlichen Meinung hervorzurufen und die ganze Pornographenbekämpfung, besonders aber die Polizei, als banausisch und ungebildet zu diskreditieren."[36] Im selben Jahr rechtfertigte er das staatliche Vorgehen gegen unzüchtige Bilder und Schriften, indem er sich mit der „Pornoskopie", dem Beschauen solcher Bilder, beschäftigte. Da die Pornoskopie eine einfache (passive) Verlagerung zum „Wunschziel" darstelle, die auf herkömmlichem Wege allerlei Aktivitäten und die Gesellschaft fördernde Kräfte freisetze, sei es im Interesse des Staates, gegen das passive Konsumieren von Pornografie vorzugehen.[37] Auch wenn sich diese These heute etwas merkwürdig liest, stellt sie doch eine Abkehr von rein moralisch-sittlichen Motiven dar, die der Bekämpfung der Unzucht zugrunde lagen. Argumentiert wird nun mit Volkskraft und Staatsschwächung. Ebenfalls 1924 ging Behr in einem Beitrag über das Sexualstrafrecht auf die „widernatürliche Unzucht" ein. Hier machte er aus seiner Sympathie, den § 175 abzuschaffen oder zu reformieren, keinen Hehl. Bemerkenswert ist, dass er auch der Bestrafung der sexuellen Handlungen mit Tieren kritisch gegenüberstand.[38]

In dieser Zeit wandte sich Behr offensichtlich der Sexualreformbewegung zu. 1925 publizierte er einen größeren Beitrag in der *Zeitschrift für Sexualwissenschaft*. Darin behandelte er in klassisch sexualwissenschaftlicher Form das Thema Orgie, also Sexualität mit mehr als zwei Menschen. Er betrachtete das Thema von allen Seiten: geschichtlich, phänomenologisch, psychologisch, juristisch, und bezog auch den exhibitionistischen und voyeuristischen Charakter des Gruppensexes ein. Am Rande streifte er auch die FKK-Bewegung, die er als harmlos ansah, und argumentierte klassisch psychoanalytisch: „Ihre

36 Detloff von Behr, Über polizeiliche Pornographienbekämpfung, in: Die Polizei 20 (1924), Nr. 24.

37 Detloff von Behr, Ueber Pornoskopie und eine Ordnung ihrer bildlichen und plastischen Gegenstände, in: Die Polizeikunde 4 (1924), Spalte 1–4.

38 Detloff von Behr, Sittlichkeitsdelikte und Strafrecht, in: Die Polizeifachkunde 4 (1924), Nr. 7, S. 125–148.

Erscheinungen zeigen deutlich eine infantile Einstellung durch den Verzicht auf die Endlust und auf das eigentliche Sexualziel, aber auch durch ihre narzistischen Motive."[39] Von Behr schickte diesen Aufsatz übrigens als Manuskript vorab an Ministerialdirektor Wilhelm Abegg vom Innenministerium, mit dem er anscheinend schon länger in Briefkontakt stand. In der dazugehörigen Akte sind zwei Antwortentwürfe enthalten, die freundlich wohlgesonnen waren, in denen Abegg den Schwenk zur FKK-Bewegung aber lebhaft ablehnte.[40] Vermutlich durch seine Kontakte zur Sexualreformbewegung erhielt Behr 1926 die Gelegenheit, drei größere Beiträge – über Ärgerniserregung, Inserate und Pornografie – in der zweiten Auflage von Max Marcuses „Handwörterbuch der Sexualwissenschaft" zu veröffentlichen. Alle drei Texte zeichnen sich durch große Sachlichkeit, umfassende Darstellung und einen ausführlichen Literaturapparat aus.[41]

In kurzem Abstand zwischen November 1925 und Februar 1926 entstanden dann zwei sich scheinbar widersprechende Artikel. Im ersten diskutierte Behr die geplanten Maßnahmen gegen Schund- und Schmutzprodukte. Zwar betonte er, dass der § 184 und die Bestimmungen nach der RGO im Prinzip ausreichten und der Staat besser beraten sei, anderweitig als durch gesetzliche Bestimmungen vorzugehen. Trotzdem biete nur das geplante Gesetz zur Bewahrung der Jugend vor Schund- und Schmutzschriften einen wirklichen Schutz vor derartigen Produkten.[42] Der zweite Beitrag wenige Monate später erschien in *Die Polizei* in weniger als zwei Spalten mit der schlichten Überschrift:

39 Detloff von Behr, Die Orgie, in: Zeitschrift für Sexualwissenschaft 12 (1925), Nr. 8, S. 233–239.

40 GStA, I. HA. Rep. 77, Tit. 2772, Nr. 4, Bd. 1.

41 Max Marcuse, Handwörterbuch der Sexualwissenschaft, 1. Aufl., 1923, 2. Aufl., Bonn 1926; von Behrs Beiträge: Ärgernisserregung, S. 37–39; Inserate, S. 297–301; Pornographie, S. 563–571.

42 Detloff von Behr, Aergerliche Preßerzeugnisse, in: Die Polizeifachkunde 5 (1925), Nr. 9, Spalte 226–230.

„Schundliteratur".[43] In dem mehr philosophischen, streckenweise auch ironischen Artikel nahm er sich zunächst die ungenaue Definition des Wortes „Schund" vor, um dann zu fragen, wer über Schundliteratur überhaupt richten solle: wenn nicht die Literaten selbst, weil sie parteilich seien, warum dann Eltern, Erzieher, Seelsorger und Ärzte, die wiederum von Literatur wenig verstünden? Zu überdenken sei zudem, ob die Argumente, mit denen Schundliteratur verboten werden solle, richtig seien. Der These, die Jugend werde verdorben und verführt sowie zu Exzessen hingeleitet (wovor sie geschützt werden solle), hält er die Frage entgegen, ob nicht gerade das Lesen von Schundliteratur eine Art Ventil darstellen könne, das eher nütze als schade. Insgesamt warb er für einen unverkrampften Umgang mit dem Thema. Am Ende des Aufsatzes machte er deutlich, dass das 1926 geplante Gesetz zur Bekämpfung der Schund- und Schmutzliteratur überhaupt keinen Sinn mache. Die RGO reiche völlig aus. „Das schafft einen billigen und berechtigten Schutz der Gefühle und läßt andererseits die Rechte der Kunst unangetastet."[44]

Behrs Ansicht blieb jedoch nicht unwidersprochen. Nur drei Monate später erschien in der *Polizei* ein Gegenartikel von Dr. v. d. Rahmer.[45] Einleitend bemerkte dieser: „Behr scheint die Ansicht zu vertreten, daß wir im Grunde der Schundliteratur zu großem Danke verpflichtet seien, da sie der Jugend Gelegenheit gäbe, die in ihr schlummernden unreinen Triebe in harmloser Weise zu befriedigen – eine Ansicht, die wohl einzigartig dastehen dürfte!"[46] Rahmer verteidigte das geplante

43 Auch diesen Artikel schickt Behr vorab an Ministerialdirektor Abegg. Das Manuskript weicht aber sprachlich weit vom gedruckten Text ab, vgl. GStA, I. HA. Rep. 77, Tit. 2772, Nr. 4, Bd. 1.

44 Detloff von Behr, Schundliteratur, in: Die Polizei 23 (1926), Nr. 3.

45 Vermutlich ein Pseudonym. Ein Dr. Rahmer gehörte weder der Polizei an, noch stand er im Staatsdienst. Auch eine Doktorarbeit ist nicht nachzuweisen.

46 Rahmer, v. d.: Schundliteratur, in: Die Polizei 23 (1926), Nr. 9.

Schund- und Schmutzgesetz, ging aber noch einen Schritt über den Stand der Diskussion hinaus: Er forderte nicht nur eine Einschränkung des Vertriebes, sondern bereits den Verbot des Druckes einer solchen Schrift, was einer Einführung der Präventivzensur gleichgekommen wäre und im Widerspruch mit der Weimarer Verfassung gestanden hätte.

1924 war Behr zum Kriminaloberinspektor und 1926 zum Kriminalrat befördert worden. Zwischen 1929 und 1930 wurde er zum Kriminal-Direktor ernannt und nach Kiel versetzt. Ob dies im Zusammenhang mit seiner kritischen Haltung stand oder seine Beförderung behördenintern einfach anstand und ob sie auf eigenen Wunsch erfolgte, ist ungeklärt. In Kiel leitete er die Landeskriminalpolizeistelle bis zum 14. Juni 1933. Im Rahmen des Gesetzes zur Wiederherstellung des Berufsbeamtentums wurde er von den Nazis entlassen.[47] Er starb am 30. April 1945 wenige Tage vor Kriegsende.

Detloff von Behrs Entwicklung, soweit man sie anhand seiner Veröffentlichungen ablesen kann, steht gegenläufig zu der polizeilichen Entwicklung in Sittlichkeitsfragen. Am Beginn der Zwanzigerjahre argumentierte er noch, von der Kaiserzeit geprägt, polizeilich und überwiegend juristisch und lehnte die Pornografie ab. Durch seine Hinwendung zu den Psychoanalytikern und der Sexualreformbewegung lernte er deren Argumentationsweisen kennen und warb nun für eine eher tolerante Haltung. In die anfängliche Ablehnung mischten sich Töne, die besagten, dass derartige Schriften nicht mehr nur schädlich, sondern vielleicht sogar nützlich sein könnten, dass zumindest zwischen dem Konsum und dessen möglichen Folgen kein Kausalzusammenhang mehr bestehe.

47 Wagner, Volksgemeinschaft, S. 456.

Bekämpfung der Schund- und Schmutzschriften

Als am 18. Dezember 1926 das „Gesetz zur Bewahrung der Jugend vor Schund- und Schmutzliteratur“ vom Parlament beschlossen wurde, das am 7. Januar 1927 in Kraft trat, ging dem bereits eine mehr als 50-jährige Debatte, angeführt von den Sittlichkeitsvereinen, voraus. Schon 1878 war unter der Überschrift „Schandliteratur“ ein Beitrag in den *Fliegenden Blättern* des Centralausschusses der Inneren Mission erschienen, in dem die laxe Handhabung des § 184 moniert und zudem eine erweiterte gesetzliche Handhabe gegen „schmutzige Bücher“ gefordert wurde.[48] Zunächst konzentrierte sich im letzten Jahrzehnt des 19. Jahrhunderts die Arbeit auf die Strafverschärfung im Rahmen der Lex Heinze. Bereits 1904 gründete dann aber von Otto von Leixner den „Volksbund zur Bekämpfung des Schmutzes in Wort und Bild“, der später von Friedrich Bohn aus dem Deutschen Sittlichkeitsverein weitergeführt wurde. Aus diesem Spektrum entstanden eine Vielzahl von Schriften gegen die „verderbende“ Wirkung von „Schmutzliteratur“[49] sowie eine Reihe von Erziehungsratgebern, in denen eindringlich vor der „Perversenliteratur“ und ihren „Verführungskünsten“ gewarnt wurde.[50]

Die Sittlichkeitsverbände versuchten dabei, zweigleisig vorzugehen. Einerseits drangen sie auf Parteien und Abgeordnete ein, um gesetzliche Änderungen zu erreichen,[51] andererseits versuchten sie über Bibliotheken, Buchhändler, Zeitungsverleger und deren Vereinigungen, über Schulen sowie auf kommunaler Ebene Selbstverpflichtungen zu erwirken. Eine eindeutige Definition dessen, was unter

48 Fliegende Blätter aus dem Rauhen Hause zu Horn bei Hamburg 35 (1878), S. 386 f.

49 Übersicht in: Deutsch-evangelischer Verein zur Förderung der Sittlichkeit (Hrsg.), Kampf gegen die Schund- und Schmutzliteratur, Berlin 1910.

50 Zum Beispiel: Friedrich Paulsen, Moderne Erziehung und geschlechtliche Sittlichkeit. Einige pädagogische und moralische Betrachtungen für das Jahrhundert des Kindes, Berlin 1908, S. 57.

51 Vgl. Sexualreform 8. Bd. (Januar 1913), Nr. 1, S. 7.

„Schund- und Schmutzschriften“ zu verstehen sei, gab es freilich nicht, doch zielte der Begriff in erster Linie auf sogenannte Kolportageromane („Groschenromane“, „Hintertreppenromane“) sowie Abenteuer-, Detektiv-, Wildwest- und Kriminalliteratur. Gleichzeitig wurden Listen „guter“ Literatur wie Sagen, Märchen und Volksbücher veröffentlicht und empfohlen. Zumindest in der Kaiserzeit wurden sexuelle Schriften selten im Zusammenhang mit „Schund und Schmutz“ genannt. Hier hoffte man offensichtlich noch auf strengere Auslegungen durch den § 184. Dennoch vermischten sich die Begrifflichkeiten. So kündigte selbst das Polizeipräsidium die Errichtung der Zentralpolizeistelle zur Bekämpfung unzüchtiger Schriften, Bilder und Inserate 1911 fälschlicherweise als „Zentralstelle zur Bekämpfung der Schmutzliteratur“ an.[52]

Ein erster offizieller Durchbruch gelang im Ersten Weltkrieg. Zu den diversen Einschränkungen öffentlicher Geselligkeiten gehörte auch ein Verkaufsverbot von „Schmutzschriften“. Juristisch handelte es sich um eine Erweiterung der Bestimmungen der RGO, bemächtigt durch das „Gesetz über den Belagerungszustand“ von 1851. Die amtliche Liste „Schundliteratur“ wurde regelmäßig im *Centralpolizeiblatt* veröffentlicht. Zum 1. Juli 1918 enthielt sie 97 Titel über Magie, Kriminalromane, Buffalo-Bill-Hefte oder sexuelle Literatur wie „Intime Geschichten“ oder „Geheimbuch für Verlobte“.[53]

Aus dem Jahr 1920 ist ein Briefwechsel zwischen der „Polunbi“, den Polizeipräsidien von Berlin und Köln mit dem Preußischen Innenministerium über den § 184 erhalten, in dem die Feststellungen zu lesen sind, dass der Paragraf nicht ausreiche, bestimmte Schriften, die sich im Grenzbereich bewegten, zu verbieten, und deswegen eine andere gesetzliche Maßnahme geschaffen werden müsse, wenn man diese Schriften ahnden wolle.

52 Amtliche Nachrichten des königlichen Polizei-Präsidiums zu Berlin, Nr. 196, 22. 8. 1911.

53 Centralpolizeiblatt 100. Jg., 1. 7. 1918, Stück 10675.

Zwischen 1920 und 1922 wurden sowohl von katholischer Seite unter Federführung von Hedwig Dransfeld über die Zentrumspartei als auch von evangelischer Seite unter Federführung von Reinhard Mumm über die Deutschnationale Volkspartei Gesetzentwürfe zum Schutze Jugendlicher vor Schund- und Schmutzschriften eingereicht. Damit nahm das Thema seinen parlamentarischen Lauf.[54]

Parallel dazu fochten die Sittlichkeitsverbände verstärkt den „Schundkampf" aus. Im ganzen Land wurden „Schundkampfstellen" eingerichtet, getragen von Organisationen wie der „Reichsschundkampfstelle der evangelischen Jungmännerverbände Deutschlands", der „Evangelischen Hauptstelle gegen Schund und Schmutz", dem „Ostdeutschen Jünglingsbund", dem „Zentralausschuss der Deutschen Katholiken zur Förderung der öffentlichen Sittlichkeit", dem „Volkswart-Bund" oder der „Arbeitsgemeinschaft für Volksgesundung", die zusammengeschlossen waren in der „Reichsarbeitsgemeinschaft der Schundkampfzentralstellen". Zudem wurden Zeitschriften wie die *Schundabwehr – Nachrichtenblatt der Schundabwehrstelle der Jugend*, *Der Schundkampf* oder *Die Hochwacht – Monatsschrift zur Bekämpfung des Schundes u. Schmutzes in Wort und Bild* herausgegeben. „Schundkampfpostkarten" wurden vertrieben, und Buchhandlungen konnten „Schundkampfschilder" an ihrer Fassade anbringen. Die Schundkampfstellen organisierten „Schundkampftreffen" und „Schundkampfwochen" und forderten dazu auf, „Schund- und Schmutzliteratur" zu sammeln, damit sie auf den regelmäßigen Treffen oder auch öffentlich verbrannt werden konnte. Im Mai 1927 beispielsweise wurden auf dem „Schundkampftag" des Evangelischen Jugendrings in Pankow öffentlich Bücher verbrannt.[55] Im Juli 1927 wurde ein Schundkämpfertreffen mit öffentlichem „Scheiterhaufen" zur „Schundverbrennung" durchgeführt. Selbstkritisch vermerkte Johannes Theuerkauff, einer der führenden „Schundkämpfer", in einer Nachlese: „Beim Feuer fehlt uns

54 GStA, I. HA, Rep. 77, Tit. 2772, Nr. 3, Bd. 1.

55 Der Schundkampf Nr. 16, Mai 1927, S. 12 f.

Typische Karikatur jener Zeit: Während die Polizei dem anständigen Bürger den Blick auf die echte Kunst verbietet, stehlen sich die reichen Profiteure aus der Affäre. Ein betender „Hirschfeld" segnet die Sache ab. Doch ist dies noch vergleichsweise harmlos. Es gibt deutlich antisemitischere Karikaturen gegen Magnus Hirschfeld.
Sammlung Dobler

noch ein wirkungsvoller Stil. Wir können ihn nicht einfach machen. Doch wir müssen uns befleißigen, ihn nun allmählich zu erwerben."[56] Spätestens am 27. Juni 1931 anlässlich einer Sommersonnenwendfeier in Küstrin war dieser „Stil" wohl ausgearbeitet. Unter dem Beifall der Küstriner Bevölkerung (angeblich 4000 bis 5000 Personen) wurden 500 Bücher auf dem Scheiterhaufen verbrannt. Zusätzlich war ein Galgen aufgebaut, an dem vier Gegenstände hingen: ein „Schundbuch", eine

56 Der Schundkampf Nr. 18, September 1927, S. 12.

Zigarette, eine Schnapsflasche und ein Spitzentaschentuch. Sie symbolisierten „die Dinge, gegen die wir ankämpfen: Schundliteratur, Rausch- und Trunksucht und Unmännlichkeit".[57] Das Spitzentaschentuch symbolisierte nicht nur allgemein Unmännlichkeit, sondern im Besonderen Homosexualität. Hier hing bereits der Schwule symbolisch am Galgen.

Wesentlich langsamer entwickelte sich die öffentliche Opposition gegen das Gesetzesvorhaben. Im Grunde erst 1926, als sich in den Reichstagsberatungen abzeichnete, dass das Gesetz kommen würde, regte sich breiter, massiver Widerstand. Die Zeitungsausschnittsammlung des Innenministeriums zählt allein zwischen März und Dezember 1926 stolze 488 Artikel in den gängigen Tageszeitungen. Der *Simplicissimus* widmete dem Schmutzgesetz eine ganze Ausgabe.[58] Ein Ausschuss zur Bekämpfung des Gesetzes zur Bewahrung der Jugend vor Schund- und Schmutzschriften wurde gegründet, dem fast alle namhaften Schriftsteller jener Zeit (u. a. die Brüder Mann, Arnold Zweig, Hermann Hesse, Clara Viebig), aber auch Politiker wie Gustav Radbruch, viele Künstler und diverse Schriftstellervereinigungen angehörten. Zum Spektrum der Kritiker gehörte aber nicht nur die liberale oder linke intellektuelle Schicht, auch Konservative wie Will Vesper stellten sich gegen das Gesetz.[59] Auch Rudolf Quanter, ein konservativer Autor sexualwissenschaftlicher und sittengeschichtlicher Werke, bemerkte zu dem Gesetz:

> „Ich habe selbst eine Verschärfung gegen die pornographischen Produkte, die auf die niedrigsten Instinkte der moralisch Entgleisten berechnet sind, empfohlen. Das ist gut, weil solche Dinge, die sicherlich jeder vernünftige Mensch mit Ekel von sich weist, auch

57 Der Schundkampf Nr. 41, Juli/August 1931, S. 21.

58 Am 22. 11. 1926, 31. Jg., Nr. 34, nach: ADW, CA 536b.

59 GStA, I. HA, Rep. 77, Tit. 2772, Nr. 3, Bd. 3; GStA, I. HA, Rep. 77, Tit. 2772, Nr. 3, Beiakten 1, Bd. 1.

Unheil anrichten können, sobald sie in falsche Hände geraten. Dem ist aber sehr wenig entsprochen worden. Was man mit fanatischem Eifer verfolgt, das sind ja gar nicht diese Schmutz- und Schundwerke, sondern es ist ein Sturm gegen Kunstwerke und Literaturerzeugnisse hereingebrochen, der geradezu eine starke und energische Abwehr herausfordert."[60]

Was Quanter hier andeutet, beschreibt gut das Dilemma der Argumentation. Die Opposition nämlich warnte vor dem Gesetz, weil sie zwar allgemein die Freiheit der Kunst in Gefahr sah, konkret aber nur qualitativ hochwertige Literatur und Kunst im Auge hatte. Dass zur freien künstlerischen Meinungsäußerung auch gehörte, eine Nick-Carter-Detektivgeschichte für zehn Pfennige auf den Markt zu bringen, war in der Diskussion selten zu hören. Insofern trug die Debatte auch zu einer Entsolidarisierung bei. Den „ernsten" Schriftstellern und Künstlern konnte versichert werden, dass man ihre Produkte nicht meinte (tatsächlich standen die Werke namhafter Autoren höchst selten zur Prüfung an), sondern tatsächlich nur „minderwertige" Erzeugnisse.

Das Gesetz passierte den Reichstag, ohne eine genaue Definition dessen zu liefern, was eine „Schmutzschrift" ausmachte; dies wurde durch die Praxis nachgeliefert: Die Oberprüfstelle für Schund- und Schmutzschriften in Leipzig bestimmte, dass eine Schrift als „Schundschrift" einzustufen sei, wenn sie „in jeder Beziehung objektiv wertlos und schädigend" sei, sie dem Leser keine positiven Werte und ein „vollständig verzerrtes Weltbild" vermittle, wenn sie die „niedrigen Instinkte anreizt" und übermäßige Sprach- und Rechtschreibfehler vorkämen. Eine Schmutzschrift müsse „wertlos sein und wegen der Unreinlichkeit des Inhaltes Widerwillen erregen", sie müsse „die gemeine geschlechtliche Lüsternheit erregen", wobei es keinen Unterschied mache, ob „die Lüsternheit zu normaler oder anormaler bzw.

60 Rudolf Quanter, Die Sittlichkeitsverbrechen im Lauf der Jahrhunderte und ihre strafrechtliche Beurteilung, 8. Aufl., Berlin 1925, S. 325.

perverser geschlechtlicher Betätigung erregt" werde. Insgesamt müssten die aufgeführten Kriterien bei Schund- und Schmutzschriften nicht „unbedingt sittlicher Art sein [...] aber sittliche Fehler und Mängel sind besonders geeignet, das Urteil zu begründen".[61]

Laut Gesetzestext seien zum Schutze der heranwachsenden Jugend „Schund- und Schmutzschriften" in eine „Schundliste" aufzunehmen. Sobald die Liste öffentlich bekannt gemacht worden war, waren diese Schriften im ganzen Reichsgebiet folgenden Beschränkungen unterworfen: Sie durften weder feilgehalten, angeboten, angekündigt oder bestellt werden, sie durften öffentlich nicht angepriesen und nicht an Personen unter 18 Jahren verkauft werden. Ferner durften sie in Bibliotheken oder öffentlichen Einrichtungen unter 18-Jährigen nicht zugänglich gemacht werden. Wurden mehr als zwei Nummern einer periodischen Zeitschrift innerhalb eines Jahres auf die Liste gesetzt, so konnte die Schrift für die Dauer von drei bis zwölf Monaten indiziert werden. Auch wenn der Titel der Schrift geändert wurde, galt sie als indiziert.

Prüfstellen in Berlin und München wurden errichtet, ihre Entscheidungen hatten für das gesamte Reichsgebiet Gültigkeit. Anträge gegen die Aufnahme in die Liste oder Beschwerden bearbeitete die Oberprüfstelle in Leipzig, die auch Entscheidungen der Prüfstellen in Berlin und München revidieren konnte.

Durch das Schund- und Schmutzgesetz wurden hauptsächlich homosexuelle Zeitschriften, okkulte Veröffentlichungen, Abenteuerromane und Krimis, sogenannte Groschenhefte, sowie erotische Druckwerke getroffen, die mit dem § 184 nicht zu verbieten waren.

Die polizeiliche Einbindung in die Bekämpfung von Schund- und Schmutzschriften ist kompliziert. Zunächst stellte sich das Berliner

61 Nachrichtendienst zur Bekämpfung von Schund- und Schmutzschriften. Hrsg. Preußisches Ministerium für Volkswohlfahrt 1 (1929), Nr. 1, S. 4 f.; Nachrichtendienst zur Bekämpfung von Schund- und Schmutzschriften 1 (1929), Nr. 2, S. 17.

Polizeipräsidium gegen das geplante Gesetz und reagierte im März 1926 mit einem eigenen Gesetzentwurf aus der Feder Detloff von Behrs. Die vorgeschlagene wesentliche Veränderung war die Einfügung des § 56 RGO als 5. Absatz in einen neu strukturierten § 184 RStGB. Damit wäre das Schund- und Schmutzgesetz überflüssig, argumentierte das Polizeipräsidium gegenüber dem Innenministerium. Dort wurde aber abgelehnt, den Vorschlag an das Justizministerium weiterzuleiten, weil erhebliche Bedenken bestanden, aus der vorherigen Ordnungswidrigkeit nach der RGO ein Vergehen nach dem RStGB zu machen.[62]

Die Oberaufsicht über das Gesetz und dessen Einhaltung lagen zumindest in Preußen nicht etwa beim Innenministerium, sondern beim Ministerium für Volkswohlfahrt; im Rheinland oblag die Aufsicht dem Landesjugendamt. Zu den ständigen Beisitzern der Leipziger Oberprüfstelle gehörten je ein Vertreter des Preußischen Ministeriums für Wissenschaft, Kunst und Volksbildung, des Preußischen Ministeriums für Volkswohlfahrt, des Bayerischen und Württembergischen Innenministeriums, der Direktor der Deutschen Bücherei Leipzig und ein Vertreter des Landesjugendamtes Hamburg.

Die Berliner Prüfstelle für Schund und Schmutz war dagegen in der Theaterabteilung beim Polizeipräsidium angesiedelt. Zuständige Bearbeiterin für dieses Gebiet wurde Kriminalrätin Dr. Martha Mosse. Der Berliner Prüfstelle gehörten insgesamt 69 Personen an: 18 aus dem Bereich Kunst und Literatur (u. a. Fedor von Zobeltitz, Lion Feuchtwanger, Arnold Zweig, Heinz Tovote, Julius Bab),[63] 13 aus dem Buch- und Kunsthandel, 10 aus dem Bereich Jugendwohlfahrt, 8 von Jugendorganisationen, 10 aus der Lehrerschaft und 10 aus dem Bereich Volksbildung.[64] Diese Personen bildeten in verschiedenen Zusammensetzungen die einzelnen Prüfungsausschüsse, die entschieden, ob eine Schrift

62 GStA, I. HA, Rep. 77, Tit. 2772, Nr. 4, Bd. 1.

63 GStA, I. HA, Rep. 77, Tit. 2772, Nr. 3 B.

64 Kurt Richter, Der Kampf gegen Schund- und Schmutzschriften in Preußen, Berlin 1929, S. 93–97.

in die Schundliste aufgenommen werden sollte oder nicht. Zwischen 1927 und 1935 wurden insgesamt 378 Titel geprüft und 210 davon als Schund- und Schmutzschriften eingestuft.[65] Angesichts dieser geringen Zahl drängt sich die Frage auf, ob das Gesetz überhaupt effektiv war. Hans Wingender, der eine Denkschrift des Landesjugendamtes der Rheinprovinz herausgab, bemerkte dazu: „Ich bin sogar der Ansicht, daß die mittelbare Wirkung des Gesetzes (Prophylaxe) bedeutender ist, als die unmittelbare (Schundliste)."[66]

Die Sittlichkeitsvereine versuchten, das Maximum aus dem Gesetz herauszuholen, und stellten laufend Anträge zur Prüfung bestimmter Schriften. Die Prüfstellen ihrerseits waren bemüht, der öffentlichen Kritik an ihrer Arbeit keine Munition zu liefern. Als die „Evangelische Hauptstelle gegen Schund und Schmutz" beantragte, Franz Bleis „Lady Hamilton" als „Schund und Schmutz" einzustufen, antwortete Martha Mosse im November 1927: „Ich darf nicht verfehlen, mit großem Nachdruck darauf hinzuweisen, wie verhängnisvoll die Stellung eines Antrages wäre, der sich gegen einen Schriftsteller vom Range Franz Bleis richtete. Seine Stellung in der geistigen Welt ist seit Jahrzehnten allgemein anerkannt [...]. Blei hat auch z. B. im Berliner Tageblatt, zu der Frage des ‚Schundschriften'-Problems in sehr geistvoller und sarkastischer Weise Stellung genommen. [...] Wenn jetzt auch nur ein Antrag gestellt würde, so würde damit allen prominenten Gegnern des Gesetzes die Handhabe geboten, öffentlich in einer neuen Pressekampagne zu erweisen, daß ihre Beurteilung der Ziele des Gesetzes – Unterdrückung der künstlerischen Freiheit – zutreffend gewesen sei."[67] Der Antrag wurde wohl fallen gelassen, denn eine Prüfung des Werkes fand nicht statt.

Dass es sich insbesondere für die Ermittlungsbehörden beim Schund- und Schmutzgesetz um ein Ergänzungsgesetz zum § 184 handelte,

65 Bundesarchiv (BArch), Findbuch R 181 („Sammlung von Beschlüssen der Oberprüfstelle Leipzig und Prüfstelle Berlin").

66 Hans Wingender, Erfahrungen im Kampfe gegen Schund- und Schmutzschriften, Düsseldorf 1929, S. 11.

67 GStA, I. HA, Rep. 77, Tit. 2772, Nr. 3 D, Bd. 1.

verdeutlichen mehrere Anträge, die diese Behörden selbst stellten. Am 30. November 1928 ersuchte die „Polunbi“ darum, die Homosexuellenzeitschrift *Das dritte Geschlecht* aus dem Radszuweit-Verlag auf die „Schundliste“ zu setzen. Ein entsprechendes Verfahren nach § 184 war zuvor durch die Einstellung der Staatsanwaltschaft Berlin gescheitert.[68] Der Prüfungsausschuss entschied im März 1929. Friedrich Radszuweit war persönlich anwesend und versuchte, sein Produkt zu verteidigen. Hertha Siemering als Vertreterin des Ministeriums für Volkswohlfahrt begründete den Verbotsantrag: „Die arglose Jugend müsse vor Verführung geschützt werden: die Zeitschrift wirke aber geradezu als Propaganda für Homosexualität [...].“ Die zurückliegenden Nummern wurden auf die Liste gesetzt, ebenso die kommenden Ausgaben bis April 1930.[69]

Die Funktion des „Schu-Schmu-Gesetzes“, wie es auch genannt wurde, als Ergänzungsgesetz zum § 184 offenbart auch ein Vorgang der Staatsanwaltschaft Stuttgart. Sie schlug über das Preußische Innenministerium der „Polunbi“ (!) vor, das Buch „Irrwege des Blutes“ von Ruth Nagel als „Schund- und Schmutzschrift“ einzustufen, unter anderem weil es auf den Seiten 37 bis 40 „lesbische Liebe“ schildere. Offensichtlich war sich die Stuttgarter Staatsanwaltschaft uneins, ob sie es nach § 184 verboten wissen (ein Verfahren, das sie ja selbst einleiten konnte) oder es auf die Schundliste setzen lassen wollte. Die „Polunbi“ leitete den Vorgang ordnungsgemäß an Martha Mosse weiter. Diese schlug dem Innenministerium vor, das Buch wegen des „Schundcharakters“ als jugendgefährdende Schrift zu erklären. Die Sache wurde im Innenministerium persönlich mit Mosse erörtert, die Staatsanwaltschaft Stuttgart erhielt die Antwort, dass es nicht sinnvoll erscheine, zwei Verfahren, eines nach § 184 wie auch eines nach dem Schund- und Schmutzgesetz, einzuleiten. Sollte die Staatsanwaltschaft ein Verfahren

68 Walter von Murat, Erotische Literatur in Deutschland 1928–1936. Ergänzungen zu Hayn-Gotendorf (Arcana bibliographica), Hamburg 1986, S. 54.
69 LAB, Pr. Br. A Rep. 030 Tit. 121, Nr. 17028.

nach § 184 als erfolgversprechend ansehen, so solle sie ein entsprechendes Strafverfahren anstrengen. Erst nach dessen Ergebnis würde sich Berlin wieder um die Sache kümmern und prüfen, ob das Buch als Schund- und Schmutzschrift eingestuft werden könne.[70] Die Staatsanwaltschaft hatte Erfolg, das Schöffengericht Stuttgart verbot das Buch 1927 nach § 184.

Ab 1929/30 standen fast alle gängigen Homosexuellenzeitschriften auf der Schundliste.[71] Interessant ist, dass 1927 die Berliner Prüfstelle eine Aufnahme solcher Zeitschriften noch abgelehnt hatte, die Beschlüsse aber von der Oberprüfstelle in Leipzig kassiert und die Zeitschriften dann doch indiziert wurden. Ab 1929/30 setzte dann auch Berlin fast alle zu prüfenden Zeitschriften auf die Liste. Ob diese zunächst liberale Praxis damit zusammenhängt, dass anfangs noch Intellektuelle wie Arnold Zweig oder Julius Bab den Ausschüssen angehörten, geht aus den Protokollen nicht hervor.

Vordergründig versuchten die Prüfstellen, ihre Entscheidungen damit zu rechtfertigen, dass homosexuelle Zeitschriften nach genau den gleichen Kriterien wie heterosexuelle Werke beurteilt würden. Die Begründungen gehen jedoch in genau die andere Richtung. So wurde argumentiert, die Zeitschriften böten für den heterosexuellen (!) Leser keine innere Bereicherung. Sie erregten Widerwillen beim „übergroßen" Teil aller „deutschen Volksgenossen". Der Anzeigenteil werbe für Gelegenheiten zur Anknüpfung homosexueller Betätigung. Jugendliche könnten durch den Genuss der Lektüre zur Homosexualität verführt werden. Gerade auch, weil viele Homosexuelle unter ihrer „Veranlagung" litten und besonderen Gefahren bei Offenbarung oder durch gerichtliche Verfolgung ausgesetzt seien, müsse die Jugend davor

70 GStA, I. HA, Rep. 77, Tit. 2772, Nr. 3 D, Bd. 2.

71 BArch, Findbuch R 181; GStA, I. HA, Rep. 77, Tit. 2772, Nr. 3 D, Bd. 1; GStA, I. HA, Rep. 77, Tit. 2772, Nr. 3 D, Bd. 2; GStA, I. HA, Rep. 77, Tit. 2772, Nr. 3 E, Bd. 1; GStA, I. HA, Rep. 77, Tit. 2772, Nr. 3 E, Bd. 2; LAB, A Pr. Br. Rep. 030, Tit. 121, Nr. 16992; LAB, A Pr. Br. Rep. 030, Tit. 121, Nr. 17065; LAB, A Pr. Br. Rep. 030, Tit. 121, Nr. 17066; LAB, A Pr. Br. Rep. 030, Tit. 121, Nr. 17110.

geschützt werden. Die Darstellungen homosexueller Betätigungen in Novellen seien besonders „unrein".[72] Die Prüfungsausschüsse stützten sich dabei auch auf ein Gutachten von Karl Bonhoeffer, der die propagandistische Tätigkeit des „Homosexualismus" hervorhob und eine Verführung der Jugend zu erkennen glaubte.[73] Hans Wingender argumentierte, dass „früher" jährlich sechs bis acht männliche Jugendliche in der Rheinprovinz wegen homosexueller Delikte in Fürsorgeerziehung gekommen seien, 1927 und 1928 seien es rund 120 gewesen. Die wenigsten seien homosexuell im Sinne einer „psychischphysischen Veranlagung", sondern durch homosexuelle Kreise und homosexuelle Lektüre dazu verführt worden. Der „Normalsexuelle" habe ein Interesse daran, diese Propaganda zu unterbinden.[74]

Die auf die Schundliste gesetzten Zeitschriften waren zwar nicht verboten, aber sie verschwanden aus dem öffentlichen Straßenbild. Inwieweit die Indizierungen wirtschaftliche Einbußen zur Folge hatten oder konkret die Einstellung der Titel bedingten, kann mangels Dokumenten nicht en détail gesagt werden. Der Verleger Radszuweit wurde nicht müde, vor den Prüfungsausschüssen – teilweise mit Rechtsanwälten – zu erscheinen, um die Beschlüsse zu kippen. Im *Freundschaftsblatt* vom 27. März 1930 stellte er den Sachverhalt seinen Lesern dar: „Die Jugendämter und wohl auch die Oberprüfstelle in Leipzig waren der Meinung, daß, wenn sie unsere Zeitschriften auf die Liste setzen, diese nicht mehr lebensfähig sein würden. Sie hatten sich aber getäuscht. […] Die Sache ist nämlich so: Wenn eine Zeitschrift auf die Liste für Schund und Schmutz gesetzt wird, dann darf sie nur nicht sichtbar ausgehängt werden. Der Verkauf der Zeitschriften wird in keiner Weise dadurch behindert, sondern die Straßenhändler führen die Zeitung nach wie vor weiter, nur mit dem Unterschied, daß die

72 Richter, Der Kampf gegen Schund- und Schmutzschriften in Preußen, 1929, S. 50–54.

73 Ebenda, S. 62 f.

74 Wingender, Erfahrungen im Kampfe gegen Schund- und Schmutzschriften, S. 54–59; vgl. auch: Der Schundkampf Nr. 24 (September 1928), S. 2–10.

Zeitschrift nicht öffentlich und sichtbar ausgehängt wird. Der Verkauf der Zeitschrift ist also durchaus nicht verboten."[75]

Innerhalb der Homosexuellenbewegung wurden die Maßnahmen nach dem Schund- und Schmutzgesetz unterschiedlich bewertet. Die drei großen Homosexuellenorganisationen waren untereinander zerstritten. Gerade Radszuweit als hauptbetroffener Verleger schürte die Missstimmung durch Angriffe auf Hirschfeld, und seine Zeitschriften verfielen oft in billigsten Boulevardcharakter. Adolf Brand begrüßte demzufolge uneingeschränkt das Vorgehen gegen die Produkte aus dem Radszuweit-Verlag. Das Wissenschaftlich-humanitäre Komitee (WhK) verurteilte in einer Stellungnahme von 1928 grundsätzlich jede Einschränkung der Pressefreiheit, verurteilte aber gleichzeitig die oft „geschmacklosen" Angriffe dieser „Blättchen" und forderte sie auf, statt Polemik mehr Wissenschaftlichkeit und Sachlichkeit walten zu lassen. Insbesondere riet es, geeignete wissenschaftliche Gegengutachten erstellen zu lassen, damit Gutachten wie die von Bonhoeffer nicht unwidersprochen blieben.[76]

Nach der Machtübernahme der Nationalsozialisten veränderte sich die Lage grundlegend. Der Verlag Radszuweit wurde schon in den ersten Wochen geschlossen. Im Mai und September 1933 wurde der Adolf Brand Verlag ausgehoben. Brand war dadurch seiner Existenzgrundlage beraubt, er selbst jedoch blieb unbehelligt. Am 6. Mai 1933 wurde das Institut für Sexualwissenschaft von Hirschfeld vollständig geplündert, große Bestände wurden nur wenige Tage später bei der Bücherverbrennung auf dem Berliner Opernplatz vernichtet. Maßgeblich mitbeteiligt an der Bücherverbrennung war die „Reichsschundkampfstelle", sie erbeutete 1212 Bücher in zehn städtischen und 70 privaten Büchereien, die auf zwei Lastwagen zum Feuer gefahren wurden, wie im „Schundkampf" Nr. 52 vom Juli 1933 stolz berichtet wurde.

75 Friedrich Radszuweit, Jugendamt gegen Homosexuelle, in: Das Freundschaftsblatt Nr. 13, 27. März 1930, S. 1 f.

76 Die „homosexuelle" Presse, in: Mitt WhK 3 (August/September 1928), Nr. 17, S. 137–143.

Der § 184 blieb bestehen, wurde aber zur Farce, da mit Willkür und anderen Bestimmungen alle nicht genehmen Druckwerke verboten werden konnten. Mit dem Runderlass („Verbot anstößiger Schriften") des preußischen Ministers des Innern vom 24. Februar 1933 waren praktisch alle demokratischen Regelwerke außer Kraft gesetzt. Das Gesetz zur Bekämpfung der Schund- und Schmutzliteratur wurde am 10. April 1935 aufgehoben: Es war nicht mehr nötig. Die Evangelische Hauptstelle gegen Schund und Schmutz löste sich am 12. Februar 1936 selbst auf, weil sich ihre Arbeit erübrigt hatte.

Ein aufschlussreiches Dokument liegt zum Verfahren gegen das Buch „Liebesmittel" von Magnus Hirschfeld und Richard Linsert vor. Am 30. Mai 1933 beschloss die Berliner Prüfstelle für Schund- und Schmutzliteratur, das Buch nicht in die Schundliste aufzunehmen. Das Buch „ist als wissenschaftlich anzusehen. Dr. Magnus Hirschfeld ist ein bekannter Sexualforscher, der bei aller Einseitigkeit, mit der er an die zu behandelnden Fragen herangeht, doch nach Meinung der Prüfkammer immer ein Gelehrter bleibt und mit staunenswertem Fleiß in jahrzehntelanger Arbeit das Material zusammengetragen hat." Die Nazifizierung hatte also noch nicht alle Institutionen erreicht. Der Jude, Homosexuelle und Sexualwissenschaftler Magnus Hirschfeld galt noch als anerkannter Gelehrter, zumindest in den Augen des hier entscheidenden Prüfausschusses. Doch der Leiter der Prüfstelle legte gegen den Beschluss Beschwerde ein. Am 11. Juli 1933 wurde das Buch dann doch in die Schundliste aufgenommen. Die Begründung lautete nun, die Abbildungen seien „zum großen Teil schmutzig, wiederholt sogar unflätig und zotig und tragen in keiner Weise zur Erläuterung des Textes bei".[77]

77 LAB, A Pr. Br. Rep. 030 Tit. 121, Nr. 17142. Das gleiche Buch wurde 1931 von der Staatsanwaltschaft Frankfurt nicht als nach § 184 belastet angesehen, aber 1933 von der Staatsanwaltschaft Berlin nach § 184 konfisziert.

Im Zusammenhang mit dem Schund- und Schmutzgesetz tritt eine herausragende Mitarbeiterin der Theaterpolizei in Erscheinung: Polizeirätin Dr. Martha Mosse. Sie stammte aus der Familie des Verlegers und Presseunternehmers Rudolf Mosse, kam über Beziehungen und die Gunst von Innenminister Severing als Hilfsreferentin 1922 zur Theaterabteilung der Berliner Polizei und wurde 1926 zum ersten weiblichen Polizeirat Preußens befördert. Vorher hatte sie ein halbes Jahr im Preußischen Volkswohlfahrtsministerium gearbeitet.[78] Sie war zu dieser Zeit eine der ersten Frauen in der Berliner Polizei, noch bevor die „Weibliche Kriminalpolizei (WKP)“ gegründet wurde. Zunächst war sie mit Fragen der Beschäftigung von Kindern bei Theateraufführungen und Filmaufnahmen, dann mit gewerbsmäßigen Stellenvermittlern für Bühnenangehörige, Film- und Konzertkünstler und der Einhaltung der Sonntags- und Feiertagsruhe auf Volksfesten und öffentlichen Schaustellungen zuständig.[79]

Martha Mosse war bereits in der Kaiserzeit in der bürgerlichen Frauenbewegung aktiv gewesen. Sie arbeitete in der „Deutschen Zentrale für Jugendfürsorge“ von Frieda Duensing und der „Sozialen Frauenschule“ mit. Die Jugendfürsorge-Zentrale war so etwas wie eine „Kaderschmiede“ der Frauenpolizei. 1909 wurde beispielsweise Margarete Dittmer, angestellt bei der Jugendfürsorge-Zentrale, erste „Polizei-Fürsorgedame“ im Berliner Polizeipräsidium und war als solche für Prostituierte, verwahrloste Frauen, Jugendliche und Kinder zuständig. Aus der Tätigkeit der Polizeifürsorgerinnen entwickelte sich die Weibliche Kriminalpolizei (WKP) als Organisation ab 1923/25 in Köln und 1926/27 in Berlin. Mosses Kontakte zur bürgerlichen Frauenbewegung blieben vermutlich auch nach ihrem Eintritt in die Polizei bestehen.

78 Elisabeth Kraus, Die Familie Mosse. Deutsch-jüdisches Bürgertum im 19. und 20. Jahrhundert, München 1999, S. 573.

79 Ebenda, S. 573.

Da ihre Tätigkeit auch die Überwachung von Engagements jugendlicher Frauen bei auswärtigen Tanz- und Schauspielgruppen umfasste, kreuzte sich dieser Bereich mit der Arbeit der Komitees gegen Mädchenhandel, die diese Engagements besonders im Auge hatten. Für das Buch „Mädchenhandel" von Anna Pappritz steuerte Mosse einen Beitrag bei.

Ab 1927 war Mosse für den Jugendschutz und die Einhaltung des Gesetzes zur Schund- und Schmutzbekämpfung wie auch für die Einhaltung des preußischen Runderlasses zur „Bekämpfung anstößiger Auslagen"[80] zuständig. Ihr Arbeitsgebiet umfasste die Überwachung der Schaufenster von Buchhandlungen, Kiosken und des Zeitschriftenhandels. Hier stand sie nun zwischen allen Fronten: auf der einen Seite die Kirchenorganisationen, die regelmäßig ihre Denunziationsschreiben an die zuständigen Minister sandten, die wiederum der Polizei Druck machten, und der korrekten Anwendung des Gesetzes andererseits, wofür die Buchhändler mit Rechtsanwälten in Prozessen und ein Teil der Presse mit Häme sorgten. In einem Schreiben vom April 1929 wehrte sich Martha Mosse gegen Vorwürfe des Verkehrsministers: „Die Beobachtungen des Herrn Reichsverkehrsministers bezüglich der Ausstellung von Zeitschriften am Potsdamer Platz und in der Friedrichstraße sind überholt, da meine Beamten die angegebenen Straßenteile neuerdings in besonders scharfer Weise kontrollieren."[81]

In Bezug auf die Schund- und Schmutzschriften oblag es Mosse, die Anzeigen zu koordinieren und die betreffenden Schriften zur Prüfung vorzuschlagen. So empfahl sie beispielsweise, die Homosexuellenzeitschrift *Das dritte Geschlecht* („Ich halte einen Teil des Inhaltes dieser Nummern für schmutzig […].")[82] sowie den Roman „Verkehrte

80 Runderlass vom 19. 6. 1931 If540 (Preußisches Ministerialblatt, S. 657) und Runderlass vom 21. 12. 1932 II. E 6035 II (Preußisches Ministerialblatt, S. 1316) „Bekämpfung anstößiger Auslagen". Die Initiative ging 1929 vom Preußischen Städtetag aus.

81 GStA, I. HA, Rep. 77, Tit. 2772, Nr. 8, Bd. 3.

82 LAB, Pr. Br. A Rep. 030 Tit. 121, Nr. 17028.

Geschlechtsrichtung“ von Hans Schmidt („Ich halte die Schrift für eine Schmutzschrift, deren Inhalt für Jugendliche gefährdend ist […].“)[83] zu prüfen. Die meisten Prüfempfehlungen von Lesben- wie Schwulenzeitschriften gingen so über ihren Schreibtisch.

Martha Mosse war selbst lesbisch. Sie wohnte zeitlebens mit ihrer Freundin zusammen, und diese war, wie aus Briefen deutlich hervorgeht, in die Familie integriert.[84] Da über Mosses Tätigkeit bislang keinerlei persönliche Äußerungen bekannt sind, muss offenbleiben, wie sie ihre Arbeit bewertete. Sah sie, ähnlich wie manche Teile der Homosexuellenbewegung, aber auch große Teile der Mädchenhandelskomitees und Sittlichkeitsvereine, diese Publikationen tatsächlich als jugendgefährdend an und war deswegen von der Richtigkeit ihres Handelns überzeugt, oder war ihr diese Aufgabe eher gegen ihren Willen angetragen worden? Da sie diese Tätigkeit bis 1933 ausübte und in den diversen Akten keinerlei kritische Äußerung von ihr überliefert sind, ist eher davon auszugehen, dass sie auch persönlich im Einklang mit dem Gesetz stand.

Als Jüdin wurde Martha Mosse im Februar 1933 aufgrund des „Gesetzes zur Wiederherstellung des Berufsbeamtentums“ aus dem Polizeidienst entlassen. Obwohl sie die Möglichkeit gehabt hätte auszuwandern, entschied sie sich, bei ihrer Freundin zu bleiben. Sie wurde 1943 im Konzentrationslager Theresienstadt interniert, überlebte und war von 1948 bis 1953 wieder beim Polizeipräsidium (West) beschäftigt. Nach ihrer Pensionierung engagierte sie sich in der neuen Berliner Frauenbewegung.

83 LAB, Pr. Br. A Rep. 030 Tit. 121, Nr. 17249.

84 Leo Baeck Institut im Jüdischen Museum: „Mosse Family Collection“: MF 648, Reel 9 Martha Mosse.

11
Sächsische Unverhältnismäßigkeiten

Die Polizeifachkunde war tendenziell eine moderne liberale polizeiliche Fachzeitschrift auf inhaltlich hohem Niveau. Hans Schneickert, Detloff von Behr, der Leiter der Zentralpolizeistelle zur Bekämpfung unzüchtiger Bilder und Schriften, und Gotthold Lehnerdt gehörten neben anderen zu ihren ständigen Autoren. In der Zeitschrift wurden regelmäßig Schriften der Sexualreformbewegung besprochen. Sie erschien zwischen 1921 und 1933. 1922 eröffnete Oberpolizeikommissar Dutschke, ein „alter ehemaliger Sittenbeamter" aus Dresden, wie er sich selbst nennt, eine Debatte über Homosexualität, die bis 1926 in loser Folge fortgesetzt wurde.[1] Dutschke war der Auffassung, dass Homosexualität angeboren sei und weder anerzogen sei noch durch „geschlechtliche Ausschweifungen" hervorgerufen werde. Bei diesen „absonderlich erscheinenden Personen" träten die Männer weiblich und die Frauen „burschikos" auf. Dies erkläre sich über die angeborene, genetisch bedingte zwittrige Anlage. Analverkehr komme bei den Homosexuellen zwar selten vor, trotzdem müsse die Polizei sie überwachen, und zwar nicht wegen des § 175, sondern wegen der Erpressungen, die ihnen aufgrund des Paragrafen drohten. Selbst das öffentliche „Herumlungern und Herumtreiben" der zumeist jugendlichen Homosexuellen sah er zwar als bedenklich an, aber eine davon ausgehende wirkliche Gefahr

1 Dutschke, Homosexualität und geschlechtliche Verirrungen, in: Die Polizeifachkunde 2 (1922), Nr. 1, S. 4 f.; Dutschke, Noch einmal die Homosexualität und die geschlechtlich Entarteten, in: Die Polizeifachkunde 2 (1922), Nr. 4, S. 39–41; Dutschke, Zur Aufklärung, in: Die Polizeifachkunde 2 (1922), Nr. 6, S. 65 f.

erkannte er nicht. Vorsichtig deutete er eine Streichung des § 175 an: „Der § 175 trifft die Homosexuellen sehr hart; es will mir scheinen, dass es besser wäre, diese Bestimmung zu streichen […].“

In einem weiteren Artikel wurde er deutlicher und begrüßte die Petition zur Abschaffung des Paragrafen: „Hoffentlich hat diese Kundgebung Erfolg, damit endlich diesen schuldlos Verfolgten, gesellschaftlich Geächteten und von der Schmutz- und Revolverpresse durch den Kot gezogenen Volksgenossen Gerechtigkeit widerfahre, denn es sind die Schlechtesten nicht, die seither unter dem § 175 gelitten haben.“ Eine Anmerkung der Redaktion und die Einleitung zu einem weiteren Artikel machten deutlich, dass es wohl viel Resonanz auf diesen Beitrag gab. Den einen stieß seine verständnisvolle Haltung auf, die anderen sahen die Homosexuellen herabgewürdigt. Dutschke argumentierte im Sinne Hirschfelds und der Homosexuellenbewegung (deren Literatur er offenbar gut kannte) und stand im Einklang mit der „Berliner Linie“ von Meerscheidt-Hüllessem, Tresckow und Kopp, wonach die Erpresser, nicht aber die Homosexuellen zu bekämpfen seien. Dutschke trat jedoch nicht für eine ersatzlose Streichung des § 175 ein. Wie so viele vermeintliche Liberale forderte er dessen Streichung, aber gleichzeitig ein Gesetz zum Schutz für „minderjährige männliche Personen […], um sie vor den sittlichen Gefahren zu schützen, wie ja auch das weibliche Geschlecht bis zum 16. Lebensjahre einen gesetzlichen Schutz vor Verführung genießt.“ Diesen besonderen Schutz sieht er darin begründet, dass der männliche Jugendliche bis ins Alter von 18 und 19 Jahren als „Schuljunge“ „bevatert und bemuttert“ werde und im Grunde noch ein „hilfloses Kind“ sei, während das Mädchen schon mit 15 und 16 Jahren durch die Mutter in allen geschlechtlichen Fragen unterrichtet und spätestens mit 17 und 18 in Bezug auf ihre künftigen „Ehe- und Mutterpflichten“ aufgeklärt sei. Anders sei die Situation von Jungen in Internaten. Diese seien in einem gnadenlosen Hierarchiesystem den homosexuellen Handlungen der älteren Jungen ausgeliefert. Doch die Argumentation Dutschkes ist in sich widersprüchlich. Auf der einen Seite sei Homosexualität angeboren, und somit könne man auch nicht

„verführt" werden. Auf der anderen Seite drohten durch Verhätschelung seitens der Eltern oder Isolierung in Internaten besondere Gefahren der sittlichen Fehlentwicklung. So forderte Dutschke einen diffusen Schutz vor homosexueller Beeinflussung.

Auf die generelle Schwierigkeit und wohl auch verbreitete Unkenntnis der Sexualstrafgesetzgebung ging der Dresdner Kriminalkommissar Arthur Pohle in *Die Polizeifachkunde* ein,[2] indem er alle Paragrafen erläuterte und polizeipraktische Tipps zur Vernehmung und Bekämpfung erteilte. Bemerkenswert an Pohles Ausführungen ist einerseits, dass er deutlich machte, dass „Homosexualität" an sich nicht strafbar sei. Für das Gesetz sei es völlig unerheblich, wie jemand homosexuell geworden sei. Bestraft würden ausschließlich gleichgeschlechtliche beischlafähnliche Handlungen. Er riet, die verdächtigen Personen immer getrennt zu vernehmen, um die Art der sexuellen Handlung in eingehendem Verhör zu erfragen, denn im Allgemeinen würden die Verdächtigen immer nur gegenseitige Onanie zugeben, von der sie wüssten, dass sie nicht bestraft werden könne.

Mit seinen weiteren Ausführungen leitete Pohle dann eine neue Ära in der Verfolgung Homosexueller ein, und damit relativierte er auch seine obige Feststellung, wonach die Homosexualität an sich nicht strafbar sei. Er behauptete, dass der § 175 nicht genüge, das homosexuelle „Unwesen" ausreichend zu bekämpfen. Deswegen seien die Polizeibehörden der Großstädte (welche er meinte, sagte er nicht) „jetzt" dazu übergegangen, gegen alle „derartig veranlagte, als solche bekannt werdende, in dieser Hinsicht vorkommende oder sich verdächtig machende Personen" Maßnahmen einzuleiten, indem sie gekennzeichnet und fotografiert würden. Auch wenn ihnen nach § 175 nichts nachzuweisen sei, würde im Rahmen von Verwaltungsmaßnahmen und unter Androhung von Strafe jeder Verkehr untereinander unterbunden und das Suchen von Bekanntschaften verboten. Erpresser und männliche

2 Arthur Pohle, Die Sittlichkeitsdelikte, in: Die Polizeifachkunde 5 (1925), Nr. 8, S. 196–205.

Prostituierte seien diesen „Homosexuellen" gleichzustellen. „Alle sich in dieser oder jener Hinsicht verdächtig machenden Personen sind vorläufig festzunehmen, um von Seiten der Behörden das Erforderliche durchführen zu können, Strafandrohungen oder Strafvollstreckungen vorzunehmen." Wenngleich weibliche Homosexualität nicht bestraft werde, so könne sich durchaus der Straftatbestand der Kuppelei ergeben, sofern ein solcher Verkehr von einer dritten Person „gewohnheitsmäßig oder des Vorteils wegen" geduldet werde. Pohle wich hier im Oktober 1925 von der bis dahin gängigen Praxis der passiven Bekämpfung ab und schlug eine aktive, präventive Homosexuellenbekämpfung vor, die zumindest in Dresden[3] und dann im sogenannten Chemnitzer Polizeiskandal auch praktisch umgesetzt wurde.

Knapp ein Jahr später legte Pohle nach. Jetzt sprach er nur noch von „Abnormitäten", die zwar „vollkommen männlich oder vollkommen weiblich ausgebildet und ausgeprägt" sein könnten, aber trotzdem zum gleichen Geschlecht tendierten. Diese „Abnormitäten" neigten dazu, „normal veranlagte Personen", hauptsächlich Jugendliche, für „ihre widernatürlichen Geschlechtsgelüste zu missbrauchen". Sie würden diese so „körperlich, geistig und seelisch völlig" ruinieren. Pohle hoffte, dass die maßgebenden Stellen „fest" blieben und dem Ansinnen, den § 175 zu streichen, nicht nachkämen.[4]

Ob das von Pohle ersonnene Vorgehen gegen Homosexuelle für das gesamte Land Sachsen galt, ist bislang nicht hinreichend untersucht. Seit Juli 1926 wurde es in Chemnitz umgesetzt, erreichte wohl aber erst im September 1927 eine breitere Öffentlichkeit. In einer Wohnung zusammenlebende Homosexuelle mussten binnen 14 Tagen auseinanderziehen, Homosexuelle durften nicht mehr auf öffentlichen Straßen, Wegen, Plätzen oder Bedürfnisanstalten verweilen, um mit anderen gleichgeschlechtlich Veranlagten in Kontakt zu treten, sie mit nach

3 Vgl. Blätter für Menschenrecht 3 (1925), Nr. 7, S. 3–5.

4 Arthur Pohle, Abnormitäten der Geschlechter, in: Die Polizeifachkunde 6 (1926), Nr. 7, S. 201–202.

Hause zu nehmen oder bei sich nächtigen zu lassen. Bei Zuwiderhandlung wurde eine Haftstrafe von sieben Tagen angedroht. Das Vorgehen der Chemnitzer Polizei löste in der Berliner Homosexuellenbewegung einen Sturm der Entrüstung aus. Hirschfeld hielt im April 1928 einen Vortrag in Chemnitz, und der Anwalt des WhKs, Kurt Hiller, steuerte ein Rechtsgutachten bei, damit die Betroffenen vor Gericht ziehen konnten.

In der Fachzeitschrift *Die Polizei* rechtfertigte Regierungsrat Albrecht Böhme, Leiter des Kriminalamtes der Stadt Chemnitz, in zwei Artikeln das Vorgehen seiner Behörde.[5] Er machte deutlich, dass die Maßnahmen in engem Zusammenhang mit dem „Gesetz zur Bekämpfung der Geschlechtskrankheiten" vom 18. Februar 1927 stünden, das der Polizei die weitgehende Kontrolle über die weibliche Prostitution entzog, und dass dadurch die Auflösung der „Sittenpolizei" in ihrer bisherigen Form anstehe. Böhme hob hervor, dass es neben der Prostitution noch weitere sittenpolizeiliche Aufgaben, insbesondere die Bekämpfung der widernatürlichen Unzucht, des Mädchenhandels, der einfachen und schweren Kuppelei, Zuhälterei, der öffentlichen Vornahme unzüchtiger Handlungen (er zählt alle Sexualstraftaten auf) gebe. Die Polizei habe nicht nur die Pflicht, bei einer Anzeige einzuschreiten, sondern müsse auch präventiv tätig werden, um „der Grundtendenz und den letzten Zweck der Strafgesetze, der Bewahrung der Nation vor dem Verfall, gerecht [zu] werden". Im Vordergrund stehe die Bekämpfung der „widernatürlichen Unzucht", besonders der homosexuellen Prostitution, die weit gefährlicher zu bewerten sei als die heterosexuelle. In dieser Zeit, seit Juli 1926, habe die Polizei 438 Personen in Bedürfnisanstalten verhaftet, 172 erhielten Polizeiauflagen unter Androhung von Haftstrafen, für 25 wurde eine Strafe verhängt. Darunter befanden sich auch Männer, die in einem „homosexuellen

5 Albrecht Böhme, Sittenpolizeiliche Rechtsfragen der Gegenwart (1. Teil), in: Die Polizei 25 (1928), Nr. 16, S. 503–506; ders. (2. Teil), in: Die Polizei 25 (1928), Nr. 17, S. 537–540.

Konkubinat" lebten, was „nach vorausgegangener Verlobung unter Wechsel gravierter Verlobungsringe festgestellt wurde, bei welchem der eine Teil in Frauenkleidung kocht, wäscht und Kostgeld vom anderen erhält". Er glaubte, diese Methoden auch auf lesbische Frauen nach §§ 361 und 362 (Arbeitsscheu, Landstreicherei, Bettelei, Trunk- oder Müßiggang, Prostitution) anwenden zu können. Böhme war sich über seine Vorgehensweise vollkommen im Klaren: Man werde entrüstet sein über das „Aufleben polizeistaatlicher Ideen", aber sie geschähen nach geltendem Recht.

Am 6. Februar 1928 hatte sich das Sächsische Oberverwaltungsgericht aufgrund des Widerspruchs eines Betroffenen mit der Verordnung befasst und sie aufgehoben. Alle bis dahin ergangenen Verfügungen der Polizei wurden zurückgenommen und die Bußgelder zurückgezahlt. Böhme reagierte gekränkt: „Das Oberverwaltungsgericht hat mit diesem Urteil eine schwerwiegende Verantwortung übernommen. Die sächsischen Polizeibehörden tragen keine Verantwortung mehr, wenn künftig das großstädtische Straßenbild ein unwürdiges Gepräge erhält und wenn die Hauptherde der Geschlechtskrankheiten, die Dirnen, die Zuhälter und auch ein großer Teil der geschlechtskranken Homosexuellen, unerfaßt bleiben." Im März 1933 meldete sich Böhme noch einmal in *Die Polizei* zu Wort. Nun diskutierte er die „Heilung sexuell abnorm veranlagter Menschen", worunter er auch homosexuelle Männer und Frauen fasste. Die Ergebnisse der Kastration hielt er für nicht gesichert genug, um diese Methode durchzuführen, auch erhob er rechtliche Bedenken. Dagegen zeige die Psychoanalysemethode nach Wilhelm Stekel sehr gute Ergebnisse. 50 Prozent seiner behandelten homosexuellen Patienten seien „geheilt" worden.[6] Die Gleichstellung von Sexualverbrechern und Homosexuellen wurde nicht mehr infrage gestellt.

Böhme war einer der typischen kriminalpolizeilichen Karrieristen des Dritten Reiches, der das Gedankengut der vorbeugenden

6 Albrecht Böhme, Heilung abnorm veranlagter Menschen, in: Die Polizei 30 (1933), Nr. 5, S. 113 f.

Verbrechensbekämpfung schon während der Weimarer Zeit propagierte. Nach Chemnitz stieg er zum Leiter der Kriminalpolizeileitstelle München auf, nahm aber offenbar 1940 seinen Hut, wohl auch, weil er mit den extremen Verschärfungen, sprich Deportationen, nicht mehr einverstanden war. Er hatte die Geister, die er beschwor, wohl unterschätzt.

In München war von liberalen Tendenzen während der Weimarer Zeit kaum etwas zu spüren. Hier setzte die Polizei durchgehend auf Repression. Schon Anfang der Zwanzigerjahre wurden Lokale geschlossen, Vereine durften sich nicht gründen, ein Vortrag Hirschfelds wurde verboten. Mitte der Zwanzigerjahre stiegen die Verurteiltenzahlen nach § 175 drastisch an. Razzien fanden sowohl in den Grünanlagen, in öffentlichen Pissoirs oder in Kneipen statt. Auch Verkleidungsbälle wurden hochgenommen. Der Historiker Stephan R. Heiß resümierte: „München als Zentrum der ‚Ordnungszelle Bayern' und als Sammelplatz der rechtsextremen Kreise Deutschlands ließ bereits in den 20er Jahren Tendenzen erkennen, die in anderen Teilen des Reiches erst später spürbar wurden."[7] Die Bigotterie wurde gerade in München augenfällig und zeitgenössisch skandalisiert: Während 18-Jährige aus Gründen des Jugendschutzes in Schwulenbars festgenommen wurden, torkelten gleichzeitig betrunkene 16-Jährige durch die Straßen, und das nicht nur zum Oktoberfest, sondern regelmäßig.[8]

Auch Hannover kannte nach dem Haarmann-Fall kein Pardon. Wohl alle erreichbaren Homosexuellen wurden polizeilich registriert, die Verurteiltenzahlen schnellten in die Höhe, und alle Lokale wurden geschlossen. Gleichzeitig galt die moderate Linie, ähnlich der Berliner Linie, auch in anderen Städten wie Frankfurt am Main und Hamburg. Die polizeiliche Alltagserfahrung ließ in der Regel keine anderen Schlüsse zu. Auch in Köln und Essen konnte die Polizei zwischen

7 Stephan R. Heiß, Die Polizei und Homosexuelle in München zwischen 1900 und 1933, in: Michael Farin (Hrsg.), Polizeireport München, München 1999, S. 194–207, hier S. 199.

8 Neue Homosexuelle Verfolgungen in München, in: Mittteilungen des Wissenschaftlich-humanitären Komitees (März 1929), Nr. 20, S. 159–161.

Opfern und Täter unterscheiden. Das *Kölner Tageblatt* berichtete aufgrund von Häufungen von Gewalttaten gegen Homosexuelle: „Die Raubüberfälle und Erpressungen wurden von Banden, zu denen drei bis vier junge Burschen gehörten, ausgeführt. Einer sprach ein Opfer an, vom dem sie durch sein Benehmen wußten, daß er mit einem von ihnen liebäugelte. Während der Unterhaltung kamen drei oder vier andere Burschen hinzu, stellten den Mann wegen Belästigung ihres Freundes zur Rede und wurden kurzerhand tätlich. Sie schlugen ihn nieder, raubten ihm das Bargeld, Uhr und Wertsachen und ließen ihn dann liegen. Eine große Anzahl dieser Fälle sind der Polizei gemeldet worden, aber es ist sicher, daß viele Überfallene aus Scham keine Meldung erstattet haben, so daß die Zahl der Überfälle und Beraubungen sicher weit größer ist." Die Polizei führte deswegen eine Razzia durch, konnte die Täter auch festnehmen, stand aber vor einem Problem: „Sämtliche Verhaftete sind arbeitslose Burschen, die der Polizei schon lange bekannt sind, es konnte aber bisher nicht gegen sie eingeschritten werden, da keine Anzeigen gegen sie vorlagen."[9] Ähnliche Erfahrungen machte die Polizei in Essen: „Aus Angst evtl. Unannehmlichkeiten ausgesetzt zu werden, haben die Erpressten es unterlassen, Anzeigen zu erstatten. Nur einige Fälle gelangten zur Anzeige. Die Ermittlung der Täter war zunächst schwierig, weil deren Namen nicht bekannt waren, die Erpressten sich nicht meldeten und beide Teile auch strengste Verschwiegenheit wahrten." Diese Pressemitteilung erschien im Februar 1931 in mehreren Essener Tageszeitungen. Die Polizei versicherte: „Sämtliche Mitteilungen werden vertraulich behandelt."[10]

9 Kölner Tageblatt, 25. 2. 1931.

10 Das Freundschaftsblatt 9. Jg., 12. 2. 1931.

12
Das Homosexuellendezernat in Berlin unter Bernhard Strewe 1922 bis 1933

Zur Verabschiedungsfeier Heinrich Kopps im Institut für Sexualwissenschaft Ende Oktober 1922 befand sich auch dessen Nachfolger Bernhard Strewe unter den Gästen. Hirschfeld drückte in seiner Rede die Hoffnung aus, dass der „Geist", in dem Kopp bislang gewirkt hatte, auf die Beamten des Homosexuellendezernats übergehen werde.[1] Fünf Jahre später, zur 30-jährigen Jubiläumsfeier des Wissenschaftlich-humanitären Komiteen (WhK) am 15. März 1927, resümierte Hirschfeld: „Seit unser[er] sogenannten Revolution haben sich diese Beziehungen [zum Polizeipräsidium] leider eher verschlechtert, als verbessert."[2] Näher ging er darauf nicht ein, doch aus diesem Satz spricht die Enttäuschung über die Revolution, aber offensichtlich wirkte auch der „Geist Kopps" nicht in dem gewünschten Maße.

Zahlen über Verhaftungen, Anzeigen oder Verurteilungen gibt es für das Berlin der Weimarer Republik so gut wie keine. Für die Jahre 1922 bis 1924 liegen jedoch Anzeigenzahlen vor. Während 1922 unter Kopp 18 Anzeigen bearbeitet wurden, stieg diese Zahl unter Strewe 1923 und 1924 von 739 auf 1450. Auch wenn dieser Zuwachs einem landesweiten Trend entsprach, zeigt er doch, dass unter Strewe eine extreme Verschärfung in der Verfolgung eingetreten war.

Diese Tendenz ist bereits seit 1921 festzustellen. Die Leitung der Kriminalpatrouillen, jetzt „Streifmannschaften" genannt, war nach dem Ersten Weltkrieg verwaist und wurde zunächst kommissarisch

1 JfsZ 23 (1923), S. 203.

2 BArch, R 8077/1.

von Kriminalkommissar Ludwig Werneburg verwaltet. Am 1. Juli 1921 übernahm Kriminalkommissar Ernst Engelbrecht dann die Leitung der „Streifen", der 130 Beamte angehörten. Engelbrecht führte nun für ein bis zwei Jahre relativ regelmäßig groß angelegte Razzien gegen Prostituierte und „Nachtbetriebe" (das sogenannte Rotlichtmilieu) durch.[3] Dazu gehörten auch die Gegenden der männlichen Prostitution und besonders Männer in Frauenkleidern, die als solche der Prostitution nachgingen. Die *Die Freundschaft* berichtete in Abständen darüber, etwa in Artikeln wie „Jagd auf Homosexuelle" oder „Die Menschenjagden in Berlin",[4] warb aber insgesamt um Verständnis für diese Maßnahmen, da es sich „nur" um Personen handele, die der Prostitution nachgingen, und sich diese Razzien nicht gegen die Homosexuellen insgesamt richteten.

Das rigorose Vorgehen fand, so behauptet Engelbrecht, zunächst in Übereinstimmung mit Polizeipräsident Richter und dessen Vize Walter Moll statt, geriet aber in den Medien zunehmend in die Kritik, weil massenweise Unbeteiligte betroffen waren. Hunderte Personen wurden bei solchen Razzien kontrolliert. Alle, die sich nicht legitimieren konnten, wurden per Lastwagen ins Polizeipräsidium gebracht und dort überprüft. Engelbrecht beklagte sich über die Reaktion des Polizeipräsidiums: „[Es] nahm die Angriffe eines linksradikalen Blattes zum Anlaß, wie früher die Razzien, jetzt auch die Aushebungstätigkeit der Streifmannschaft ganz erheblich einzuschränken." Allerdings schienen seine Maßnahmen auch bei den eigenen Beamten nicht auf volle Unterstützung zu stoßen: „Diese Herren glaubten sich überanstrengt und ließen häufig das für diesen Dienst unbedingt erforderliche Interesse vermissen."[5] Noch unter Richter wurde Engelbrecht im März 1923 nach Zehlendorf versetzt, was er als „Kaltstellung" empfand. Nebenbei

3 Ernst Engelbrecht, 15 Jahre Kriminalkommissar, Berlin o. D. [ca. 1927/28], S. 63 f.

4 Die Freundschaft 3 (1921), Nr. 41, S. 7; Die Freundschaft 4 (1922), Nr. 1, S. 5.

5 Engelbrecht, 15 Jahre Kriminalkommissar, S. 154.

entwickelte Engelbrecht eine umfangreiche publizistische Tätigkeit in Zeitungen und Zeitschriften, Büchern und zeitweise einer eigenen Zeitschrift, teilweise zusammen mit dem Kriminalschriftsteller Leo Heller. In diesen Veröffentlichungen rechtfertigte er seine Arbeit und verteidigte seine „harte Linie".[6] In der Regel entwarf er darin ein Bild von Hand-in-Hand-gehender Ausschweifung und Verbrechen: „Spricht man von Verbrecherkreisen, so meint man nicht nur die Verbrecher selbst, sondern auch den großen Kreis der Gesellschaft, in welcher sie zu verkehren pflegen. Zu ihm gehören vornehmlich auch die Dirnen, Spieler und Pupen (Homosexuelle) und alle die vielen, meist beschäftigungslosen jungen Burschen und Mädchen, die im allgemeinen vom Betteln und gelegentlichen ‚Langfingermachen' ihr Dasein fristen, wenn ihnen aber einmal eine Gelegenheit ganz besonders günstig ist, auch einen Raubmordversuch nicht verschmähen." Nationalistische Töne folgen solchen Vergleichen auf dem Fuße: „Freilich, eine Sisyphus-Arbeit ist es, den Nachtsumpf Berlins zuzuschütten, aber sie ist notwendig und deshalb den Nachtbetrieben und ihrem Stammpublikum ein harter, rücksichtsloser Kampf! Für alle die Elemente, denen das Einsehen hierfür mangelt und die sich den Interessen der Allgemeinheit entgegensetzen, ist keine Rücksicht notwendig! Die Gesundung Deutschlands verlangt zunächst die Gesundung seines Wirtschaftslebens, und diese kann nur durch energische Bekämpfung allen Wuchers, insbesondere auch der wucherischen Nachtbetriebe, erfolgen."[7]

Derartige Äußerungen eines Kriminalkommissars in der Öffentlichkeit mussten zumindest einigen Verantwortlichen in Präsidium und Innenministerium missfallen. Während Polizeivize Ferdinand Friedensburg, der Nachfolger von Moll, laut Engelbrecht noch hinter ihm stand, ging Bernhard Weiß als Leiter der Kriminalpolizei zunehmend auf Distanz. Auch das Innenministerium nahm sich der Sache an,

6 Vgl. Ernst Engelbrecht/Leo Heller, Berliner Razzien, 2. Aufl., Berlin 1924.

7 Ernst Engelbrecht/Leo Heller, Verbrecher – Bilder und Skizzen aus dem Verbrecherleben, Neu-Finkenkrug bei Berlin 1924, S. 1, 37.

und hier wurde insbesondere Heinrich Kopp aktiv. Gefordert wurde, dass Kriminalkommissare ihre Artikel vor einer Veröffentlichung vorzulegen haben.[8] Allerdings hielt sich Engelbrecht nicht daran, und eine rechtliche Handhabe hätte nur dann bestanden, wenn er interne Dienstgeheimnisse verraten hätte. Unter Polizeipräsident Zörgiebel wurde Engelbrecht Ende 1926 eine Versetzung nach Köln angeboten, was dieser nicht wollte, sodass er 1927 seinen Abschied nahm.[9] Kurz nach der Machtübergabe 1933 bat Engelbrecht um Wiedereinstellung in das Polizeipräsidium.[10]

Dieses Beispiel deutet bereits die Machtkonstellation im Polizeipräsidium an. Jenseits des Parteibuches bestand mit Richter, Moll und Friedensburg bis Mitte der Zwanzigerjahre eine konservative Polizeiführung, erst mit Grzesinski, Zörgiebel und Weiß begann in der zweiten Hälfte der Weimarer Republik eine liberalere Phase.

Als Ferdinand Friedensburg, aus der ostpreußischen Provinz kommend, im Februar 1925 die Vizepräsidentschaft übernahm, war das Präsidium gerade unbesetzt. Richter und Moll hatten aufgrund einer Bestechungsaffäre im Januar zurücktreten müssen, Grzesinski kam erst im Mai 1925, sodass Friedensburg mehrere Monate freie Hand hatte. Eine seiner ersten Diensthandlungen war die Schließung des Homosexuellenlokals „Eldorado“ in der Kantstraße. In seinen Lebenserinnerungen berichtet er abfällig darüber: „Schon in Ostpreußen hatte man mit moralischem Schauder von den skandalösen Zuständen in einigen Berliner Nachtlokalen gesprochen und geschrieben, und namentlich das umfangreiche Etablissement der Eldorado-Bar wurde als Mittelpunkt eines abstoßenden Treibens von Homosexuellen, Transvestiten usw. besonders kritisch beurteilt. Ich sah mir die Zustände eine halbe Stunde lang in der ersten Nacht an, fand sie

8 GStA, I. HA, Rep. 77, Tit. 235, Nr. 1, Bd. 14; Engelbrecht: 15 Jahre Kriminalkommissar, S. 223–230.

9 Engelbrecht, 15 Jahre Kriminalkommissar, S. 263–270.

10 Liang, Berliner Polizei, S. 185.

weit schlimmer als erwartet und jedenfalls als dem Rufe Berlins und seiner Ordnung zuträglich war. So wurde das Lokal noch in der gleichen Nacht von einem ansehnlichen Polizeiaufgebot geschlossen."[11] Das „Eldorado" spielte in der damaligen Community keine große Rolle,[12] und es hätte jedes andere der knapp hundert Lokale genauso treffen können. Das Beispiel macht aber deutlich, wie hier Provinzialismus auf Großstadt trifft und wie sehr manche Entscheidungen von der Willkür einzelner Verantwortlicher abhingen.

Rechtliche Situation: Reform und Verschärfung

Alle Hoffnungen der Homosexuellenbewegung, dass der § 175 nach der Revolution schnell gestrichen würde, erwiesen sich als trügerisch. Mit dem vermehrten Einfluss des Zentrums in der Reichsregierung schwand diese Hoffnung zusehends.

Mit dem von der Strafrechtskommission 1927 („E 1927") vorgelegten Entwurf eines § 297 wiederholte sich der Vorgang aus der Kaiserzeit fast identisch. Der Entwurf sah eine wesentliche Verschärfung vor allem in seinen differenzierten Ausformulierungen vor. Demnach blieben beischlafähnliche Handlungen unter Männern wie bisher mit mindestens einem Tag Gefängnis bestraft. Als spezifizierter Tatbestand wurde die „Verführung" Jugendlicher mit mindestens sechs Monaten Gefängnis bedroht, und zwar bei allen homosexuellen Handlungen, nicht nur beischlafähnlichen. Bei Prostitutionsverhältnissen oder bei Missbrauch eines Dienst- oder Arbeitsverhältnisses drohte in besonders schweren Fällen sogar eine Zuchthausstrafe mit bis zu fünf Jahren.

11 Ferdinand Friedensburg, Lebenserinnerungen, Frankfurt a. M./Bonn 1969, S. 144.

12 Es gab in den Zwanzigerjahren insgesamt vier „Eldorados". Internationale Bedeutung erlangte jenes in der Motz-/Ecke Kalckreuthstraße.

Die Emanzipationsbewegung war nun wie schon in der Kaiserzeit, als sogar gleichgeschlechtliche Handlungen von Frauen bestraft werden sollten, gezwungen, gegen diesen Entwurf vorzugehen und seine Härten zu mindern, anstatt an ihrer alten Forderung einer Abschaffung oder wesentlichen Reform festhalten zu können. In zwei Jahren zäher Aufklärungsarbeit konnte man immerhin erreichen, dass am 19. Oktober 1929 der Strafrechtsausschuss im Reichstag einer Streichung des ersten Teiles (homosexuelle Handlungen unter Erwachsenen) zustimmte, die anderen Teile aber blieben unverändert. Doch bereits im März 1930 empfahl eine andere Kommission, den ersten Teil bestehen zu lassen, zu einer Abstimmung kam es nicht mehr. Im Juli 1930 wurde der Reichstag aufgelöst, und eine neue Mehrheit von bürgerlich-konservativen, rechten bis rechtsradikalen Abgeordneten war absehbar. Der letzte Entwurf von 1930, verfasst von dem Strafrechtler Wilhelm Kahl, knüpfte zwar an den Beschluss von 1929 an, blieb aber ohne Relevanz.[13]

Dennoch hatten der Beschluss des Strafrechtsausschusses und der Kahl'sche Entwurf bis 1933 eine gewisse Bedeutung. Zum ersten Mal hatte es eine Willensbekundung des Parlaments gegeben, die nun so genannte „einfache Homosexualität“ unter Erwachsenen nicht mehr unter Strafe zu stellen. Das hatte Signalwirkung in die Polizei und setzte bei den Homosexuellen Hoffnungen frei, dass, sobald sich die politischen Verhältnisse wieder stabilisieren würden, es zu einer Streichung kommen könnte.

Gleich nach 1933 verlangte die Evangelische Kirche in einer Denkschrift zur Strafrechtsreform die Beibehaltung der Bestrafung der widernatürlichen Unzucht: „Es handelt sich hier um eine Verirrung, die geeignet ist, den Charakter zu zerrütten und das sittliche Gefühl zu zerstören. Sie führt zur Entartung des Volkes und zum Zerfall seiner

13 Vgl. Jürgen Müller, Ausgrenzung der Homosexuellen aus der „Volksgemeinschaft“. Die Verfolgung von Homosexuellen in Köln 1933–1945, Köln 2003, S. 62–64.

Kraft; sie ist ein Herd des Verbrechens. Insbesondere kann die Gefahr der Verführung an sich normaler Jugendlicher nur durch wirksame Strafbestimmungen vermindert werden."[14] Aber trotz der Verschärfung des § 175 im Jahr 1935 durch die Nationalsozialisten und trotz aller weiterer Maßnahmen gegen die angebliche Unsittlichkeit reichte das der Kirche noch nicht aus. Um 1938 verfasste die „Arbeitsgemeinschaft für sittliche Volkserziehung" (Zusammenschluss der Sittlichkeitsvereine) eine weitere Denkschrift „Die evangelische Sittlichkeitsarbeit", in der es unter anderem heißt:

> „Der nationalsozialistische Umbruch hat nun eine ganz neue Lage geschaffen. Die öffentliche Unsittlichkeit ist von den Straßen vertrieben. Kino und Theater wurden gereinigt. Nacktkultur, Schmutz und Schund wurden verboten. Die Ehe- und Familiezerstörende Propaganda wurde unterbunden. Durch die Betonung der Bindung und Verpflichtung für die dem Einzelnen übergeordnete Volksgemeinschaft wurde der Individualismus beseitigt. Ehe, Familie, Kinderreichtum, sittlich reine Lebensführung durch positive Maßnahmen der Bevölkerungspolitik, zugleich ordnete die Rassenhygiene das Wohlergehen des Einzelnen dem der Gesamtheit unter.
> Trotz dieser gewaltigen Anstrengungen darf man sich nicht darüber hinwegtäuschen, dass es einer langen und mühsamen Erziehungsarbeit bedarf, ehe gesunde sittliche Anschauungen die ganze Volksgemeinschaft beherrschen." Kritisiert wird die Duldung der Prostitution, die Duldung von außerehelichem Geschlechtsverkehr, sowie: „Ferner kann nicht verkannt werden, dass die Vergehen gegen § 175 StGB. immer wieder vorkommen."[15]

14 ADW, CA, Gf/St., Nr. 455.

15 ADW, CA, Gf/St., Nr. 165.

Herkunft und Berufsweg Strewes

Bernhard Strewe wechselte von der Schutzpolizei zur Kripo. Er wurde am 5. Juli 1881 in Siegen geboren und muss um 1911/12 in der Berliner Schutzmannschaft als Polizeianwärter angefangen haben. Davor dürfte er eine militärische Ausbildung absolviert haben. Zum 11. Juli 1914 wurde er zum interimistischen Polizeileutnant ernannt und ein knappes Jahr später endgültig als Polizeileutnant in die Polizei aufgenommen.[16] Strewe war also kaum in der Polizei tätig, als der Erste Weltkrieg ausbrach. Vermutlich war er die gesamten vier Jahre im Kriegsdienst. Im Mai 1915 wurde ihm ein Eisernes Kreuz II. Klasse verliehen.[17]

Im Februar 1919 wurde ihm die Leitung des 107. Polizeireviers am Baumschulenweg in Treptow übertragen. In dieser Zeit scheint er sich parallel um eine Aufnahme in die Kriminalpolizei bemüht zu haben, denn im Juni 1921 wurde er offiziell als Kriminalkommissar ernannt.[18] Im Oktober 1922 übernahm er die Leitung des Homosexuellendezernats.

Strewe heiratete im November 1919 in Berlin Johanna Kluth. Ein Jahr später, im November 1920, wurde ihr einziger Sohn Heinz-Berndt geboren, der später eine kaufmännische Ausbildung begann. Die Ehe wurde bereits 1925 wieder geschieden, Johanna Kluth starb 1943, Sohn Heinz-Berndt fiel 1944 im Krieg.[19]

Die biografischen Angaben zu Strewe sind spärlich, jedoch verweisen sie bereits auf eine andere Herkunft als seine Vorgänger.

16 Amtliche Nachrichten des königlichen Polizei-Präsidiums zu Berlin, Nr. 101, 11. 7. 1914; Amtliche Nachrichten des königlichen Polizei-Präsidiums zu Berlin, Nr. 33, 6. 3. 1915.

17 Amtliche Nachrichten des königlichen Polizei-Präsidiums zu Berlin, Nr. 70, 20. 5. 1915.

18 Amtliche Nachrichten des königlichen Polizei-Präsidiums zu Berlin, Nr. 105, 2. 6. 1921.

19 Meldeauskünfte der Stadt Mainz.

Strewes Haltung zur Homosexuellenfrage

Am 27. November 1924, während der Haarmann-Ermittlungen, hielt Bernhard Strewe am Institut für Sexualwissenschaft in Berlin einen Vortrag zum Thema „Aus sexualkriminalistischer Praxis“ und stellte sich damit den Autoritäten der Homosexuellenbewegung. Er erörterte hier Fälle von Masochismus, Fetischismus, Sadismus, Exhibitionismus, Voyeurtum und Homosexualität. In den Besprechungen zu diesem Vortrag wurde auf die erstgenannten Sexualdelikte nicht eingegangen, sondern nur allgemein vermerkt, dass Strewe sich dabei mit den Ergebnissen der wissenschaftlichen Forschung vertraut zeigte und sowohl die be- als auch entlastenden Aspekte der Täter berücksichtige. Das Thema Homosexualität streifte Strewe wohl nur kurz, doch was er sagte, gab Anlass zur Diskussion. So bekannte er, dass auch er eine Abschaffung des § 175 befürworte, glaube aber nicht, dass die Homosexuellenbewegung dieses Ziel erreichen könne, solange nicht mehr Disziplin geübt werde. Unter „Disziplin“ verstand er, dass unter allen Umständen die männliche Prostitution bekämpft werden müsse. Auch das Treiben der Homosexuellen in öffentlichen Toiletten monierte er. Von Reichstagsabgeordneten, die sich beim Polizeipräsidium über deren Auftreten in Toiletten beschwerten, könne man nicht verlangen, dass sie für eine Beseitigung des Paragrafen einträten. Als noch entscheidender bezeichnete er aber die „Verführung Minderjähriger“. Vom 1. April bis 1. November 1924 seien allein in Berlin 360 „Sittlichkeitsverbrechen an Minderjährigen“ begangen worden, davon 82 Fälle von „Homosexuellen“ und „Jugendverführern“, die selbst vor Kindern unter 14 Jahren nicht haltmachten. Im Übrigen vertrat er die Ansicht, dass die Aussagen von Kindern in solchen Fällen in den meisten Fällen auf Wahrheit beruhten. In der anschließend stattfindenden Diskussion wurde vor allem der Wahrheitsgehalt der Aussagen von Kindern kritisch betrachtet.[20]

20 Die Freundschaft 7 (1925), Nr. 1, S. 18; Mitt WhK August 1926), Nr. 1, S. 2; Die Fanfare 2 (1925), Nr. 1; Die Insel 2 (1924), Nr. 6.

Strewe ließ in seinem Vortrag offen, wen er genau mit Minderjährigen oder Jugendverführern meinte oder was er unter Sittlichkeitsverbrechen verstand. Gemäß dem Arbeitsgebiet des Homosexuellendezernats unterschied er nicht zwischen sexuellem Missbrauch von Kindern unter 14 Jahren nach § 176 und homosexueller Handlung nach § 175, die ab dem 15. Lebensjahr ansetzte. Er griff damit die Anfang der Zwanzigerjahre entstandene Diskussion über Homosexuelle als Kinder- und Jugendverführer bereitwillig auf, ohne zu differenzieren oder sie mit echten Fakten zu unterlegen.

Gelegenheit dazu bekam Strewe in den *Blättern* für Menschenrecht, in denen er 1926 einen Beitrag „Jugendverführer" veröffentlichte. Darin widmete er sich zunächst dem Entwurf des § 175 von 1925, den er mit „Freuden begrüßt" habe, weil „unseren Kindern und Jugendlichen" darin ein erhöhter Schutz gewährt werde. Dass es sich bei dieser Fassung um eine Verschärfung handelte, war ihm klar, das Hauptargument dafür sei „die wohl nicht ganz zutreffende Gleichstellung der gesamten Homosexuellen mit den homosexuellen Jugendverführern". Gerade deswegen müssten „die Homosexuellen" einen „schärferen Trennungsstrich zwischen sich und den Kinderschändern" ziehen. Im Jahr 1926 seien Fälle von „100 homosexuellen Kinderverführern" nach § 176 und eine weit größere Zahl von „Sittlichkeitsverbrechen" an „Knaben" zwischen 14 bis 18 Jahren vorgekommen, die meist nicht justiziabel gewesen seien. Die Fälle würden auch deswegen oft nicht verurteilt, weil den in der Regel wahren Kinderaussagen kein Glauben geschenkt werde.[21]

Tatsächlich stellt der Wahrheitsgehalt einer Kinderaussage als Beweis in Fällen sexuellen Missbrauchs ein großes Problem dar, das insbesondere heftig diskutiert wurde und wird, und zweifellos hätte sich das Wissenschaftlich-humanitäre Komitee (WhK) auf eine Kompromissformel eines Schutzalters von 16, 18 oder 21 Jahren jederzeit

21 Bernhard Strewe, Jugendverführer, in: Blätter für Menschenrecht (Nov./Dez. 1926), S. 18–20.

eingelassen, wenn das Vergehen unter Erwachsenen nicht mehr bestraft worden wäre. Darum aber ging es nie. Die angebliche Kinder- und Jugendverführung musste stets als Argument herhalten, um den Paragrafen als Ganzes nicht anzutasten. Wäre es wirklich um den Schutz von Jugendlichen zwischen 14 und 16 Jahren (wahlweise bis 18 oder 21) gegangen, hätte eine geschlechtsneutrale Fassung der §§ 182 oder 177 völlig ausgereicht.

Dass Strewe ganz andere Töne anschlug, wenn er nicht vor einem homosexuellen Publikum sprach oder für dieses schrieb, beweist ein Vortag, den er 1926 im Berliner Rathaus hielt. Hier behauptete er, dass 90 Prozent aller Homosexuellen zu Jugendlichen und nur 10 Prozent zu Älteren Beziehungen anstrebten.[22] Auf einer Tagung des „Katholischen Akademikerverbandes" 1929 in Kevelaer malte Strewe das Schreckensgemälde Großstadt an die Wand. Er stützte sich dabei auf das Psychopathenmodell von Karl Birnbaum und sprach von „Haltlosen, Leichtfertigen, Leichtverführbaren, Leidenschaftlichen, Hysterischen, unsteten und willensschwachen Charakteren und geschlechtlich labilen Naturen", die durch den Hexenkessel der Stadt verdorben würden. Besondere Gefahren gingen von Filmen aus, besonders von „Kitschfilmen" wie „Anders als die Anderen" von Hirschfeld oder von Revuetheatern, Kabaretts und Kneipen, wo es durch alkoholische Exzesse zu unsittlichen Ausschweifungen komme. In den Tanzdielen lauerten die Zuhälter, die Wohnungsnot begünstige Inzest und Prostitution; Rummelplätze, Reklame, Zeitschriften und Magazine, besonders homosexuelle, reizten die „niedrigsten Instinkte". Geschlechtskrankheiten und Verführung von Kindern seien die Folge, ein Lehrer würde „in einem bekannten Institut für Sexualwissenschaft" Nacktübungen für minderjährige Mädchen anbieten. Ob die Homosexualität zugenommen habe, könne man nicht mit Sicherheit sagen, doch in der Nachkriegszeit seien die Homosexuellen „ungenierter" und „hemmungsloser" geworden

22 Hans Muser, Homosexualität und Jugendfürsorge: eine soziologische und fürsorgerische Untersuchung, Paderborn 1933, S. 60.

und würden „aus ihrer Veranlagung keinen Hehl mehr machen, sondern sich vielfach sogar damit brüsten“. Es sei sehr zu begrüßen, dass der neue § 175 nun auch schwere Strafen für die homosexuellen Jugendverführer androhe, denn bislang seien die 14- bis 18-Jährigen überhaupt nicht geschützt. Die „Homosexuellen“ würden den Jugendlichen in Jugendvereinen und praktisch jeder Schule auflauern, sie zu verführen suchen, dann weitergeben, bis sie zuletzt oft in der Prostitution landeten. Auch hier biete der verschärfte Paragraf endlich eine bessere Handhabe. Jugendliche bräuchten eine feste, sittlich-religiöse Lebensanschauung. Zum Schluss forderte Strewe die Versammelten auf: „Ungebeugten Mutes müssen wir an die Arbeit gehen, denn nur eine starke, an Leib und Seele gesunde, schaffensfreudige Jugend wird die Anfechtungen unserer Zeit bestehen können und fördernd an dem Wiederaufstieg unseres Vaterlandes mitarbeiten können.“[23]

Die Rhetorik Strewes entsprach ganz der der Sittlichkeitsvereine, und auch der Rahmen, in dem er diesen Vortrag hielt, spricht dafür, dass Strewe deutlich diesem Spektrum zuzuordnen ist. Das Buch bzw. den Vortrag besprach Bernhard Weiß in den *Kriminalistischen Monatsheften*: „Entsprechend der religiösen Grundauffassung des Kreises, in dem die Vorträge gehalten wurden, weisen die Darlegungen eine bestimmte Tendenz auf, die wohl im Widerspruch zu der Rechtsauffassung der Mehrheit unseres Volkes steht. So fordert Strewe nicht nur die Aufrechterhaltung, sondern die Ausgestaltung des § 175 unserer Strafprozessordnung [so im Original], während der Rechtsausschuß des Reichstages sich bekanntlich jüngst für die Abschaffung dieses Paragraphen ausgesprochen hat. [...] Auch derjenige Praktiker aber, der auf anderem Rechtsstandpunkt als Strewe [...] steht, wird [seine] inhaltlich wertvollen Ausführungen mit Gewinn lesen.“[24]

23 Bernhard Strewe, Die Großstadt und ihre sittlichen Gefahren in ihrer Bedeutung für die Entwicklung von Psychopathien, in: Wilhelm Bergmann (Hrsg.), Seelenleiden. Vorträge der IV. Sondertagung des Katholischen Akademikerverbandes Kevelaer, Augsburg 1929, S. 182–215.

24 Buchbesprechung in: Kriminalistische Monatshefte 3 (1929), S. 263.

Die zwar kritische, aber doch wohlmeinende Besprechung zeigt auch, dass sich Weiß im Detail nicht mit dem Beschluss des Rechtsausschusses beschäftigt hatte, denn es wurde nur die Freigabe der homosexuellen Handlungen unter Erwachsenen beschlossen. Weiß war in dieser Frage selbst sehr undifferenziert. In seinem Buch „Polizei und Politik“ behauptete er, „Berufsverbrecher“ wie „Eigentums und Sexualverbrecher“ gründeten politische Jugendorganisationen oder versuchten, bei den bestehenden in leitende Stellungen zu gelangen, „um hier ihren homosexuellen Neigungen frönen zu können“. Als Beispiel bringt er den Fall eines homosexuellen Nazis, den er gerade wegen dessen Homosexualität denunzierte. Kurt Tucholsky kritisierte dieses Beispiel mit den Worten: „Ich finde es einfach unanständig, heute, wo die Strafprozeßreform vor der Tür droht, einem politischen Abenteurer, der sicherlich nichts taugt, seine Homosexualität aufs Konto zu setzen. […] Homosexualität ist kein Delikt, Herr Vizepräsident – das Strafgesetzbuch macht sie nur dazu.“[25]

Strewes Anschauungen waren deswegen so gefährlich, weil sie direkt Einfluss auf die Reformdebatte 1929 hatten. Was Meerscheidt-Hüllessem, Tresckow oder Kopp nicht erreichten: Strewe wurde als polizeilicher Sachverständiger im Strafrechtsausschuss gehört. Er forderte dort ein Schutzalter von 21 Jahren, da sich die erwachsenen Homosexuellen besonders gern an Minderjährige heranmachten und die Triebrichtung in diesem gefährlichen Alter leicht in die falsche Richtung gelenkt werden könne. Die Erpressungsgefahr werde überschätzt.[26] Auf diese fachlichen Ausführungen des polizeilichen Sachverständigen wurde bei der Entscheidung des Ausschusses mehrmals hingewiesen.

25 Bernhard Weiß, Polizei und Politik, Berlin 1928, S. 93–96; Ignaz Wrobel [d. i. Kurt Tucholsky], Polizei und …, in: Die Weltbühne, 26. 3. 1929, Nr. 13, S. 473.

26 Mitt WhK 4 (September/Oktober 1929), Nr. 24, S. 186; Mitt WhK 4 (Dezember 1929/Januar 1930), Nr. 26, S. 214 f.

Auch in Bezug auf andere Sexualdelikte verlangte Strewe gesetzliche Verschärfungen. In dem erwähnten Artikel über „Jugendverführer" drückte er bereits sein Befremden darüber aus, dass im E 1925 sexuelle Handlungen mit Tieren nicht mehr bestraft werden sollten. In einem Vortrag vor der Ärztlichen Gesellschaft für Sexualwissenschaft (ÄGeSE) forderte er einen Strafparagrafen für Nekrophilie,[27] und im Umgang mit Exhibitionisten, die durch ärztliche Gutachten nach § 53 als nicht zurechnungsfähig erklärt wurden, die Unterbringung in geschlossenen psychiatrischen Anstalten.[28]

Die Hoffnung des WhK, dass sich die Anschauungen von Heinrich Kopp auf seine Mitarbeiter übertragen mögen, hatte sich als irrig erwiesen.

Der Bund für Menschenrecht und dessen Stellung zur Polizei

Anfang des Jahres 1924 ließ Strewe eine groß angelegte Razzia gegen männliche Prostituierte durchführen, bei der 32 Personen aufgegriffen wurden. Nebenbei wird hier ersichtlich, dass solche Razzien immer erst in den frühen Morgenstunden durchgeführt werden konnten, weil sich erst dann die homosexuelle Prostitution auf die Straße verlagerte. Friedrich Radszuweit vom Bund für Menschenrecht (BfM) kommentierte die Maßnahme: „Wir begrüßen es mit Genugtuung, wenn die Polizei dieses Unwesen ausrottet."

Der BfM wurde regulär 1923 gegründet, ging aber aus Gruppenzusammenschlüssen, den sogenannten Freundschaftsverbänden, von 1919 hervor. Während Hirschfeld als Arzt das WhK entsprechend medizinisch-naturwissenschaftlich ausrichtete und Adolf Brand seine

27 Archiv für Frauenkunde/Sexualwissenschaftliches Beiheft Nr. 15 (1928/29), S. 195; Magnus Hirschfeld, Geschlechtskunde, Bd. III, Stuttgart 1930, S. 588.

28 Bernhard Strewe, Der Exhibitionist, in: Kriminalistische Monatshefte 4 (1930), Nr. 2, S. 34–37.

„Gemeinschaft der Eigenen“ als Freigeist und Künstler prägte, stellte der Kaufmann Friedrich Radszuweit den BfM als Unternehmen auf und war damit sehr erfolgreich. Der „Bund“ war keine Elite-, sondern eine Massenorganisation mit vielen Ortsgruppen, es gab eine Reihe von Zeitschriften und Büchern aus dem hauseigenen Verlag, einen Versandbuchhandel mit eigenem Buchladen, aber vor allem Tanzveranstaltungen für Lesben, Schwule und Transvestiten, in Berlin manchmal bis zu dreimal die Woche. Mit den Eintrittsgeldern wurde die Verbandsarbeit finanziert, aber Radszuweit ging auch nicht ganz leer dabei aus.

Während das WhK sich vorsichtig von Strewe distanzierte, rückte der BfM näher an ihn heran. Eine wohlwollende Berichterstattung, die unkommentierte Aufnahme von dessen Artikel „Jugendverführer“ in der Verbandszeitung *Blätter für Menschenrecht* und die Einladungen zu BfM-Veranstaltungen, so zum 7. Vereinsjubiläum 1927, zeugen von einem regen Austausch. Tatsächlich setzte der BfM auf eine offensive Zusammenarbeit mit der Polizei und trug dabei die Berliner Erfahrungen in viele Städte des Bundesgebietes, wo die Ortsgruppen ebenfalls begannen, mit den Polizeibehörden in Fühlung zu gehen. Hauptzweck war es, Erpressungen zu bekämpfen, aber auch Veranstaltungen durchführen zu können, das Aufheben von Sperrstunden zu erwirken oder Zeitschriften im öffentlichen Verkauf anzubieten. Dabei zeigte sich der BfM sehr kämpferisch und ging gegen Repressionen massiv vor. Nach einer Razzia in der Frankfurter Ortsgruppe sprach man beim dortigen Polizeipräsidenten vor; rigorosem Vorgehen der Düsseldorfer Polizeibehörde oder im Rahmen des sogenannten Chemnitzer Polizeiskandals begegnete der BfM mit Briefen, Eingaben, Klagen und publizistischen Kampagnen.[29] 1925 ging der BfM besonders gegen Polizeivizepräsident Friedensburg vor, weil die Polizeistunde für Vereinsveranstaltungen für Homosexuelle grundsätzlich nicht verlängert

29 Blätter für Menschenrecht 1 (1923/24), Nr. 19, S. 3; Blätter für Menschenrecht 2 (Juli 1925), S. 3–5.

wurde. Die Beschwerde darüber erbrachte einen Gesprächstermin im Innenministerium, wo gleich verschiedene Vorkommnisse in Preußen zur Erörterung kamen, wenngleich die Vertreter des BfM von ihrem Gesprächspartner, einem Oberregierungsrat, als „krankhaft veranlagt" bezeichnet wurden.[30]

Die zunehmende Repression insbesondere Mitte der Zwanzigerjahre wurde vom BfM sehr gut erfasst, während das WhK in seiner unkritischen Haltung kaum auf die Ereignisse einging. Radszuweit schrieb im August 1925: „Die homosexuell veranlagten Männer und Frauen, nach statistischer Feststellung gibt es im Deutschen Reich annähernd zwei Millionen, die ebenso deutsche Staatsbürger sind wie die Heterosexuellen, denen werden die ‚Segnungen' der Weimarer Verfassung nicht zu teil. Denn überall wo man hinblickt, sind die behördlichen Maßnahmen so, daß man nicht den ‚Geist von Weimar' spürt, viel eher kann man sich in die Zeit des Mittelalters – in die Zeit der Hexenverbrennung – zurück versetzen."[31]

Andererseits fiel der BfM auf bestimmte Forderungen, wie sie etwa auch von Strewe erhoben wurden, herein. So lehnte der „Bund" die männliche Prostitution rigoros ab und begrüßte sämtliche Polizeimaßnahmen gegen sie. Der BfM war bemüht, einen klaren Trennungsstrich zwischen den „guten" und den „schlechten" Homosexuellen zu ziehen, propagandistisch drückte sich das darin aus, dass sich Homosexuelle „anständig, unauffällig und vorbildlich" benehmen sollten, sie wurden auf ihre Rolle als „Staatsbürger, Steuerzahler, Kriegsteilnehmer oder deutsche Volksgenossen" eingeschworen.[32]

30 Das Freundschaftsblatt 3 (1925), Nr. 5; Nr. 6; Nr. 9.

31 Blätter für Menschenrecht 2 (August 1925), S. 3.

32 Vgl. Stefan Micheler, Selbstbilder und Fremdbilder der „Anderen". Männer begehrende Männer in der Weimarer Republik und der NS-Zeit, Konstanz 2005.

Strewes Karriere nach 1933

Zum 1. April 1933 wurde Strewe zum Kriminalpolizeirat befördert[33] und übernahm die Gesamtleitung der Kriminalinspektion E, sein Nachfolger im Homosexuellendezernat wurde der langjährige Mitarbeiter Martin Jaap.[34] Einen Monat später trat Strewe der NSDAP bei. Gegen Ende des Jahres 1935 wurde Strewe in das Polizeipräsidium nach Duisburg versetzt. 1938 kam es zu einem Stellentausch zwischen dem Leiter der Kriminalpolizei in Mainz Karl Schmidt und Bernhard Strewe. „Aus dienstlichen Rücksichten“ wurde Strewe am 15. März 1938 zum Leiter der Kriminalpolizei in Mainz ernannt, eine Stellung, die er bis 1943 einnahm.[35] Die Rolle der Kriminalpolizei während der NS-Zeit in Mainz ist bislang nicht erforscht, doch kann aus der allgemeinen Forschung der Schluss gezogen werden, dass Strewe in dieser Zeit für die Radikalisierung der Homosexuellen- sowie der parallel stattfindenden „Zigeuner“verfolgung, die in den Zuständigkeitsbereich der Kriminalpolizei fiel, verantwortlich war. Es gibt vage Hinweise, dass Strewe zwischen 1943 und 1945 in Wiesbaden tätig war, im Februar 1945 wurde er in den Ruhestand entlassen. Seine letzten Lebensjahre verbrachte er in Mainz, wo er am 30. Dezember 1957 verstarb. Er selbst schrieb 1948 an den neuen West-Berliner Polizeipräsidenten Johannes Stumm, dass er damals wegen politischer Unzuverlässigkeit aus Berlin „herausgefeuert“ worden sei. Auch Strewe hatte die Geister, die er rief, unterschätzt.[36]

33 Kriminalistische Monatshefte 7 (1933), Nr. 7, S. 166.

34 Über diesen ist bislang kaum etwas bekannt. Selbst sein Vorname, Martin oder Rudolf, ist nicht gesichert. Er ist um 1935 entlassen worden.

35 Hessisches Staatsarchiv Darmstadt, G12C, Fsz.: 3.233 (Personalakte von 20. 11. 1937–16. 7. 1941).

36 LAB, E Rep. 200–25 Nachlass Johannes Stumm Nr. 258.

13
Das Ende der Freiheit.
Die Entwicklung 1932 bis 1933

Seit 1920 regierte, mit kurzen Unterbrechungen, in Preußen die SPD (mit). Bei der Wahl zum preußischen Landtag am 24. April 1932 konnte die NSDAP sprunghaft ihre Mandate von 9 auf 162 erhöhen. Obwohl sie damit nicht die absolute Mehrheit erreichte, konnte auch die SPD keinen neuen Ministerpräsidenten mehr stellen. Ministerpräsident Otto Braun regierte geschäftsführend weiter, übergab die Verantwortung aber seinem Stellvertreter, Wohlfahrtsminister Heinrich Hirtsiefer von der Zentrumspartei.

Auf Reichsebene wurde am 30. Mai 1932 Franz von Papen, vormals rechter Zentrumsabgeordneter aus dem preußischen Landtag, zum Reichskanzler ernannt. Reichslandwirtschaftsminister wurde Magnus von Braun, der 1920 wegen seiner Beteiligung am Kapp-Putsch aus preußischen Diensten entlassen worden war. Der starke Mann hinter Papen war Kurt von Schleicher, der bereits seit Anfang Mai mit Adolf Hitler direkt verhandelte. Schleicher wurde Reichswehrminister.

In Preußen führte die SPD die Geschäfte, und Zentrum und NSDAP verhandelten über eine Regierungskoalition, was jedoch von vornherein zum Scheitern verurteilt war, da es den Nationalsozialisten nicht um eine Regierungsbeteiligung, sondern um die Regierungsübernahme ging.

Auf Reichsebene hatte die Regierung Papen/Schleicher das Verbot der SA aufgehoben, sodass es zu einem sprunghaften Anstieg rechtsradikaler Gewalttaten kam. In Preußen konzentrierte man sich darauf, diese zu bekämpfen, was von rechter Seite sofort als Argument benutzt wurde, das Innenministerium unter Carl Severing würde die

Kommunisten schützen. Am 11. Juli 1932 beschloss die Reichsregierung zur Abwehr der „kommunistischen Gefahr“ in Preußen, einen Reichskommissar einzusetzen. Die organisatorische und politische Umsetzung erfolgte in den nächsten Tagen. Am 20. Juli teilte Papen der bisherigen preußischen Regierung ihre Absetzung mit. Er selbst machte sich zum dienstführenden Ministerpräsidenten und setzte kommissarisch den Essener Oberbürgermeister Franz Bracht ein. Der Berliner Polizeipräsident Grzesinski und sein Vizepräsident Bernhard Weiß wurden abgesetzt. Als neuer Polizeipräsident wurde Kurt Melcher berufen, der vormals Polizeipräsident in Essen gewesen war.

Dass es sich um einen Staatsstreich handelte – zwar in einer komplizierten verfassungsrechtlichen Situation – war auch damals schon klar. Inwieweit aber die Nazis bereits im Hintergrund die Finger im Spiel hatten, wird deutlich, wenn man einen Blick in die Tagebücher von Joseph Goebbels, dem damaligen Chef der Berliner NSDAP, wirft:

> „18. Juli 1932: Wir schicken Unterhändler zu General v. Schleicher.
> „Juli 1932: Die politische Situation wird von Stunde zu Stunde drohender. Wir müssen jeden Tag ein paar Besprechungen abhalten, weil die Lage sich von Stunde zu Stunde ändert. […] In einer kurzen Besprechung wird die ganze Situation überprüft. Es bleibt nichts anderes übrig, als daß in Preußen ein Staatskommissar eingesetzt wird. Dr. Bracht aus Essen ist dafür ausersehen. Zwar eine halbe Lösung, aber immerhin etwas […].
> Juli 1932: Alles rollt programmmäßig ab. Bracht wird als Reichskommissar eingesetzt. […] Man muß den Roten nur die Zähne zeigen, dann kuschen sie. S.P.D. und Gewerkschaften rühren nicht einen Finger. […] Wir sitzen im kleinen Kreise zusammen und stellen einen Wunschzettel auf, was Bracht nun alles tun muß […]. Um 5 Uhr nachts sind wir in Berlin. Eben rückt die Reichswehr in die Reichshauptstadt ein. Mit Panzerwagen und Maschinengewehren. Ein wundervoller, beglückender Anblick. Die Lage ist gut. Ruhe und Ordnung gesichert. Eine unmittelbare Gefahr besteht nicht mehr.

> Juli 1932: Alles rollt wie am Schnürchen ab. Die Roten sind beseitigt. Ihre Organisationen leisten keinen Widerstand. Das ‚8-Uhr-Abendblatt' verboten. […] Die Roten haben ihre große Stunde verpaßt. Die kommt nie wieder. Unsere Organisation ist auf Draht.
> […]
> 22. Juli 1932: […] Liste aufgestellt, was an Kroppzeug in Preußen alles beseitigt werden muß.
> Hier und da werden einige Zeitungen verboten. Manch einer von uns hat Angst, daß diese Regierung zu viel tue und uns nichts mehr übrig bleibe. […]"[1]

Im August und September erließ Reichskommissar Bracht die berühmte „Badepolizeiverordnung", die als „Zwickel-Erlass" Furore machte. Unter Zwickel verstand man jenes Stück Stoff, das im Badeanzug oder Schlüpfer seitdem vorschriftsmäßig jeden Blick in den Schritt verdecken musste.

Paul Weber vom Bund für Menschenrecht ging im September 1932 in seinem Artikel „Wettlauf um die Sittlichkeit" in *Die Freundin* erstmals auf diese neue Entwicklung ein. Zunächst stellte er die Berechtigung Brachts als kommissarischer Regierungschef grundsätzlich noch infrage, da vom Zentrum und der SPD eine Klage vor dem Staatsgerichtshof anhängig war. Im Weiteren widmete er sich dem „Zwickel-Erlass", der zu großer Erheiterung in der internationalen Presse geführt hatte. Er folgerte vorausschauend: „Dieser Brachtsche Sittlichkeitserlaß ist aber nur der Anfang einer neuen Ära, die aller Wahrscheinlichkeit nach auch versuchen wird, in das Eigenleben der homosexuellen Menschen einzugreifen." Er wies auf mehrere Berliner Tageszeitungen hin, die ihrerseits Vorschläge gemacht hatten, wie man die Sittlichkeit weiter

1 Joseph Goebbels, Die Tagebücher von Joseph Goebbels. Sämtliche Fragmente, hrsg. von Elke Fröhlich im Auftrag des Instituts für Zeitgeschichte und in Verbindung mit dem Bundesarchiv, München/New York/London/Paris 1987, Teil I, Bd. 2, S. 206–209.

heben könnte (z. B. durch das Verbot homosexueller Zeitschriften), und zitierte einen Artikel aus *Das kleine Journal*, in dem die Schließung homosexueller Gaststätten gefordert wurde. Weber schloss seinen Artikel mit dem Appell: „Unsere Gastwirte, die leider in den letzten Jahren eine notwendige Einheitlichkeit vermissen ließen, werden gezwungen sein, sich in der Stunde der Gefahr zusammenzufinden, um gemeinsam gegen Willkürakte vorzugehen. Der Einzelne vermag, das muß immer wieder gesagt werden, nichts, nur der Zusammenschluß aller kann einen Erfolg bringen und drohendes Unheil abwenden."[2]

Tatsächlich forderte der erwähnte Artikel aus *Das kleine Journal*, einer Zeitung, die den konservativen Hausfrauenvereinen nahestand, unverhohlen ein Verbot von „Sexualbuchhandlungen" und Leihbibliotheken, die „sexual-perverse Literatur" vertrieben. Moniert wurde auch die Auslage von Verhütungsmitteln in Drogerien und eine Schließung von Nachtlokalen verlangt: „Es ist ganz überflüssig, die stattliche Reihe dieser Bars und Tanzflächen etwa aufzuzählen oder näher zu kennzeichnen, die in mehr oder weniger unverhüllter Form den Treffpunkt geschlechtlich anormaler Besucher bilden. Mag das Leben und Treiben in dem einen oder dem anderen dieser Lokale sich auch diskreterer Formen befleißigen – die ganze Einrichtung dieser Sammelpunkte homosexueller Bedürfnisse könnte aus dem Bild des nächtlichen Berlin im Husarentempo verschwinden."[3]

Weber sollte recht behalten. Dieser Sittlichkeitsfeldzug, der im Grunde schon seit 1927 mit dem Gesetz gegen die Verbreitung sogenannter Schund- und Schmutzschriften und dem Erlass von 1931 zur Bekämpfung unsittlicher Auslagen in Schaufenstern und Kiosken begonnen hatte, führte zu einer stetigen Verschärfung, die aber nicht nur die homosexuelle Bewegung, sondern alle Bereiche der Erotik betraf. Die neuen Bestimmungen öffneten der Denunziation Tür und

2 Die Freundin 8 (1932), Nr. 37.

3 Das kleine Journal, 19. 8. 1932. Ein ähnlicher Artikel erschien z. B auch in dem „12 Uhr Blatt" vom 18. 8. 1932.

Tor. Von der „Evangelischen Hauptstelle gegen Schund und Schmutz", die dem „Kirchlich-sozialen Bund" des Johannesstifts in Berlin-Spandau unterstellt war, ist ein aussagekräftiges Schreiben vom August 1931 erhalten, das an das Polizeipräsidium gerichtet war. Nicht weniger als sieben Buchhandlungen wurden darin denunziert. In Kreuzberg betraf dies die Buch-und Papierwarenhandlung J. Werdermann in der Friedrichstraße 9, weil dort „15 gassenerotische und sittengeschichtliche Schriften" ausgelegt seien. Im Buchverleih in der Friedrichstraße 20 seien 25 Schriften, so z. B. „Das lasterhafte Weib", ausgelegt, und im Buchverleih in der Friedrichstraße 223 seien „mindestens 40 Bücher und Schriften in abstoßender (gassenerotischer) Geschäftswerbung" im Schaufenster zu sehen. Auch zwei Buchhandlungen in der Stresemannstraße 93 und 97 wurden angezeigt. Wie mit der Buchhandlung von Brauer in der Stresemannstraße 93 umgegangen wurde, ist überliefert. Der Inhaber wurde am 7. Dezember 1931 aufgefordert, fünf einzeln nicht zu beanstandende Aktpostkarten nicht übereinander aufzuhängen, damit nicht der Eindruck einer Häufung bestünde, ansonsten blieb das Schaufenster unbeanstandet. Ganz anders nur ein Jahr später. Anlässlich einer Begehung am 30. August 1932 wurden viele Bücher wegen einer „anreißerischen und anstößigen Art der Ausstellung" beanstandet. Einen Monat später musste Brauer erneut Bücher aus seinem Schaufenster entfernen.[4]

Nach Hitlers Machtübernahme am 30. Januar 1933 hatten die Behörden ein noch leichteres Spiel. Am 18. Mai 1933 wurden von der Polizei in der Buchhandlung von Walter Freund in der Halleschen Straße 20 zwei Exemplare von Magnus Hirschfelds „Sittengeschichte des Weltkriegs" beschlagnahmt.[5] Die Rechtsgrundlage war der Erlass vom 24. Februar 1933 zum „Verbot anstössiger Schriften", worunter auch Schriften verstanden werden konnten, die nicht nach § 184 StGB unzüchtig oder nach dem Gesetz zur Bekämpfung von Schund und

4 LAB, A Pr. Br. Rep. 030, Tit. 121, Nr. 16938.

5 LAB, A Pr. Br. Rep. 030, Tit. 121, Nr. 16946.

Schmutz angezeigt waren, sondern im Grunde jede Schrift, die den Machthabern und ihren Vasallen nicht passte.

Zuvor waren im September 1932 die Bestimmungen schleichend verschärft worden und hatten auch die lesbische und schwule Szene erreicht. Paul Weber vom Bund für Menschenrecht berichtete in *Die Freundin*: „Jetzt ist eingetroffen, was ich vor Wochen bereits vorausgesagt habe und woran damals niemand so recht glauben wollte." Das Polizeiamt Mitte versagte einer Reihe von „Freundschaftslokalen" mit Tanzgenehmigung am 17. September 1932 den Antrag weiterer „Tanzlustbarkeiten", da, wie es behördlicherseits hieß, „an den Tanzlustbarkeiten nur Personen teilnehmen, die den homosexuellen Kreisen angehören". Weber fragte: „Was erwartet denn die Polizei davon, wenn jetzt den gleichgeschlechtlichliebenden Menschen diese Gaststätten gesperrt werden? Ist man vielleicht der Meinung, daß die Homosexuellen nun einfach vom Erdboden verschwinden, weil sie in ausschließlich für sie bestimmte Lokale nicht mehr zusammenkommen dürfen?"[6]

Doch es handelte sich keinswegs um ein Verbot von Lokalen oder den Entzug von Tanzgenehmigungen, sondern um die Ankündigung, dass nach dem Auslaufen der bestehenden Tanzgenehmigung keine neue mehr erteilt würde. Dies betraf ab Januar 1933 mehrere Lokale in Mitte, da die Genehmigungen am 31. Dezember 1932 ausliefen. Das Ballsaalhaus „Zauberflöte", das Stammlokal des Bundes für Menschenrecht in der Kommandantenstraße, war von der Bestimmung nicht betroffen.

Eine weitere Verschärfung betraf den Umgang mit der öffentlichen mann-männlichen Prostitution. Am 21. August 1932 war der 16-jährige Kurt Schöning ermordet worden. Dies nahm Polizeipräsident Melcher zum Anlass, das „Umhertreiben" der männlichen Stricher zu verbieten. Nach außen stellte Melcher seine Maßnahmen als gegen die Prostitution schlechthin gerichtet dar. Für viel Kritik vor allem in konservativen Polizeikreisen hatte das am 1. Oktober 1927 in Kraft getretene Gesetz zur Bekämpfung der Geschlechtskrankheiten gesorgt, das die

6 Die Freundin 8 (1932), Nr. 41.

Kontrolle der Prostituierten auf die Gesundheitsämter übertrug und sie damit dem direkten Einflussbereich der Sittenpolizei entzog. Populistisch malte Ernst Engelbrecht in seiner *Deutschen Kriminal-Zeitung* „Das Ende der Sittenpolizei" aus, was angeblich zu Entlassung von 400 Beamten führen würde. Kleinlaut musste er am Ende zugestehen, dass niemand entlassen wurde und die Sittenpolizeibeamten nach wie vor dafür zuständig waren, Prostituierte vorzuführen, wenn sie sich den Kontrollen der Gesundheitsämter unterzogen, und ordnungspolizeiliche Aufgaben, etwa die Kontrolle der Prostitutionsgegenden, bei der Sittenpolizei verblieben.[7] Einzig die Kontrolle und polizeiärztliche Untersuchungen der Prostituierten auf den Polizeipräsidien und einige polizeiliche Erlasse wie das Verbot, in bestimmten Gegenden der Prostitution nachzugehen, waren aufgehoben worden.[8] Melcher verfasste 1932 ein Konzeptpapier unter dem Titel „Polizei und Prostitution", in dem er Kriegsmetaphern gebrauchte:

> „I. Polizei und Prostitution sind zwei gegnerische Kräfte, von denen die Prostitution die stärkere ist.
> II. Wo und wann immer die Polizei die Prostitution angegriffen hat, um sie ganz unter polizeiliche Aufsicht zu bringen oder gar völlig zu beseitigen, hat sie dieses Ziel nicht erreicht.
> III. Nunmehr hat der Gesetzgeber des G. B. G. [Gesetz zur Bekämpfung der Geschlechtskrankheiten] die Polizei auf die Verteidigungslinie zurückgenommen und sie auf die Abwehr von Angriffen der Prostitution auf die öffentliche Ordnung beschränkt. Mit der polizeilichen Aufgabe sind aber auch die polizeilichen Machtmittel eingeschränkt worden, so dass die Polizei ihr neues Ziel ebenso wenig erreichen kann wie das alte.

7 Ernst Engelbrecht, Das Ende der Sittenpolizei, in: Deutsche Kriminal-Zeitung 1. Jg., 1. 10. 1927, Nr. 1, S. 1.

8 Ministerial-Blatt für die Preußische innere Verwaltung 88. Jg., 29. 6. 1927, Nr. 26, S. 655–657.

IV. Erwünscht ist daher, dass die Verteidigungsstellung der Polizei gegenüber der Prostitution [...] durch gesetzliche Massnahmen verstärkt wird."

Melcher machte sich für ein Verbot der Bordelle und die Bestrafung von Bordellbesitzern, die Arbeitshauseinweisung von verurteilten Bordellbesitzern und die Wiedereinführung der ortspolizeilichen Befugnisse stark, um das Betreten von bestimmten Gegenden und Straßen für Prostituierte zu verbieten. Die Prostitution wollte er nur noch in speziellen, dafür eingerichteten Straßen erlaubt wissen.[9] Ob es 1932 bereits zu konkreten Maßnahmen gegen die heterosexuelle Prostitution kam, ist nicht gesichert, Maßnahmen gegen die homosexuelle Prostitution setzten etwa im August/September 1932 ein.[10] Aus dieser Zeit ist ein Dokument überliefert, das genaue Auskunft über entsprechende Personenkontrollen und „Inschutzhaftmaßnahmen" im Bereich Unter den Linden, Passage und Friedrichstraße gibt. Demnach waren zwischen dem 10. September und dem 5. November 1932 insgesamt 995 Personen kontrolliert worden. 251 davon waren „Jugendliche und männliche Prostituierte" unter 21, die anderen „Homosexuelle und männliche Prostituierte" über 21 Jahre. 251 Personen wurden in polizeiliche Schutzhaft genommen. Offen ist, ob wahllos alle Männer in diesem Bereich kontrolliert wurden und in die Statistik einflossen oder ob es sich um „einschlägige" Personen handelte. Angegeben wurde, dass 27 Personen als Homosexuelle und 16 als männliche Prostituierte der Polizei bekannt gewesen seien.[11]

Die Maßnahmen gegen den schwulen Strich wurden allerdings vom BfM begrüßt, der schon lange eine entsprechende Verordnung gefordert hatte.[12] Der BfM befand sich nun in einer Zwickmühle, denn einerseits verurteilte er den Entzug weiterer Tanzgenehmigungen,

9 ADW, CA, Gf/St., Nr. 294; vgl. auch: ADW, CA, Gf/St., Nr. 256.

10 Die Freundin 8 (1932), Nr. 52.

11 LAB, A Pr. Br. Rep. 030, Tit. 121, Nr. 16988.

12 Die Freundin 8 (1932), Nr. 52.

andererseits begrüßte er das Verbot öffentlicher mann-männlicher Prostitution. Seine Strategie war vermutlich, das eine Thema gegen das andere auszuspielen und sich gegenüber den Behörden als seriöser Gesprächspartner anzubieten.

Der Vorstand des BfM wandte sich beschwerdeführend an den Polizeipräsidenten wegen der Tanzgenehmigungen. Es wurde „um eine klare Entscheidung gebeten, ob er so einfach ins Vereinsrecht eingreifen will, und ob homosexuelle Menschen anders behandelt werden sollen, als heterosexuelle?"

Melcher antwortete umgehend: Bei öffentlichen Tanzlustbarkeiten in Ballsälen hielt er das Entzugsverfahren aufrecht, bei rein geschlossenen Tanzveranstaltungen der Vereine konnte es so bleiben wie bislang, wenn gewährleistet wäre, dass niemand anderes Eintritt bekäme. Tanzgenehmigungen in Schanklokalen würden allerdings nicht mehr erteilt, wenn sie für Veranstaltungen in geschlossenen Gesellschaften nicht geeignet wären, z. B. wenn sie nur aus einem Raum bestanden. Der BfM gab klein bei, da er seine Veranstaltungen, die unter das Vereinsrecht fielen, nicht in Gefahr sah. Eine verstärkte Bekämpfung des „öffentlichen Prostituiertenunwesens" wurde dankbar begrüßt. Weber fügte allerdings hinzu: „Gebt den jungen Burschen und Mädchen Arbeit, sorgt für angemessenen Lebensunterhalt und sie werden von selbst von der Straße verschwinden."[13]

Weitere öffentliche Verlautbarungen gab es in den Zeitschriften des Radszuweit-Verlages, die noch bis Anfang März 1933 erschienen, bis auf einen hämischen Nachruf über das Ausscheiden von Bracht im Februar 1933, nicht mehr.

Am 23. Februar 1933 schuf ein Runderlass des Ministeriums des Innern (II E 1921) die Rechtsgrundlage, um die lesbischen und schwulen Lokale zu schließen. Dafür bedurfte es keiner neuen Verordnungen, sondern lediglich einer Neuinterpretation des bestehenden Gaststättengesetzes. In dem Erlass hieß es:

13 Die Freundin 8 (1932), Nr. 42.

„Unter Nichtachtung des § 2 Ab. 1. Ziff. 1, und des § 12 Ab. 1 des Gaststättengesetzes vom 28. 4. 1930 [...] haben die Polizeibehörden zum Teil Gaststätten unbeanstandet gelassen, die zur Förderung der Unsittlichkeit mißbraucht werden. Ich denke dabei auf der einen Seite an Gastwirtschaftsbetriebe, die den Polizeibehörden als Absteigequartiere oder auch als bordellartige Betriebe bekannt sind, auf der anderen Seite an Schankwirtschaftsbetriebe, die der widernatürlichen Unzucht huldigen und an Betriebe, die nach ihrer ganzen Ausgestaltung als reine Animierbetriebe angesehen werden müssen. Derartige Betriebe können nicht länger geduldet werden. Der Wiederaufstieg Deutschlands ist nicht zuletzt durch eine sittliche Erneuerung des deutschen Volkes bedingt. Die in dieser Hinsicht eingeleitete geistige Bewegung ist durch geeignete polizeiliche Maßnahmen, soweit irgend möglich, zu unterstützen. Derartige Maßnahmen dienen zugleich der Gesundung der einwandfrei geführten Gaststätten, deren Notlage durch den Wettbewerb der unlauteren Betriebe bisher eine besondere Verschärfung erfahren hat."

Folgende Anordnungen wurden erlassen:

1. Überwachung bei Verdacht von unsittlichen Handlungen.
2. Verbot von Animiergaststätten.
3. „Wenn Tatsachen die Annahme rechtfertigen, daß ein Gastwirtschaftsbetrieb zur Förderung der Unzucht mißbraucht wird, ist unverzüglich gemäß § 2, Ab. 1, Ziff. 1 und § 12 des Gaststättengesetzes ein Erlaubnisentziehungsverfahren einzuleiten. Das gilt insbesondere hinsichtlich der Betriebe, die den Kreisen der widernatürlichen Unzucht huldigen, als Verkehrslokale dienen, sowie hinsichtlich der Betriebe, bei denen feststeht, daß sie ausschließlich oder überwiegend als sogenannte Absteigequartiere geführt werden."

Aufgrund dieses Erlasses kam es am 4. März 1933 zur Schließung der ersten 14 homosexuellen Lokale, was auch die die Tagespresse meldete. Betroffen war unter anderem die „Zauberflöte" in Kreuzberg. Das ganze Taktieren hatte dem BfM also nicht geholfen, denn sein wichtigster Veranstaltungsort wurde zuerst geschlossen. Über weitere Schließungen ist danach nicht mehr berichtet worden. Der neue Polizeipräsident Magnus von Levetzow führte konsequent weiter, was sein Vorgänger Melcher 1932 bereits eingefädelt hatte.

Im Laufe des Jahres 1933 wurden fast alle Berliner Homosexuellenlokale geschlossen. Ob alle Schließungen aufgrund des Gaststättengesetzes erfolgten oder ob einfach Konzessionen nicht mehr verlängert wurden, wie beispielsweise bei dem Lokal „Taverne" in der Georgenkirchstraße, ist nicht in jedem Fall klar. Es existieren auffallend wenige Akten über diese Vorgänge. Vermutlich unterlag vieles der Willkür der SA. Oft reichte auch eine einfache Drohung aus. Über die Schließung des Lokals „Laterne" in der Motzstraße 9 in Schöneberg berichtete der Wirt Wilhelm Hoffmann: „Im Frühjahr 1934 wurde mir von meinem zuständigen Polizeirevier eröffnet, dass ich mein Lokal aufgeben solle, weil es nicht mehr statthaft wäre, solch ein Lokal weiterzuführen."[14]

Auch die meisten lesbischen und schwulen Firmen sind nach 1934 nicht mehr nachweisbar. Der Adolf-Brand-Verlag wurde zerschlagen, der Radszuweit- und der Phoebus-Verlag wurden noch in den ersten Monaten des Jahres 1933 geschlossen. Das Institut für Sexualwissenschaft wurde am 6. Mai 1933 von SA-Horden geplündert. Teile des Archivs und viele Schriften landeten auf dem Opernplatz und wurden während der Bücherverbrennung vernichtet. Selbst wenn die drei großen Homosexuellenorganisationen eng zusammengearbeitet hätten, anstatt sich gegenseitig zu befehden, und auch wenn, wie Paul Weber forderte, die Wirte stärker zusammengehalten hätten, es hätte die Nazis nicht aufgehalten. Immerhin haben die Organisationen gut reagiert.

14 LAB, A Rep. 358-02, Nr. 33523-24.

Nach bisherigen Erkenntnissen haben sie ihre Mitgliederverzeichnisse rechtzeitig in Sicherheit gebracht und vermutlich verbrannt. Den neuen Machthabern sind sie nicht in die Hände gefallen.

Faktisch gelang es den Nazis binnen weniger Monate, die gesamte Lesben- und Schwulenbewegung und ihre Einrichtungen zu zerstören, und zwar so nachhaltig, dass ein Gesamtbild der Zeit vor 1933 bis zum heutigen Tage nicht rekonstruiert werden kann.

14
Das Homosexuellendezernat in Hamburg unter Rudolf Förster

Dass Polizei und Homosexuellenorganisationen in der Kaiserzeit und in der Weimarer Republik eng zusammenarbeiteten, ist bereits an sich interessant. Doch lediglich vereinzelt hatten Autoren und von diesen vorwiegend französische Schriftsteller diesen Umstand aufgegriffen. Einer der wenigen deutschen Autoren, die dieses Phänomen thematisierten, war der Stuttgarter Curt Elwenspoek. Der studierte Jurist war als Schriftsteller tätig und verfasste neben Romanen, Lebensratgebern und theaterwissenschaftlichen Abhandlungen auch Bücher über den Schinderhannes genannten Johannes Bückler, Joseph Süß Oppenheimer und Rinaldo Rinaldini, „den romantischen Räuberfürst". 1931 veröffentlichte er mit „Mord und Totschlag – Polizei greift ein. So kämpft die Kriminalpolizei" im Genre des Tatsachenromans ein Buch über die polizeiliche Arbeit. Zu seinen Informanten gehörte neben Heinrich Kopp und Bernhard Strewe, den Leitern des Berliner Homosexuellendezernats, auch Kriminaloberinspektor Rudolf Förster aus Hamburg.

Elwenspoek schildert einen Berliner Fall, in dem ein Reisender aus der Provinz von einer vermeintlichen Prostituierten bestohlen wurde. Wie sich herausstellte, handelte es sich aber um einen als Frau verkleideten Strichjungen. Der Geneppte beschwerte sich und fragte, warum die Polizei so etwas gestatte. Der Kriminalkommissar (in diesem Fall wohl Strewe) antwortete: „Was wollen Sie? [...] diese Verkleidung ist doch im schlimmsten Falle grober Unfug, abgesehen davon, daß in vielen Fällen eine krankhafte Veranlagung vorliegt, und daß die Leute dann mit polizeilicher Genehmigung Kleider des anderen Geschlechtes tragen."[1] Zum polizeilichen Umgang mit Homosexuellen schrieb Elwenspoek:

> „So richtet sich die Tätigkeit der Kriminalpolizei auf diesem Gebiet nicht so sehr gegen die Homosexuellen selber, als gegen die verbrecherischen Elemente, die von ihnen angezogen und in Nahrung gesetzt werden. Daneben allerdings gilt die besondere Aufmerksamkeit der Polizei der Überwachung von Jugendlichen und Kindern, die geschützt werden müssen. [...] Soweit aber die Homosexuellen, die auf Abenteuer ausgehen, die sogenannten ‚Tanten', von der Kriminalpolizei überwacht werden, geschieht das hauptsächlich zu ihrer eigenen Sicherheit. Dabei kann es allerdings geschehen, daß man in dem vermeintlichen Schützling einen Täter entdeckt."[2]

Einen solchen Fall schilderte er dann aus Hamburg: In einem Homosexuellenlokal wird einem Mann 85 Mark gestohlen, der aber keine Anzeige erstatten möchte. Der Wirt jedoch informiert die Kripo, der Täter wird gefunden, und dem Bestohlenen – Erich Scholz –, dem das sichtlich peinlich ist, wird das Geld zurückerstattet, ohne dass ihm seine offensichtliche Zugehörigkeit zur homosexuellen Szene in irgendeiner Weise zum Nachteil gerät. Der in dem realen Fall bearbeitende Kommissar war Rudolf Förster, der bei Elwenspoek „Forstmann" heißt. Nun aber wird ein Bankraub aus Hannover gemeldet, und die Täterbeschreibung passt auf den Bestohlenen, sodass er abermals aufgesucht wird und auch gesteht. Den größten Teil der Beute hat er im Wald vergraben, und so begibt er sich mit „Forstmann" und zwei weiteren Beamten zum Versteck. Man geht freundlich mit ihm um, teilt Butterbrote und Zigaretten, und nachdem das Geld gefunden war, kehrt man ein.

1 Curt Elwenspoek, Mord und Totschlag. Polizei greift ein. So kämpft die Kriminalpolizei, Stuttgart 1931, S. 128 f.

2 Ebenda, S. 136 f.

„Und dann ißt man ausgezeichnete Koteletts mit Bratkartoffeln und trinkt ein Glas Pilsener und redet dem Erich Scholz, der einfach dazu gehört und allein auf dem Sofa sitzt, gut zu. Man plaudert und lacht sogar, und Scholz kann auch wieder lachen – und keiner von den Menschen, die am offenen Fenster vorbeigehen, ahnt, was da los ist. ‚Warum sind Sie eigentlich alle so nett zu mir?' stößt der Gefangene plötzlich hervor.
Forstmann lacht. ‚Das haben wir Kriminalisten so an uns! – Aber ernsthaft, warum sollen wir nicht nett zu Ihnen sein? Sie haben ja alles getan, um Ihren Fehler wieder gut zu machen und Sie machen so was bestimmt nicht wieder. Wir gehen noch mit ganz anderen Burschen nett um. Wie will man sonst auch Erfolge haben als Kriminalist! Glauben Sie, es ist schon mancher Schwerverbrecher, den ich ins Zuchthaus bugsiert hatte, hinterher zu mir gekommen, hat sich Rat erbeten, hat Rat bekommen, manchmal auch Hilfe. Und hat sich bedankt! Bloß weil man ihn als Menschen behandelt hat. Besserung? Das ist bei den richtigen Ganoven eine fragliche Geschichte. Die Katze läßt das Mausen nicht. Aber mitunter nützt einem ein ehrlicher Spitzbube mehr als ein halbes Dutzend Kriminalbeamter'."[3]

Obwohl in diese Zeilen sicherlich einiges an schriftstellerischer Freiheit einfloss, handelt es sich doch um Aussagen von Rudolf Förster, die im Übrigen vielen autobiografischen Selbstzeugnissen von Kriminalbeamten jener Zeit ähneln. In diesen geht es oft um ein angeblich freundliches, entgegenkommendes Vertrauensverhältnis und gegenseitiges Verständnis, Karten aus dem Gefängnis, die Versorgung der Haustiere und Hilfe zur Resozialisierung nach der Haft. Das dürfte eher ein Wunschbild als die Realität gewesen sein.

3 Ebenda, S. 138–146.

Biografie

Rudolf Förster wurde am 7. Oktober 1879 in Braunschweig geboren. Seine berufliche Laufbahn begann 1896 bei der Eisenbahn, wo er vier Jahre blieb. Ab 1900 leistete er einen zweijährigen Militärdienst ab. 1903 trat er in die Hamburger Polizei ein, kam vermutlich nach einer gewissen Zeit von der Schutzpolizei zur Kripo und war zunächst für internationales Verbrechertum, Auslieferungssachen und auswärtige Strafsachen zuständig. 1914 war seine Stellung die eines Obersekretärs der Kriminalpolizei. Im Ersten Weltkrieg war er in der Auslandsspionage eingesetzt.[4] In den Jahren von 1919 bis 1925 war Förster bei der Hamburger Kriminalpolizei für die Delikte Mord, Raub, Erpressung, schwerer und bandenmäßiger Diebstahl zuständig. Nach eigenen Angaben war er maßgeblich bei der Aufklärung der Mordsache Generalin von Conring, der Raubsache Familie Popper, der Festnahme des Ein- und Ausbrechers Meinke und schließlich der Festnahme der berühmten Einbrecherbande um Adolf Petersen (die bis zu 200 Mitglieder gehabt haben soll) und der von Barwig und Seepold beteiligt. Aus dieser Zeit existiert ein Schreiben des italienischen Ministeriums für auswärtige Angelegenheiten, in dem speziell Förster und der Hamburger Polizei gedankt wird, bei der Überführung einer Gruppe von Dokumentenfälschern maßgeblich geholfen zu haben.

1925 wurde Rudolf Förster die Leitung des Sittlichkeitsdezernates übertragen, worunter auch, wie er selbst schrieb, die „Bekämpfung der Homosexualität, des Strichjungenunwesens sowie der homosexuellen

4 Diese und viele andere Informationen verdanke ich der Tochter von Rudolf Förster, Edith Rönnfeldt (†), die mich bei meinen Recherchen Weise uneingeschränkt unterstützte. Aus Försters Tätigkeit existieren heute noch Dokumente und Fotos, die er in ein Wochenendhaus verbrachte. Ein Großteil anderer Dokumente ist durch die Bombenangriffe auf Hamburg 1943 verbrannt. Herzlichen Dank auch an Rolf Förster, Hamburg, für anhaltende Unterstützung.

Kriminalinspektor
Rudolf Förster (1879–1947)
Familie Förster

Verseuchung der heranwachsenden männlichen Jugend" gehörte. Ferner fielen in seinen Aufgabenbereich die Bekämpfung der Zuhälterei, des Abtreibungsmittelversandes, der Massagesalons, der „Schund- und Schmutzschriften" sowie die Delikte Missbrauch von Kindern und alle übrigen Sittlichkeitsverbrechen.

Ab 1931 wurde ihm zusätzlich die Leitung der Weiblichen Kriminalpolizei amvertraut. Sie war ab 1927 von Josefine Erkens in Hamburg aufgebaut worden. 1931 musste Erkens ihr Amt infolge ihres problematischen Führungsverhalten und eines lesbischen Skandals um ihr unterstehende Beamtinnen wieder abtreten.[5] Die beiden Polizeibeamtinnen Therese Dopfer und Maria Fischer hatten als Folge unüberbrückbarer Gegensätze im Juli 1931 Selbstmord begangen.

Förster schrieb unter dem Eindruck des Todes der beiden Kolleginnen ein Gedicht, das hier erstmals veröffentlicht wird:

5 Ursula Nienhaus, Nicht für eine Führungsposition geeignet. Josefine Erkens und die Anfänge weiblicher Polizei in Deutschland 1923–1933, Münster 1999, S. 68 u. 75.

Geschrieben auf den Freitod unserer Kolleginnen Dopfer und Fischer am 4.7.31 auf Pellworm

Die Lebensmüden
Wie sie starben
(Unseren fernen Toten zum Gedächtnis)

Den Deich entlang am Wattenmeer,
wo die Dünung brandet und rauscht,
schritt suchend Gevatter Tod einher
und fand Euch und hat Euch belauscht.

Er hört' Eure Klagen und blieb gebannt
ungesehen hinter Euch stehen,
ein feines Lächeln verklärt sein Gesicht,
er braucht nicht mehr suchen zu gehen.

Zwei arme Seelen, so hörte er,
die viele nicht wollten verstehen,
sie klagten ihr Leid dem weiten Meer,
und der Nachtwind begann leise zu wehen.

Er trug ihre Klagen wohl weit über's Land, -
doch hörte sie niemand mehr –
und den Seelen die letzte Hoffnung schwand,
und das Leid, es drückte so schwer.

„Was frommt uns beiden Armen noch
das Leben in seelischer Not?
Man glaubt uns nicht, verkennt uns doch,
drum suchen wir lieber den Tod".

Da tritt er sacht an beide heran,
verbeugt sich gemessen und spricht:
„Der den Ihr sucht, und der Euch noch helfen kann,
steht vor Euch, fürchtet Euch nicht!"

„Bei mir ist der Frieden, bei mir habt ihr Ruh'
vor aller seelischen Not!"
reicht ihnen die Hand und spricht ihnen zu,
sowie es der Stunde gebot.

Und sie hören ihm zu und schlafen bald ein –
seelig lächelnd Hand in Hand,
und ruh'n nun erlöst von aller Pein
am Meer, wo der Tod sie fand.

Rudolf Förster 1931

1933 trat Förster, der während der Weimarer Zeit der SPD angehörte, der NSDAP bei und blieb bei der Kripo. Jetzt kam es aber vermehrt zu Konfrontationen mit NS-Organisationen und der Gestapo, vor allem wurde er wegen seiner homosexuellenfreundlichen Positionen kritisch beäugt. Im August 1936 wurde er festgenommen und disziplinarisch angeklagt, schließlich beantragte er am 18. Juni 1940 seine Versetzung in den Ruhestand.

Förster und die Homosexuellenbewegung

Der „Bund für Menschenrecht" war in den Zwanzigerjahren auch in Hamburg aktiv und auch hier, wie in vielen Städten, aus regionalen Gruppen entstanden. Eine dieser Gruppierungen war 1919 auch in Hamburg gegründet worden. Der Hamburger Historiker Stefan

Micheler recherchierte, dass es bereits 1920 enge Kontakte zum Polizeipräsidium gegeben hatte, um Erpressungen an Homosexuellen vorzubeugen.[6] Am 24. Mai 1924 hielt Hans von Tresckow auf Einladung des BfM einen Aufklärungsvortrag in Hamburg. Ob es hierbei zu einer Begegnung zwischen Förster und von Tresckow kam, kann nur gemutmaßt werden, belegt ist es nicht. Am 8. Oktober 1926 hielt der Vorsitzende des BfM, Friedrich Radszuweit, ebenfalls einen Vortrag in Hamburg und nutzte diese Reise für eine persönliche Unterredung mit Rudolf Förster über die „Homosexuellenfrage". Dass es zum BfM und dessen Vertretern auch weiterhin engen Kontakt gab, weist wiederum Micheler nach, der herausfand, dass sich ein ehemaliges BfM Mitglied noch 1935 an Förster wandte, um zu fragen, wie sich die Homosexuellen nach der Verschärfung des § 175 verhalten sollten.[7]

Rudolf Förster veröffentlichte im November 1932 eine 36-seitige Broschüre mit dem Titel: „Über Sexual-Delikte und sexuelle Triebrichtungen. Kurz gefaßte Erläuterung zum Dienstgebrauch für Beamte der Polizei, der Jugend-, Pflege- und Gesundheitsämter sowie für Lehrer und Erzieher".[8] Darin unterschied er „Sexualdelikte auf sozialer Grundlage" (Doppelehe, Ehebruch, Inzest, Kindestötung, Abtreibung, Kuppelei, Zuhälterei, Mädchenhandel, Beischlafsdiebstahl, Menschenhandel, unzüchtige Bilder und Schriften), ferner „Sexualdelikte auf sozial-hygienischer Grundlage" (Geschlechtskrankheiten etc.), „Sexualdelikte auf sadistischer Grundlage", „Sexualdelikte auf masochistischer Grundlage", „Fetischismus", „Sexualdelikte auf homosexueller

6 Stefan Micheler/Moritz Terfloth, Homosexuelle Männer als Opfer des Nationalsozialismus in Hamburg (Materialien zur Geschichte gleichgeschlechtlichen Lebens in Hamburg Nr. 1), Hamburg 2002, S. 19.

7 Ebenda.

8 Rudolf Förster, Über Sexual-Delikte und sexuelle Triebrichtungen. Kurz gefaßte Erläuterung zum Dienstgebrauch für Beamte der Polizei, der Jugend-, Pflege- und Gesundheitsämter sowie für Lehrer und Erzieher, Hamburg 1932.

Über
Sexual-Delikte
und
sexuelle Triebrichtungen

Kurz gefaßte Erläuterung
zum Dienstgebrauch für Beamte der Polizei,
der Jugend-, Pflege- und Gesundheitsämter
sowie für Lehrer und Erzieher

Von
Kriminal-Oberinspektor Rudolf Förster, Hamburg
(Mit Genehmigung der vorgesetzten Behörde)

PREIS 1 REICHSMARK

Grundlage", „Widernatürliche Unzucht zwischen Mensch und Tier" und schließlich „Transvestitismus".

Im Abschnitt über die Homosexualität führt er zunächst aus, dass sie angeboren sei und keineswegs eine krankhafte, sondern eine „abweichende Einstellung" des Sexualempfindens darstelle. Die homosexuellen Männer seien zwar an einem „weichen" und „weiblichen" Wesen, die homosexuellen Frauen an einem „männlichem Einschlag" zu erkennen, aber ansonsten darauf bedacht, „normal" zu wirken. In den letzten Jahren hätten sie sich vermehrt in Clubs und Vereinen zusammengeschlossen und träfen sich in Lokalen, „in denen sie völlig unter sich sind". Grund für polizeiliches Einschreiten gebe es äußerst selten. „Schwierigkeiten werden den Wirten und Gästen dieser Lokale nicht in den Weg gelegt, weil diese Lokale die Sammelbecken der Homosexuellen und deren Anhang sind, und die Wirte vorkommendenfalls zwecks Unschädlichmachung verbrecherischer Elemente mit der Polizei Hand in Hand arbeiten, nachdem sich in den einschlägigen Kreisen allmählich die Erkenntnis Bahn gebrochen hat, daß der nicht kriminell werdende Homosexuelle bzw. männliche

Prostituierte von der Polizei nichts zu befürchten braucht. Besonders segensreich hat sich dieser Umstand im Hinblick auf die Ermittlung und Unschädlichmachung von Erpressern ausgewirkt." Objekte polizeilichen Interesses seien jene Stricher, die sich als Räuber, Diebe, Zuhälter und Erpresser betätigten. Meist „arbeitsscheue Elemente, die sich gewohnheitsmäßig- und gewerbsmäßig prostituieren". Auch jene promisken Homosexuellen, die ihre Partner in öffentlichen Toiletten suchten, oblägen der behördlichen Kontrolle. „Diese Homosexuellen sind es nun, die der Behörde allerhand Arbeit machen, und das Strichjungen-Unwesen, d. h. die männliche Prostitution eigentlich geschaffen haben und ständig weiter anwachsen lassen. Unter ihnen befinden sich auch die meisten Päderasten oder sonstwie nach der einen oder andern Richtung hin perversen und oft kriminell werdenden Homosexuellen."[9]

Diese Einteilung in „gute" und „schlechte" Homosexuelle, die auch schon zeitgenössisch eher eine konservative Einstellung war, stand in vollem Einklang mit Anschauungen, die auch der Bund für Menschenrecht, also ein Großteil der Homosexuellen selbst, vertrat.

Der Bund für Menschenrecht griff Försters Schrift begeistert auf. In seiner wöchentlich erscheinenden Zeitschrift *Das Freundschaftsblatt* vom 23. Februar 1933 wurde die Broschüre auf der Titelseite unter der Überschrift „Polizei und Homosexualität" besprochen. „Jedes Wort, das der Verfasser dieser Broschüre schreibt, kann ich unterzeichnen", lobt der Autor des Artikels Paul Weber enthusiastisch. „Es zeugt von einer großen, fast einzigartigen Sachkenntnis, die natürlich darauf beruht, daß Herr Kriminal-Oberinspektor Förster seit vielen Jahren und auch jetzt noch, das betreffende Dezernat in Hamburg leitet und seine Kenntnis nicht nur aus der Theorie, sondern hauptsächlich aus der Praxis herleitet." Am Ende des Artikels rief Weber auf: „Oft ist von unsern Lesern eine sachliche Aufklärungsschrift, die der Neuzeit

9 Ebenda, S. 30–32.

Rechnung trägt, angeregt und verlangt worden. Hier ist eine, die wir jedem Artgenossen in die Hand geben möchten, damit sie weiter verbreitet wird, vor allen Dingen auch dorthin gelangt, wo sie Segen stiften kann, nämlich bei den örtlichen Polizeiverwaltungen. Auch für die Aufklärung im kleinsten Kreis eignet sich das Werk vorzüglich und es wird wohl keinen Menschen geben, der sich den überzeugenden Worten des Verfassers verschließen kann." Weber unterlag jedoch einem schweren Irrtum. Diese Nummer des *Freundschaftsblattes* war die letzte Ausgabe. *Das Freundschaftsblatt* sowie alle weiteren Zeitschriften des BfM sowie seines angeschlossenen Verlages wurden von den Nazis verboten, die Bücher indiziert, die Buchhandlung in Berlin geschlossen. Die Organisation der „guten" Homosexuellen war die erste, die dran glauben musste.

Die Entwicklung ab 1933

Rudolf Förster blieb zunächst im Amt. Im Zuge der Neuorganisation der Hamburger Kriminalpolizei wurde er 1934 zum Leiter der Oberinspektion F ernannt, zu der das Dezernat F36 gehörte, das für die Verfolgung der „widernatürlichen Unzucht" zuständig war. In den ersten zwei Jahren bis zur Verschärfung des Paragrafen 175 lieferte er nach eigenem Bekunden über 8000 Namen registrierter Homosexueller an die Gestapo nach Berlin und erwirkte an die 1000 Schutzhaftbefehle („Rücksichtslose Säuberungsaktion") gegen das „Strichjungenunwesen". Der Feldzug gegen die „schlechten" Homosexuellen wurde Wirklichkeit.

Aber schon in dieser Zeit legte Förster sich mit der Partei an. Die Hitler-Jugend wollte 1934 am Hamburger Hauptbahnhof eigenständig Homosexuelle und Stricher bekämpfen und hierfür sogar eine eigene Dienststelle einrichten. In einem Gespräch zwischen Kripo, Jugendamt und HJ begrüßte Förster zwar eine Zusammenarbeit mit der HJ, mahnte aber an „auch Homosexuellen gegenüber objektiv und bei der

Behandlung solch schwieriger Fragen doch sachlich zu bleiben".[10] Er betonte, dass sich Homosexuelle überall in Hamburg träfen, in allen Schichten vorkämen, bevorzugt auch in Jugend- und Wehrverbänden einträten, „um hier ungestörter ihr Unwesen zu treiben". Er stellte die Behauptungen der HJ infrage, dass sich speziell am Hauptbahnhof organisierte homosexuelle Banden träfen, und verwies auf die vorangegangenen Aktionen der Kripo, die dafür gesorgt hätten, „daß vor allem die Straßen gesäubert seien". Gegen Ende wies er noch einmal ausdrücklich daraufhin: „Die Homosexuellen seien weit und in allen Schichten der Bevölkerung verbreitet. Es sei aber nur ein verschwindend kleiner Teil davon aktiv, zu strafbaren Handlungen neigend und asozial. Nur diesen letzteren gelte unser Kampf."

Die Vorwürfe gegen das unverhältnismäßige und provokante Vorgehen der HJ vonseiten der Kripo verschärften sich im Folgenden und führten dazu, dass die HJ spätestens Ende 1935 ihre Aktivitäten am Bahnhof auf Weisung des Jugendamtes einstellen musste. Den Spagat, den Förster bei diesen Gesprächen machen musste, kann man sich gut vorstellen. Einerseits wohl überzeugt von der Richtigkeit seines Handelns, die „schlechten" Homosexuellen von der Straße zu holen, konnte er andererseits schon als Kriminalbeamter nicht zulassen, dass das Aufgreifen von möglichen Tatverdächtigen nun der HJ zufiel. Dazu kam wohl eine entweder naive Hoffnung oder bewusste Taktik zu glauben, die neuen Machthaber würden die Verfolgung nicht auf alle Homosexuellen ausdehnen, obwohl sie nie einen Zweifel daran gelassen hatten und nach der Ermordung des homosexuellen SA-Chefs Ernst Röhms auch kein Zweifel mehr bestehen konnte.

Insgesamt kann festgestellt werden, dass durch den besonnenen Einsatz von Förster bis 1936 in Hamburg nicht massenhaft und flächen-

10 Günter Grau (Hrsg.), Homosexualität in der NS-Zeit. Dokumente einer Diskriminierung und Verfolgung, Frankfurt a. M. 1993, S. 70–74; siehe auch Micheler/Terfloth, Homosexuelle Männer als Opfer des Nationalsozialismus, S. 19 f.

deckend Homosexuelle verfolgt wurden. Bis zu diesem Zeitpunkt existierten sogar noch einschlägige Lokale. Die massive Verfolgung setzte erst im Sommer 1936 durch ein Sonderkommando der Gestapo aus Berlin ein.

Das Blatt wendet sich

Im Juli 1936 kam Rudolf Förster selbst in polizeiliche „Schutzhaft". Über diesen Vorgang sind heute im Hamburger Staatsarchiv noch eine Disziplinarakte und eine 4-seitige Selbstdarstellung von Rudolf Förster überliefert, die er circa 1946 als Anlage zum Entnazifizierungsverfahren beifügte.[11] Aus der Gegenüberstellung beider Quellen wird deutlich, dass es sich um eine Intrige der Nazis handelte. Trotzdem geht es in den nachfolgenden Ausführungen weniger darum, was an den Vorwürfen „wahr" oder „unwahr" ist, sondern eher um die Dynamik des Prozesses.

Akteure waren die Hamburger Kripo und die Hamburger Gestapo auf der einen Seite und die Berliner Gestapo mit dem Leiter Kriminalkommissar Gerhard Kanthack,[12] der 1936 in Altona (also Preußen) stationiert war. Die Berliner Gestapo war erst nach dem Mord an Röhm im Juni 1934 dazu übergegangen, in die Homosexuellenverfolgung einzugreifen, die vorher alleinige Aufgabe der Kripo gewesen war und es parallel davon auch blieb.[13] Ihr vorrangiges Ziel war es aber,

11 Hauptstaatsarchiv Hamburg, Dienststrafkammer D 34/38 und Anlage zum Fragebogen des Military Gouvernement of Germany, ca. 1946, aus dem Besitz der Familie Förster.

12 Zu Kanthack vgl. Jens Dobler, Täteropfer, in: Jahrbuch Mauthausen (2016): Justiz, Polizei und das KZ Mauthausen, S. 57–68.

13 Andreas Pretzel, Vom Staatsfeind zum Volksfeind. Zur Radikalisierung der Homosexuellenverfolgung im Zusammenwirken von Polizei und Justiz, in: Susanne zur Nieden (Hrsg.), Homosexualität und Staatsräson. Männlichkeit, Homophobie und Politik in Deutschland 1900–1945, Frankfurt a. M./ New York 2005, S. 217–252.

Homosexuelle in NS-Organisationen aufzuspüren. In der ihr eigenen Art führte die Berliner Gestapo bei Razzien massenhaft Festnahmen durch und verfügte monatelange „Schutzhaft"maßnahmen. Auch die Hamburger Gestapo interessierte sich für die homosexuellen NSDAP-Angehörigen.

Laut Förster gab es rund 200 karteimäßig erfasste homosexuelle Parteimitglieder, um diese einem „evtl. notwendig werdenden Zugriff der Kripo entziehen zu können, oder aber auch um unbequem gewordene Elemente unter dem Vorwand ihrer bedauerlichen Veranlagung kaltstellen bezw. unschädlich machen zu können". Förster berichtete weiter, dass er öfters von Reichsstatthalter Karl Kaufmann vorgeladen wurde, um Auskünfte über bestimmte Personen zu geben. 1936 ging es dabei auch um den Hamburger Polizeipräsidenten Wilhelm Boltz, der wohl in Ungnade gefallen und in diesem Jahr entlassen worden war. Förster hatte jedoch keine Erkenntnisse über ihn, was ihm Kaufmann nicht abnahm. Förster machte auch Beamten der Hamburger Gestapo gegenüber keinen Hehl daraus, dass „ihre Arbeitsmethode insbesondere homosexuell veranlagten Juden gegenüber wohl kaum verantwortet werden könnte".

Inzwischen war in Berlin der als homosexuell bekannte Schauspieler Gustaf Gründgens zum Generalintendanten der preußischen Staatstheater ernannt worden. Gründgens gehörte, so Förster, „zu den hemmungslosen homosexuellen Elementen und hatte auch in Hamburg schamlos in Gesellschaft der gemeinsten Strichjungen die vornehmsten Nachtbars besucht". Bei einem Gespräch mit Kaufmann drückte Förster sein Befremden über diese Ernennung aus und erklärte ihm, „dass man Gründgens in Berlin ganz allgemein als die ‚Pompadour des dritten Reiches' bezeichne".

1936 war auch das Jahr der Olympiade, und Berlin wollte sich von seiner liberalen Seite präsentieren. Das Sonderkommando unter Kanthack wurde nach Altona versetzt. Gleichzeitig, so Förster, soll es Pläne zwischen der Berliner und Hamburger Kripo gegeben haben, wonach Förster während der Olympischen Spiele nach Berlin zur

Bekämpfung der Straßenprostitution geschickt werden sollte. Dies verstärkte die Kränkungen weiter: Das Hardcore-Kommando unter Kanthack musste nach Altona und der liberale Förster sollte nach Berlin.

Einige Justizprozesse spitzten die Lage zusätzlich zu.

> „Die Verhaftung des Transvestiten K. durch Beamte des SoKo Nord löste im Juli 1936 einen Skandal innerhalb des Dezernates F36 [...] aus. K. gab bei seiner Vernehmung an, Kriminaloberinspektor Förster habe ihm in seiner Eigenschaft als Leiter der Kriminalinspektion für Sittlichkeitsdelikte im Jahre 1929 eine Bescheinigung erteilt, die es ihm gestattete, in der Öffentlichkeit Frauenkleider zu tragen. [...] 1930 war K. letztmalig wegen ‚Tragens von Frauenkleidern' festgenommen worden. Förster habe aber sofort dessen Entlassung verfügt und dem betreffenden Beamten Vorhaltungen gemacht. Etwa zeitgleich mit der Aussage K.'s geriet Förster in den Verdacht der Bestechlichkeit. Bei der polizeilichen Vernehmung des wegen eines homosexuellen Delikts inhaftierten H. war bekannt geworden, daß H. Förster im Jahre 1935 eine zu jener Zeit schwer zu beschaffende Hypothek für ein Grundstück vermittelt hatte, deren Höhe zudem den Kaufpreis des Grundstücks weit überschritt. Da Förster schon damals wußte, daß H. homosexuelle Beziehungen unterhielt, wurde er noch im Juli 1936 selbst in Schutzhaft genommen."[14]

Micheler ergänzt diese Angaben: So habe Förster noch bis ins Jahr 1936 Bescheinigungen für Transvestiten ausgestellt. Auch der erwähnte K. erhielt noch Anfang 1936 von Förster erneut eine solche Bescheinigung, die ihm wie allen anderen sechs Monate später wieder entzogen

14 Bettina Ramm, „Die Verfolgung der Homosexuellen in der Zeit des Nationalsozialismus, dargestellt am Beispiel Hamburgs" im Fachbereich Historisch-Philologische Wissenschaften der Universität Göttingen vom 27. 5. 1994.

wurde.[15] Diese freizügige Praxis sowie die Aussagen mehrerer festgenommener Homosexueller, die sich in ihrer Verzweiflung auf das gute und freundschaftliche Verhältnis mit Förster beriefen, schienen der Gestapo zu missfallen.

Förster berichtete von einem weiteren Prozess, in dem sich der Angeklagte mit der Gegenfrage, warum man ihn bestrafe und Gründgens dulde, zu verteidigen suchte. Er stellte Antrag, Förster als Zeugen zu laden, um die Homosexualität Gründgens zu bestätigen. Daraufhin wurde Förster im Juli 1936 von der Berliner Gestapo durch Kanthack fest- und zunächst für circa eine Woche in Altona in polizeiliche „Schutzhaft" genommen. Selbst die Hamburger Gestapo wusste zunächst nicht, an welchem Ort Förster gefangen gehalten wurde. Ihm wurde nahegelegt, seine Pensionierung einzureichen, doch Förster lehnte ab. Am 26. August 1936 war Haftbefehl wegen Beamtenbestechung erlassen und Förster in das Untersuchungsgefängnis Hamburg-Stadt gebracht worden, aus dem er einen Monat später, am 29. September, entlassen wurde. Am 22. Dezember wurde sein Verfahren aus Mangel an Beweisen eingestellt (eine Ermittlungsakte darüber existiert nicht mehr).

Daraufhin eröffnete die Polizeibehörde im März 1937 selbst ein Disziplinarverfahren gegen Förster. Die Vorwürfe bezogen sich auf drei Themenkomplexe. Allerdings ließ sich die Behörde viel Zeit im Zusammentragen der Beweise. Erst im Februar 1938 wurde der suspendierte Förster vernommen, im März äußerte er sich noch einmal schriftlich und drängte auf zügige Entscheidung: „Seit 20 Monaten bin ich nunmehr aus meiner beruflichen, unter Einsatz meiner ganzen Arbeitskraft ausgeübten Tätigkeit im Dienste der Allgemeinheit, der auch die Erfolge nicht versagt geblieben sind, auf blosse Verdachtsgründe hin gewaltsam herausgerissen worden, worunter ich seelisch und auch gesundheitlich immer noch schwer leide."

15 Micheler/Terfloth, Homosexuelle Männer als Opfer des Nationalsozialismus, S. 21 f.

Aus dem Schreiben geht weiter hervor, dass man ihm bei den damaligen Verhören unterstellte, selbst homosexuell zu sein. Er wies dies weit von sich und konnte sogar das Gegenteil beweisen, worauf die Behörde den ersten großen Vorwurf konstruierte: ausschweifender Lebenswandel.

Förster hatte um die Jahrhundertwende geheiratet, es wurden drei Söhne (Hans, Rudolf und Karl) und eine Tochter (Edith) geboren. Bereits während des Ersten Weltkrieges war die Ehe jedoch so zerrüttet, dass Förster an Scheidung dachte. Die Ehe blieb schließlich pro forma doch bestehen, bis die Ehefrau 1933 infolge einer Krankheit starb. 1937 heiratete Förster erneut. Die Polizei beschlagnahmte im Zuge des Verfahrens bei Förster zwei Tagebücher der ersten Ehefrau, die als Beweismittel herangezogen wurden. Darin klagte diese über angebliche Eskapaden ihres Ehemanns mit anderen Frauen. Förster räumte dies teilweise ein und gab zu, sich mit anderen Frauen getroffen zu haben „um mir eine andere Lebensgefährtin zu suchen", bestritt aber energisch einen ausschweifenden Lebenswandel: „Darunter versteht man doch wirklich ganz etwas anderes."

Der zweite Vorwurf bezog sich auf Försters Umgang mit Finanzen. Er habe sich ständig, auch bei zweifelhaften Personen (Juden, Wirten von Homosexuellenlokalen), Geld geliehen, hohe Schulden gehabt und durch zweifelhafte Investitionen Geld verschleudert. Er räumte dies teilweise ein. Er habe seine große Familie ernähren müssen, seine Frau und der älteste Sohn hätten über die Verhältnisse gelebt, und so habe er sich durch Anmeldung von Patenten ein zusätzliches wirtschaftliches Standbein erarbeiten wollen, was jedoch nicht gelang. Den Vorwurf des „leichtfertigen Schuldenmachens" wies er zurück, der Vorwurf der Beamtenbestechung wurde direkt nicht erhoben, da es ja hierzu bereits eine negative Gerichtsentscheidung gab.

Der dritte und schwerwiegendste Komplex waren sein „unzuverlässiges Verhalten" gegenüber den Wirten der Homosexuellenlokale und sein freundschaftliches Verhältnis zu Homosexuellen. So wurde ihm vorgehalten, dass er sich bei dienstlichen Besuchen von Lokalen oder Tanzveranstaltungen der Homosexuellen von den Wirten Kaffee, Bier und Cognac spendieren lasse. Er sei ferner zu Geburtstagsfeiern der Lokalinhaber eingeladen worden, mit mindestens einem Wirt habe er sich geduzt, sei zudem zu privaten Essenseinladungen in die Privatwohnungen gegangen, habe mit einem Wirt, einem homosexuellen Schauspieler und seiner zehnjährigen Tochter einen Ausflug unternommen. Er habe sich selbst literarisch betätigt und Kurzgeschichten im Programmheft einer seiner zu überwachenden Lokale abdrucken lassen, wofür er ein Honorar bekam. Auch sei sein ältester Sohn Kassierer in einem Tanzlokal gewesen; ein besonders freundschaftliches Verhältnis habe er zu einem Homosexuellen gehabt, der zudem Jude war. Diesen hatte die Behörde besonders auf dem Kieker, da er während eines Gestapoverhörs 1936 versucht haben soll, die Beamten mit Geld zu bestechen, und deswegen zu acht Monaten Gefängnis verurteilt wurde.

Aus den Vorwürfen, die sich auf den Zeitraum von 1925 bis 1936 beziehen, geht hervor, dass Förster in der homosexuellen Szene nicht als Feind betrachtet wurde, sondern dort auch privat und freundschaftlich verkehrte. Er rechtfertigte diese Verbindungen als vertrauensbildende Maßnahmen: „Es lag, wie jedem Fachmanne ohne weiteres verständlich ist, in der Natur der Sache, dass ich als langjähriger Leiter der mit der Bekämpfung sämtlicher unter dem Begriff der Sexualdelikte fallenden strafbaren Handlungen betrauten Unterabteilung, insbesondere auch Fühlung mit den Kreisen der aus besseren Gesellschaftsschichten stammenden Homosexuellen nehmen musste, um überhaupt mit den Beamten meiner Unterabteilung fruchtbringende Arbeit auf dem Gebiete des Schutzes der heranwachsenden männlichen Jugend vor hemmungslosen Elementen abnormer Veranlagung leisten zu können. Genaue Kenntnis dieser Kreise wurde höheren Ortes von mir verlangt und war nach Sachlage auch durchaus geboten." Einige dieser Bekannten habe er als „Informationsquellen" abgeschöpft.

Am 10. August 1938 wurde die Anschuldigungsschrift an die Dienststrafkammer beim Oberverwaltungsgericht Hamburg eingereicht.

Einen erneuten Rückschlag musste Förster hinnehmen, als er erfuhr, dass sein Anwalt im Oktober 1938 bei einem Flugzeugunfall ums Leben gekommen war. Sein neuer Anwalt verfolgte zwei Strategien: Auf der einen Seite deckte er Verfahrensfehler auf, auf der anderen versuchte, er einen Gnadenerlass zu erwirken. Am 1. Dezember 1939 stellte das Verwaltungsgericht das Verfahren wegen Verwaltungsfehlern („Das Dienststrafverfahren ist nicht rechtswirksam eingeleitet worden“) ein. Die NSDAP strengte ein Parteigerichtsverfahren an, in dessen Folge Förster aus der Partei ausgeschlossen wurde.

Hans-Dampf in allen Gassen

Rudolf Förster war zweifellos ein ungewöhnlicher Mensch. Seine Tochter Edith Rönnfeldt (Jg. 1920) bestätigte das schwierige Verhältnis zur Mutter, berichtete aber von einem umso besseren Verhältnis zu den Kindern. Sie erzählte, dass Förster sich immer viel Zeit für seine Kinder genommen hatte, man habe oft gemeinsam Fahrradtouren gemacht und zusammen gesungen. Mit den Söhnen verband ihn die Leidenschaft am Basteln und Erfinden. So soll der heute noch gebräuchliche papierne Tropfenfänger von Pilsgläsern ihre Erfindung gewesen sein. Auch Maschinen zur Konservierung von Schinken in Dosen wurden in der Werkstatt, in der der Vater mit den Söhnen bis spät in die Nacht bastelte, entwickelt. Nicht bestätigen konnte sie die finanziellen Unsicherheiten. Weder habe es hohe Schulden gegeben, noch sei die Mutter leichtfertig mit Geld umgegangen. Im Gegenteil, sie war selbst berufstätig und trug zum Familieneinkommen bei.

Förster war außerdem künstlerisch begabt. Er malte in Öl, Aquarell und Kohle, schrieb Gedichte und Theaterstücke. Sein Kriminalstück in vier Bildern „Der Fall Feldner und Genossen“ wurde am 17. Februar 1932 im Weißen Saal des Curio-Hauses in Hamburg uraufgeführt. Edith Rönnfeldt bestätigte die Bekanntschaft mit Künstlern und Homosexuellen und kann sich noch an die Fahrt mit dem Schauspieler

Willi Pilgram-Favart[16] erinnern, die Rudolf Förster zum Vorwurf gemacht wurde.

Förster war Kriminalbeamter mit Leib und Seele, die Vorwürfe und die Haft trafen ihn deswegen besonders hart. Seine Tochter besuchte ihn als 16-Jährige im Gefängnis und versorgte ihn mit Wäsche. Sie konnte sich noch erinnern, dass während der „Schutzhaft" in Altona in einem Raum eine ganze Reihe von Personen mit dem Gesicht zur Wand standen. Körperlich misshandelt wurde Förster nicht, doch nach der Haft sei er gesundheitlich angeschlagen gewesen. Er hatte sich danach völlig zurückgezogen und sei kaum noch ausgegangen. Gesprochen wurde nicht mehr darüber. „Es hat ihn gebrochen", so seine Tochter. 1946 bot er den Alliierten an, im Rahmen des Wiederaufbaus wieder tätig sein zu wollen, aber sein Gesundheitszustand erlaubte es ihm nicht mehr. 1947 verstarb Rudolf Förster.

Rudolf Förster hatte bis 1936 versucht, die schlimmsten Auswüchse nationalsozialistischer Verfolgung zu verhindern, indem er eine Trennung zwischen sogenannten anständigen Homosexuellen und sogenannten verbrecherischen Elementen vornahm und Letztere in polizeiliche „Schutzhaft" nehmen ließ. Diese Personen sind zum überwiegenden Teil in das Konzentrationslager Fuhlsbüttel gekommen, wie viele dort zu Tode kamen, ist nicht untersucht. Förster opferte die einen, um die anderen zu retten. Seine liberale Haltung in der Weimarer Zeit und seine freundschaftlichen Kontakte zu Homosexuellen wurden ihm schließlich selbst zum Verhängnis.

16 Willi Pilgram-Favart arbeitete in Hamburg am Deutschen Schauspielhaus. 1936 leitete die Hamburger Staatsanwaltschaft zwei Ermittlungsverfahren nach § 175 gegen ihn ein. Nach dem Krieg wirkte er in verschiedenen Theaterinszenierungen, Filmen und Hörspielen mit. Die Genossenschaft Deutscher Bühnen-Angehöriger widmete ihm 1969 eine Festschrift: „Wilhelm Pilgram Festschrift zum 80. Geburtstag 1. Januar 1889–1. Januar 1969".

15 Zusammenfassung

1921 textete Kurt Schwabach „Das lila Lied", eine Art Hymne der Schwulen- und Lesbenbewegung. „Wir sind nun einmal anders als die Andern, die nur im Gleichschritt der Moral geliebt". Denn: „Wozu die Qual, uns die Moral der Andern aufzudrängen? Wir, hört geschwind, sind wie wir sind, selbst sollte man uns hängen."

Fast sprachlos steht man vor dieser musikalischen Ouvertüre der Weimarer Zeit. Das Lied gab zwar der Hoffnung Ausdruck, dass „über Nacht auch uns're Sonne scheinen" wird, aber zunächst wurde gemordet. Tausendfach. Die Nazis ernteten das sittenmoralisch-konservative Gedankengut, das die gesamten Zwanzigerjahre über köchelte, bildeten 1935 den Paragrafen 175 neu und begannen einen Verfolgungsfeldzug, der letztlich erst 1968/69 zum Stoppen gebracht wurde – in der Bundesrepublik, wo der Paragraf 175 zunächst in der verschärften nationalsozialistischen Fassung in Kraft geblieben war, 1969 mit dessen Reform; in der DDR, die zunächst immerhin zur vor der NS-Zeit geltenden Rechtslage zurückgekehrt war, 1968 mit dem neuen Paragrafen 151 StGB – und 1994 endlich ganz zum Erliegen kam.

Die polizeiliche Duldung, die lange schon vor Weimar Realität geworden war, war eine Kompromissformel, die permanent zwischen den unterschiedlichen Akteuren ausgehandelt wurde. Einerseits agitierten die Sittlichkeitsvereine gegen die angebliche Sittenlosigkeit in ihren unterschiedlichen Ausprägungen, andererseits war jedem Polizeipraktiker klar, dass öffentliche Prostitution und öffentliche homosexuelle Treffpunkte nicht verschwinden würden, egal wie massiv man sie auch bekämpfte. Zugegeben werden konnte dieses jedoch nicht, weil es als Machtlosigkeit interpretiert worden wäre. Also verlegte man sich auf Verschiebestrategien. Das öffentliche Auftreten von (hetero- wie homosexuellen) Prostituierten und Homosexuellen wurde in den repräsentativen Innenstadtbereichen reglementiert und regelmäßig symbolisch bekämpft, um die Handlungsfähigkeit der Polizei zu demonstrieren. Zugleich wurden Lokale und Gegenden („Milieus") geduldet, mit dem Ziel, sie an diesen Orten zu konzentrieren und besser überwachen zu können. Kontrolle bedeutete für die Betroffenen zugleich Schutz durch die Polizei. Die weiblichen Prostituierten waren dadurch in begrenztem Umfang vor gewalttätigen Kunden und die Homosexuellen vor Erpressern geschützt. Es handelte sich also auch um ein von den Betroffenen nicht unerwünschtes Agreement. Hier drückt sich das Emanzipationspotenzial aus, das als Folge von Sozialdisziplinierung freigesetzt werden kann.

Heinrich Kopp war der ungewöhnlichste Leiter des Homosexuellendezernates. Zunächst fällt bei ihm das Interesse an künstlerisch-kulturellen Fragen auf. War es bei Meerscheidt-Hüllessem und Tresckow das Interesse an der Literatur, so war es bei Kopp das Theater. Er promovierte nicht nur darüber, sondern stand zudem selbst auf der Bühne. Seine späteren Kontakte zu Schauspielerinnen wie Claire Waldoff belegen ein anhaltendes Interesse. Sein öffentliches Eintreten für die Abschaffung des § 175 noch während der Kaiserzeit bezeugt seinen großen Mut und auch eine gewisse Kampfesfreude. Sein innerer Antrieb könnte gewesen sein: Wovon ich überzeugt bin, dass es richtig ist, dafür muss ich eintreten, koste es, was es wolle. Er konnte allerdings nur so auftreten, wenn er im Übrigen als Polizeibeamter funktionierte. Auch unter seiner Leitung stiegen die Anzeigen nach § 175 an, und bei der Umsetzung besonders der Verbote für Militärangehörige für homosexuelle Lokale arbeitete er kompromisslos gegen die homosexuelle Community.

Innerhalb der Polizei zeichnete er sich durch Standhaftigkeit und Unparteilichkeit aus, was ihm Konflikte in alle Richtungen einbrachte. Er war sicher ein unbequemer Kollege, galt im Notfall als nicht teamfähig und verlor wegen langer, krankheitsbedingter Arbeitsausfälle sicher auch immer wieder den Anschluss. Er erweckt den Eindruck eines Einzelkämpfers, Querdenkers, fast schon umschlagend in Richtung eines Querkopfes und Prinzipienreiters. Solche Personen werden respektvoll behandelt, aber nicht gemocht. Man vergisst schon mal, sie zu befördern, oder entzieht ihnen wichtige Entscheidungen. Kopp war ein Demokrat der ersten Stunde. Wie die junge Republik scheiterte auch er schließlich und wurde gewaltsam beseitigt.

Heinrich Kopps Einfluss reichte offenbar nicht aus, einen fähigen Nachfolger zu bestimmen. Vielleicht hoffte man aber auch, indem man die Stelle mit einem unerfahrenen Beamten besetzte, diesen noch formen zu können. Bernhard Strewe, der letzte Leiter des Homosexuellendezernats in der Weimarer Republik, entpuppte sich als Trojanisches Pferd der Sittlichkeitsbewegung. Er zementierte an entscheidender Stelle das Stereotyp des Homosexuellen als Kinder- und Jugendverführer und reihte sich damit in die parallel stattfindende Kampagne gegen die „homosexuelle Propaganda" an zwei entscheidenden Fronten ein. Man hatte die Homosexuellen damit sozusagen im Zangengriff. Hatte Strewe anfangs noch versucht, zwischen „anständigen" Homosexuellen und „homosexuellen Jugendverführern" zu unterscheiden, so macht er doch unmissverständlich deutlich, dass er im Grunde alle meint, denn 90 Prozent favorisierten seiner Ansicht nach jugendliche Sexualpartner.

Strewes Befürwortung radikaler Schritte gegen Sexualdelinquenten reihte sich nahtlos in die Forderungen der meisten Weimarer Kriminalisten ein, verschärfte Maßnahmen und weitgehende Handhabungen gegen das angebliche Berufsverbrechertum, wozu der „Sittlichkeitsverbrecher" zählte, zu erhalten. Der Nationalsozialismus gab ihnen diese Mittel in die Hände. Vom Prinzip der Duldung war man dann endgültig abgekommen und leitete eine aktive Verbrechensbekämpfung ein.

Über ein Jahrhundert lang hing der polizeiliche Umgang mit Homosexuellen eng mit dem Umgang mit der heterosexuellen Prostitution zusammen. Die Erfahrungen, Strategien und Maßnahmen, die in diesem Bereich gewonnen, angewendet und ausprobiert wurden, spiegelten sich auch im Umgang mit Homosexuellen wider. Erst Ende der Zwanzigerjahre trennten sich diese Gebiete. Der Homosexuelle wurde zum Sittlichkeitsverbrecher erklärt. Vordergründig wurde auch im Nationalsozialismus heterosexuelle Prostitution bekämpft, in der Realität jedoch stillschweigend geduldet. Diese Duldung galt für Homosexuelle nicht mehr.

Der § 175 ist heute Geschichte. Er ist nicht nur aufgehoben und rückwirkend für nichtig erklärt worden; die überlebenden Betroffenen können Entschädigung geltend machen, auch für Verurteilungen nach 1945. Die Ehe für Alle ist ein Meilenstein in der Rechtsangleichung. Im Lila Lied hieß es: „Dann haben wir das gleiche Recht erstritten, wir leiden nicht mehr, sondern sind gelitten."

China wollte bei der Ausstrahlung des Eurovision Song Contestes 2018 den irischen Beitrag zensieren, weil dort ein männliches Paar im Hintergrund händchenhaltend verliebt tanzte. Der ESC-Ausrichter hat China daraufhin die Senderechte für das Finale vollständig gestrichen. Es ist das erste Mal in der Geschichte, dass man sich ohne Wenn und Aber in dieser Deutlichkeit vor die homosexuelle Minderheit stellte, weil Menschenrechte die Rechte aller sind.

16
Personenregister

Reihe Zeitgeschichte*N*

Herausgegeben von Sonja Häder und Ulrich Wiegmann

Band 1

Ulrich Wiegmann

Machtprobe

Die Staatssicherheit und der Kampf um die Schule in M…z

2003 · ISBN: 978-3-936411-21-8 · 160 Seiten · 14,00 Euro

Band 2

Annette Leo

Umgestoßen

Provokation auf dem Jüdischen Friedhof in Berlin Prenzlauer Berg 1988

2005 · ISBN: 978-3-938690-06-2 · 156 Seiten · 16,00 Euro

Band 3

Heinz Schneppen

Odessa und das Vierte Reich. Mythen der Zeitgeschichte

2007 · ISBN: 978-3-938690-52-9 · 280 Seiten · 19,00 Euro

Band 4

Sebastian Richter

Norm und Eigensinn

Die Selbstlegitimation politischen Protests in der DDR 1985–1989

2007 · ISBN: 978-3-938690-62-8 · 223 Seiten · 18,00 Euro

Band 5

Wanja Hargens

Der Müll, die Stadt und der Tod

Rainer Werner Fassbinder und ein Stück deutscher Zeitgeschichte

2010 · ISBN: 978-3-938690-81-9 · 277 Seiten · 19,00 Euro

Band 6

Angelika Benz

Der Henkersknecht

Der Prozess gegen John (Iwan) Demjanjuk in München

2011 · ISBN: 978-3-86331-011-0 · 248 Seiten · 19,00 Euro

Band 7

Heinz Schneppen

Walther Rauff

Organisator der Gaswagenmorde. Eine Biografie

2011 · ISBN: 978-3-86331-024-0 · 232 Seiten · 19,00 Euro

Band 8

Sergei Kropachev

Von der Lüge zur Aufklärung. Verluste durch »Großen Terror« und Krieg in der sowjetischen und russischen Historiografie

2011 · ISBN: 978-3-86331-056-1 · 207 Seiten · 19,00 Euro

Band 9

Armin Fuhrer

Tod in Davos. David Frankfurter und das Attentat auf Wilhelm Gustloff

2012 · ISBN: 978-3-86331-069-1 · 192 Seiten · 19,00 Euro

Band 10

Markus Roth · Annalena Schmidt

Judenmord in Ostrów Mazowiecka. Tat und Ahndung

2013 · ISBN: 978-3-86331-120-9 · 144 Seiten · 16,00 Euro

Band 11

Patricia Pientka

Das Zwangslager für Sinti und Roma in Berlin-Marzahn

Alltag, Verfolgung und Deportation

2013 · ISBN: 978-3-86331-159-9 · 239 Seiten · 19,00 Euro

Band 12
Adriaan in 't Groen
Jenseits der Utopie
Ostprofessoren der Humboldt-Universität und
der Prozess der deutschen Einigung
2013 · ISBN: 978-3-86331-160-5 · 192 Seiten · 19,00 Euro

Band 13
Matthias Steinbach
Der Fall Hodler
Krieg um ein Gemälde 1914–1919
2014 · ISBN: 978-3-86331-197-1 · 125 Seiten · 14,00 Euro

Band 14
Peter Jochen Winters
Den Mördern ins Auge gesehen
Berichte eines jungen Journalisten vom Auschwitz-Prozess 1963–1965
2015 · ISBN: 978-3-86331-253-4 · 236 Seiten · 19,00 Euro

Band 15
Christian Dürr
»Verschwunden«
Verfolgung und Folter unter der argentinischen
Militärdiktatur (1976–1983)
2016 · 221 Seiten · ISBN: 978-3-86331-279-4 · 19,00 Euro

Band 16
Miriam Schulz
Der Beginn des Untergangs
Die Zerstörung der jüdischen Gemeinden
in Polen und das Vermächtnis des Wilnaer Komitees
2016 · ISBN: 978-3-86331-312-8 · 308 Seiten · 22,00 Euro

Band 17

Matthias Steinbach

Von der Spiegelgasse in den Kreml

Lenins Reise nach Russland 1917. Szenische Lesung in zwei Akten

2017 · ISBN: 978-3-86331-341-8 · 139 Seiten · 16,00 Euro

Band 18

Philipp Dinkelaker

Das Sammellager in der Berliner Synagoge Levetzowstraße 1941/42

2017 · ISBN: 978-3-86331-339-5 · 291 Seiten · 19,00 Euro

Band 19

Aleksandr Petscherski

Bericht über den Aufstand in Sobibor

Herausgegeben und übersetzt von Ingrid Damerow

2018 · ISBN: 978-3-86331-387-6 · 137 Seiten · 19,00 Euro

Band 20

Christoph Schmidt (Hrsg.)

„Einsam und wie weggeworfen"

Briefe aus Russland 1943

2018 · ISBN: 978-3-86331-394-4 · 267 Seiten · 22,00 Euro

Band 21

Christoph Schmidt

Absturz zur Wirklichkeit

Die Eroberung Berlins 1945

2020 · ISBN: 978-3-86331-466-8 · 212 Seiten · 19,00 Euro